ISLA A SU VUELO FUGITIVA

ENSAYOS CRITICOS
SOBRE
LITERATURA HISPANOAMERICANA

ROBERTO
GONZALEZ ECHEVARRIA

EDICIONES

José Porrúa Turanzas, S.A.

MADRID

José Porrúa Turanzas, S.A.
EDICIONES

Director General:
JOSÉ PORRÚA VENERO

Sub-director General:
ENRIQUE PORRÚA VENERO

Director:
CONSTANTINO GARCÍA GARVÍA

Dep. legal M. 29.038.-1983

I. S. B. N. 84-7317-127-6

IMPRESO EN ESPAÑA
PRINTED IN SPAIN

Ediciones José Porrúa Turanzas, S. A.
Cea Bermúdez, 10 - Madrid-3

TALLERES GRÁFICOS PORRÚA, S. A.
JOSÉ, 10 - MADRID-29

*PARA ENRIQUE PUPO-WALKER,
HERMANO MAYOR.*

*NI ISLA HOY A SU VUELO
FUGITIVA.*

Góngora, «*Soledad primera*».

INDICE

PAGS.

Reconocimientos   1

Prólogo   3

Humanismo, Retórica y las Crónicas de la Conquista.   9

Martí y su «Amor de ciudad grande»: notas hacia la
    poética de *Versos libres* 27

Historia y alegoría en la narrativa de Carpentier ... 43

Lo cubano en *Paradiso* 69

La vida es una cosa *phenomenal: La Guaracha del Ma-
    cho Camacho* y la estética de la novela actual ... 91

David Viñas y la crítica literaria: *De Sarmiento a Cor-
    tázar* 103

El primer relato de Severo Sarduy 123

Isla a su vuelo fugitiva 145

Carpentier, crítico de la literatura hispanoamericana:
    Asturias y Borges 179

BdeORridaGES (Borges y Derrida) 205

Borges, Carpentier y Ortega: dos textos olvidados ... 217

NOTAS CRITICAS   227

Nota crítica sobre *The Borzoi Anthology of Latin American Literature*, de Emir Rodríguez Monegal   227

Nota crítica sobre *Revolution and Repetition: Marx/Hugo/Balzac*, de Jeffrey Mehlman   234

Nota crítica sobre *The Black Protagonist in the Cuban Novel*, de Pedro Barreda   241

Nota crítica sobre *Major Cuban Novelists. Innovation and Tradition*, de Raymond D. Souza   247

Nota crítica sobre *La última mujer y el próximo combate*, de Manuel Cofiño López   248

El reino de este mundo alucinante: era imaginaria de Fray Servando   253

Piedra Pinta   259

RECONOCIMIENTOS

Muchos de los ensayos incluidos en este libro se publicaron originalmente en revistas o libros norteamericanos, hispanoamericanos y españoles, tales como *Modern Language Notes, Cuadernos Americanos, Sin Nombre, Vuelta, Eco, Imagen, Revista Iberoamericana, Letras de Buenos Aires,* etc. Quisiera dar las gracias a los directores de todas estas publicaciones por haber dado acogida en sus páginas a mis trabajos. Algunos de los ensayos han sido retocados, pero poco importará al lector la evolución de cada uno; por lo tanto, le ahorramos la relación bibliográfica.

Las universidades de Cornell y Yale hicieron posible, mediante becas y tiempo libre, la investigación que me permitió escribir estos ensayos. Quisiera hacer constar mi agradecimiento al Berkowitz Fund, de Cornell, y al Griswold Fund, de Yale, que me proporcionaron fondos para viajes de investigación a Cuba, Puerto Rico, Venezuela, España y Francia. Sin el apoyo moral de amigos tan queridos como Guillermo Sucre, Severo Sarduy, François Wahl, Enrique Pupo-Walker y Miguel Barnet, las estancias en esos países no habrían sido ni tan agradables ni tan fructíferas como lo fueron. En La Habana, María Lastayo y Araceli García Carranza me brindaron ayuda invaluable en la Biblioteca Nacional José Martí, y en Yale, Lee Williams, bibliotecario sin par, me guió por los laberintos de mi querida Sterling Memorial Library. Emir Rodríguez Monegal puso a mi disposición no sólo sus vastos conocimientos de literatura hispanoamericana, sino también su rica biblioteca privada. Carlos Díaz Alejandro, del Departamento de Economía de Yale, me sirvió de estímulo con su amistad, buen humor y sentido profesional. De entre los muchos otros amigos con quienes he discutido con provecho para mí los asuntos estudiados en estos ensayos, debo también destacar a Philip E. Lewis, Eduardo G. González, Harold Bloom, Enrico Santí, Giuseppe Mazzotta, Robert Stepto y Nicolás Shumway. A Enrique Pupo-Walker debe tanto el autor por su apoyo moral, paciencia, y amistosa mayéutica, que le dedica el libro en tributo modesto pero sincero.

Varios alumnos, algunos ya distinguidos colegas, me ofrecieron valiosas observaciones, hicieron preguntas pertinentes e impertinentes, y me animaron con su interés en los temas de que me ocupo. No puedo dejar de mencionar entre ellos a William Luis, Rubén Ríos Avila, Carlos J. Alonso, Aníbal González, Jill Netchinsky, José Piedra, Kathleen Ross y Frederick Luciani. Este último fue mi asistente durante el año escolar 1981-82 y me ayudó en la preparación del libro desde la selección misma de los ensayos. Todos están presentes en lo que pueda haber de bueno en estas páginas. Quisiera también dejar constancia de mi agradecido reconocimiento a las doctoras que, con no poco trabajo y mucha devoción, me mantuvieron atento a la cultura en mi primera juventud: Zenaida Echevarría, Hortensia Ballina, Raisa Fernández y Dulce Brizuela, todas catedráticas del Instituto de Segunda Enseñanza de Sagua la Grande.

Isabel Gómez, mi esposa, hizo posible que me dedicara a la escritura de estos trabajos en medio de las exigencias y presiones de la vida norteamericana. Al sosiego de su presencia debe, sin duda, mucho este libro.

ROBERTO GONZÁLEZ ECHEVARRÍA

PROLOGO

La casa de Lezama estaba en una calle ordinaria de
La Habana vieja, ni lo suficientemente antigua como
para ostentar una prosapia que compensara por su
descuido actual, ni lo bastante nueva para resistir el
salitre, la humedad y la escasez de materiales de construcción. Llegué a ella poco más de un año después de
la muerte del escritor, a quien nunca logré ver en vida.
La viuda, que había de morir al poco tiempo, recibió
con cortesía y entusiasmo nuestra inesperada visita. La
foto de Lezama en el sofá de la sala con su madre, la
otra en que aparece sentado en el sillón en que solía
escribir, nos habían engañado en cuanto a las proporciones del espacio que habitaba. La casa, de tabique
por medio con las dos contiguas, era minúscula, fuera
de proporción con el tamaño del escritor, espigado en
su juventud, corpulento, casi monumental en su madurez. En la sala se apiñaban los muebles típicos cubanos, de madera y rejilla de mimbre, austeros, incómo-
dos. En un saloncito que daba al ínfimo patio interior
había estantes abarrotados de libros y papeles. Inmediatamente después de la sala, hacia el fondo de la
casa, estaba la habitación matrimonial, y en línea directa, el «estudio» del escritor; más allá, la cocina, tal
vez un pequeño comedor. Nos habían dicho que la
viuda había cambiado el orden de la casa después de
la muerte de Lezama; que el llamado estudio era su

habitación de dormir; que él siempre escribía sentado en el sillón de la sala, con el papel apoyado en el brazo del mueble, porque la gordura no le permitía acercarse con comodidad a una mesa. La viuda había hecho poner una tarja de bronce en la fachada de la modesta casa, anunciando que allí había vivido «el gran escritor cubano José Lezama Lima». La casa se había convertido en una especie de pequeño museo privado. En el estudio hay un buró, casi un pupitre escolar, donde no cabe un adulto de medianas proporciones; libros amontonados sin aparente orden en libreros contra la pared; una repisa con figurines de piedra, y un frasco vacío de Yardley Old Spice («Eso lo puse yo ahí para llenar espacio»). En el centro de la minúscula habitación, en una vitrina que obstruye el paso, preside inerte la mascarilla del escritor. El bronce oscuro y la hinchazón del cadáver cuando hicieron el molde le da al objeto un aire grotesco, casi siniestro. A la viuda le preocupa lo que va a ser de todo aquello, si las autoridades se lo van a llevar en cajas, como, según dice ella, hicieron con los papeles de Juan Marinello. Yo tomo nota de los libros que voy viendo en los anaqueles; no estoy muy seguro tampoco de qué va a ser de aquello y, sobre todo, de quién va a estar a cargo de dar acceso a la biblioteca de Lezama, una vez que este curador dulce e ingenuo que nos acompaña desaparezca (1).

---

(1) ¿Y qué pude ver en aquel fugaz recorrido por la biblioteca de Lezama? Apenas alcancé a tomar nota de lo siguiente: Jacques Maritain, *La poesía y el arte;* André Malraux, *Las voces del silencio;* José Ortega y Gasset, *Obras completas* (hasta el vol. VI); el *Tesoro de la lengua castellana*, de Sebastián Covarrubias; la *Historia verdadera de la conquista de la Nueva España*, de Bernal Díaz del Castillo; *La condena*, de Kafka; Herbert Gorman, *James Joyce. El hombre que escribió Ulises;* Luis M. Cádiz, *Historia de la literatura patrística;* Karl Jung, *Transformaciones y símbolos de la líbido*. Vi también muchos volúmenes de la colección Pleiade, entre ellos las *Obras completas* de Mallarmé. Vi además obras de Góngora, de Goethe, de Rabelais (en francés); *El Pre-barroco*, de F. Prat; números sueltos de la revista *Sur*, y tomos de la Biblioteca de Autores Cristianos. Recuerdo también haber visto un ejemplar dedicado de *Así en la paz como en la guerra*, de Guillermo Cabrera Infante.

Llegar a casa de Lezama, traspasar el umbral de aquel espacio modesto en su manifestación física, pero deslumbrante en la metafórica, es tal vez el secreto anhelo de las páginas que siguen. Es decir, los ensayos aquí incluidos versan no sólo sobre Lezama, sino también sobre Carpentier, Borges, Luis Rafael Sánchez, Bernal Díaz, Sarduy, Viñas; pero todos están encaminados a dar con el proceso de fundación de la literatura que anima la obra del maestro. Octavio Paz ha sostenido, en un memorable ensayo, que la fundación de la literatura hispanoamericana consiste en la invención de unos principios, de un origen. La obra de Carpentier, la de Borges, la de Garcilaso, la de Martí, parece corroborar esa intuición de Paz, derivada en su base teórica de Heidegger, por supuesto. Pero, ¿qué quiere decir fundación? ¿Y cómo se inventan unos orígenes? Evidentemente, no se trata de un proceso de creación, si por tal entendemos hacer algo de la nada. No se trata tampoco de la escena imaginada por los románticos de Adán dando nombre a las cosas. En el mundo postadánico en que vivimos, las cosas ya tienen nombre; con frecuencia, muchos nombres. Además, Adán vivía solo; nosotros, en sociedad. La palabra es diálogo, no soliloquio, y está condenada al tiempo; por lo tanto, no es sólo nombre, sino verbo. La fundación en Lezama es otra, y con una propiedad asombrosa la encontramos en el primer verso de su primer poema importante, «Muerte de Narciso»:

Dánae teje el tiempo dorado por el Nilo

El tejido de Dánae es el lenguaje, lenguaje que como el agua del río ha sido dorado en su correr; es decir, que ha adquirido sustancia, visibilidad en su propio movimiento, en la fricción de las partículas entre sí, en la reiteración. Como el agua en la estela, perceptible en su encrespamiento, en su mutua reflexión, la base, la fundación del lenguaje poético en Lazama es la *iteración*. La fundación es sólo tal como repetición, repetición que supone un primer movimiento como parte del acto mismo de engendrarse. La fundación es una *secundareidad*, un diálogo con una anterioridad asimilada, reelaborada, pero nunca omitida. La osadía de Lezama consiste, pues, en convertir esa *secundareidad* americana, ese retraso, en ventaja. El retraso es el origen; por eso en Lezama no hay ansiedad por estar al día ni existe la ironía típica moderna de saberse retrasado. En Paz, en Carpentier, en Borges, hay un espacio entre la fundación y el acto de la escritura que se manifiesta temáticamente en el tópico de la utopía: la pura invención verbal de Tlön, el Valle del Tiempo Detenido en *Los pasos perdidos*, el paraíso erótico de la poesía de Paz. En Lezama no existe esa distancia irónica; por eso su obra se resiste a ser catalogada; no hay en ella carencia moderna, sino plenitud.

Mi interés principal en los ensayos y notas incluidos en este libro ha sido derivar de la literatura hispanoamericana misma un modo de leer que revele cómo se forja la tradición literaria hispanoamericana. No se me escapa la tautología aparente, la circularidad implícita en tal proyecto, pero no creo que la crítica sea un elemento separable de la literatura. La literatura moderna, inclusive la crítica, consiste en un cuestionamiento radical del lenguaje y la manera en que éste se organiza; de la habilidad de éste para trazar distinciones; de la autoridad que se arroga para dibujar el perímetro de su propia acción. Suponer que la crítica puede reclamar un espacio fuera del lenguaje en el cual se neutralicen todas las mixtificaciones de éste, es ingenuo o, en la mayoría de los casos, resulta de una postura ideológica. El lenguaje de la crítica no está exento de la radical metaforicidad de todo lenguaje, de la presencia ineludible de un sistema de tropos que traiciona nuestras intenciones, que hace aproximativo todo esfuerzo por nombrar, precisar, distinguir. La literatura es una manera de organizar sistemáticamente la capacidad del lenguaje para engañar y, de esa manera indirecta, poner de manifiesto tanto los mecanismos propios del lenguaje como nuestra propia situación con respecto a él.

No quiero sugerir, con lo anterior, que la literatura posea un «metanivel» o contenga un «metalenguaje» crítico distinguible del resto del lenguaje. No hay tal «metalenguaje» por encima, por debajo ni a los lados del lenguaje literario. La crítica —consistente en la paradoja, la contradicción, la autonegación y los tropos que pretenden salvar esos escollos— está presente en toda manifestación literaria. Separarla consiste, una vez más, en erigir un lenguaje especial con autoridad sobre el resto, proceso que el texto literario, si bien en ciertas obras modernas manifiesta, mina a la vez.

Lo anterior no puede convertirse en licencia para la anarquía crítica. Por el contrario, es un desafío a ser cada vez más rigurosos en nuestra comprensión del lenguaje literario en cada texto y en la tradición que se va forjando. Mis ensayos pretenden dar cuenta de ese proceso poniendo en contacto las obras de escritores mayores, como Asturias, Borges y Carpentier; confrontando obras como las de Carpentier con sus fuentes no literarias; especulando cómo se inserta en la obra de un escritor un texto temprano; analizando la obra crítica de un narrador, etc. Mi deseo es poner de manifiesto el proceso de fundación de la literatura hispanoamericana, sin olvidar que tal empresa conlleva buscar las bases de mi propio discurso crítico.

HUMANISMO, RETORICA Y LAS CRONICAS
DE LA CONQUISTA

Los cronistas del descubrimiento y conquista de América no escribieron conscientes de que fundaban una tradición literaria. Es más, la mayoría de las obras que los cronistas nos legaron no son ni históricas, ni mucho menos literarias, en el sentido que estos términos tenían en el Renacimiento. Tampoco podemos decir que la historia de la literatura hispanoamericana posea una continuidad ininterrumpida desde Colón a Cortázar, como pretenden hacernos creer los manuales. Por el contrario, como toda literatura, la hispanoamericana está hecha de rupturas, revoluciones, nuevos inicios y revisiones —toda historia literaria es una serie escalonada de revisionismos—. La misma historia material de los textos coloniales comprueba esa ausencia de continuidad real. La mayoría de los escritores de siglos posteriores a los de la colonia apenas tuvieron acceso directo a las obras de los cronistas, ya que antes del siglo XIX, y en algunos casos hasta hace relativamente poco, la mayor parte de ellas no era accesible, ya sea por no haber sido editadas o reeditadas, o por haberlo sido de forma poco accesible salvo para bibliófilos. No obstante, los cronistas pertenecen a la tradición de la literatura hispanoamericana, en la que ocupan un lugar prominente —como inicio y origen de la narrativa de América. Sus obras son invocadas como tal tanto en el *Canto General,* de Neruda, como en *Cien años de soledad,* de García Márquez—, las crónicas marcan el confín primero de lo literario hispanoamericano, lo pueblan con los contundentes nombres de sus autores, protagonistas ellos mismos a veces de hazañas inverosímiles. Cada tradición literaria moderna —lo anterior es prácticamente un pleonasmo— se autodesigna unos orígenes, de los que dimana la literatura actual. Tales orígenes son generalmente épicos; hay una base ideológica común entre la filología, que estudia esos orígenes, y la literatura, que se apoya en ellos. Esos orígenes míticos apuntalan el presente literario, le dan legitimidad. La función de las crónicas en la tradición literaria hispanoamericana —cuyo inicio consciente, es decir, cuyo inicio, es el Romanticismo— es la de ser Origen. El desempeño de esa función determina nuestra lectura de esos textos. Si la literatura hispanoamericana existe, las crónicas que son su origen tienen ya que ser literatura. Las crónicas mismas, sin embargo, se regían por criterios muy distintos en lo referente a lo literario. Mi intención es dar con esos criterios, sin perder de vista al mismo tiempo lo que de literario tienen esos textos desde una perspectiva moderna. Pretendo hacer una lectura bifocal, que nos dé tanto la lejana perspectiva renacentista, como la próxima de la tradición romántica y postromántica que funda la literatura hispanoamericana.

Casi al final de su voluminosa *Historia verdadera de la conquista de la Nueva España*, Bernal Díaz del Castillo exclama:

> ... y porque bastan los bienes que ya he propuesto que de nuestras heroicas conquistas han recrescido, quiero decir que miren las personas sabias y leídas esta mi relación desde el principio hasta el acabo, y verán que ningunas escrituras questén escritas en el mundo, ni en hechos hazañosos humanos, ha habido hombres que más reinos y señoríos hayan ganado como nosotros, los verdaderos conquistadores, para nuestro rey y señor; y entre los fuertes conquistadores mis compañeros, puesto que los hubo muy esforzados, a mí tenían en la cuenta dellos, y el más antiguo de todos, y digo otra vez que yo, yo y yo, dígolo tantas veces, que soy yo el más antiguo y lo he servido como muy buen soldado a Su Majestad, y diré con tristeza de mi corazón, porque me veo pobre y muy viejo, y una hija para casar, y los hijos varones ya grandes y con barbas, y otros por criar... (1).

---

(1) Bernal Díaz del Castillo, *Historia verdadera de la conquista*

Este arranque unamuniano de Bernal, con su letanía de yos, dramatiza muchos de los rasgos de las crónicas que nos atraen hoy a ellas, y que han hecho de estos textos el origen elegido por buena parte de la narrativa hispanoamericana contemporánea.

Bernal quiere hacer valer, por todos los medios, la veracidad de su texto y conferirle el mayor poder de persuasión posible. Pero se le interponen obstáculos más difíciles que los que había hallado en su camino, medio siglo antes, por las amplias calzadas de Tenotchtitlán. Por un lado, la enormidad misma de la Conquista, que la eleva al plano de la Historia, reclama un estilo noble, alto, propio de una habilidad retórica que Bernal no posee; por otro, tanto su condición de testigo presencial como las necesidades legales y económicas que le impelen a escribir, exigen un estilo llano, más propio de la carta o de las fórmulas más corrientes de la retórica notarial. No se podía narrar la toma de un reino en el lenguaje de leguleyos y burócratas, como tampoco en el tosco estilo de la epístola de un soldado; ni la vida cotidiana de un mero soldado con el vuelo retórico reservado para las grandes hazañas de señores y príncipes. Además, el recuento de esas grandes hazañas tenía que poseer un alto grado de comprobabilidad jurídica, si es que Bernal quería biencasar a su hija y encaminar a sus barbados hijos varones. No se trata de heroicas hazañas que confieren honra y renombre a cortesanos, y conquistan la mano de esquivas doncellas —como ocurría en los libros de caballerías que Bernal leyó—, sino de heroicas hazañas que granjeaban oficios y prebendas en la efervescente sociedad de la época (2). No cabe duda de que se despliega en las vehementes páginas de la *Historia verdadera,* que hace posible el apasionante libro de Bernal, una voluntad plebeya, de cristiano viejo, que Américo Castro nos ha enseñado a descubrir (3); y es esa voluntad, en-

---

de la Nueva España, prólogo de Carlos Pereyra, 2.ª ed. (Madrid: Espasa-Calpe, S. A., 1968), pág. 606.

(2) El comentario más interesante de la alusión que Bernal hace al *Amadís* se encuentra en el justamente célebre libro de Irving A. Leonard, *Los libros del conquistador* (México-Buenos Aires: Fondo de Cultura Económica, 1953), págs. 50 y ss.

(3) Me refiero, sobre todo, a *De la edad conflictiva. El drama de*

carnada en el yo reiterativo del pasaje antes citado, la que se erige como último reducto en medio de la confusión retórica que anima el gran libro. Digo confusión porque, según veremos, no escapa el viejo soldado de las trampas de la retórica, y será esa confusión la que definirá el libro.

Para Bernal, sin embargo, los campos estaban nítidamente escindidos. La retórica de López de Gómara engendraba una verdad mal avenida con los hechos: «E quedarse ha aquí esta relación, y diré cómo el coronista Gómara dice que por relación sabe lo que escribe, y esto que aquí digo pasó ansí, y todo lo demás que escribe no le dieron buena cuenta de lo que dice. E otra cosa veo: *que para que parezca ser verdad lo que en ello escribe, todo lo que en el caso pone es muy al revés, por más buena retórica que en el escrebir ponga*» (4). O, «... y no como dice el coronista Gómara [...] por muy buen estilo que lo dice en su corónica, pues en todo lo quescribe no pasa como dice» (5). Subrayo el final de la primera de las citas porque contiene el quid de la cuestión; la retórica de Gómara sacrifica la verdad de los hechos en aras de la apariencia de verdad en el texto. La actitud de Bernal ante la retórica es, no obstante, ambigua a la postre; mezcla de resentimiento, envidia y desespero ante los problemas de expresión antes esbozados. Todos los grandes textos de prosa colonial caen dentro de esta problemática, desde las cartas y diario de Colón hasta *El Carnero* de Rodríguez Freyle, pasando por escritores de estirpe más definidamente americana, como Garcilaso de la Vega, el Inca, y Felipe Guaman Pouma de Ayala.

Por mucho que la crítica haya dado énfasis al dilema de narrar y describir realidades inéditas en el Nuevo Mundo, lo cierto es que no se puede plantear de forma analítica el problema sin tomar en cuenta cuáles eran las posibilidades de expresión que se ofrecían al historiador de la época. Si bien el tópico de lo inefable es tan antiguo como la expresión misma, la crí-

---

la honra en España y en su literatura (Madrid: Taurus, 1961). Desde luego, más allá del siglo XVII —en sus inicios—, la aplicación de las teorías de Castro es un tanto delirante.

(4) Díaz del Castillo, *ob. cit.*, pág. 95.
(5) *Ibíd.*, pág. 110.

tica de las crónicas ha querido ver en ellas un «impasse» lingüístico que obedece más a la ideología postromántica de la crítica que a una problemática renacentista —en el Renacimiento, la mediación es retórica, antes que lingüística—. Los toscos pero atractivos arrobos líricos de Colón ante el paisaje dominicano; las torpezas de fray Bartolomé de las Casas al describir objetos y usos de los indios, no deben arrastrarnos a la conclusión de que todo fue embeleso incoherente ante realidades desconocidas. Por el contrario, el saldo de las descripciones de los cronistas es muy positivo, y constituye un acervo inagotable de información sobre las culturas prehispánicas y sobre la misma empresa de colonización. Tampoco me parece plausible la teoría de que, ante una realidad tan rara y jamás vista, los cronistas se refugiaran en la imaginación, o que los errores de información en las crónicas las convierten en novelas o protonovelas. Aunque no dudo de que haya muchos mecanismos de represión y sustitución en esos textos, la imaginación como mediadora pre o postlingüística entre el hombre y la Naturaleza es un concepto netamente romántico, totalmente ajeno al pensamiento de los cronistas, que lo habrían entendido, probablemente, en su acepción escolástica. Destacar los errores de las crónicas en la descripción de la realidad americana es una tarea importante para llegar a conocer los conceptos científicos y populares inherentes a la lengua de los cronistas; pero la discrepancia entre la realidad, tal y como la ciencia de hoy nos permite percibirla, y las versiones de los cronistas no aproxima esos textos a la ficción ni los aleja necesariamente de la verdad —aun hoy, para no hablar del siglo XVI, es posible concebir una obra que contenga una verdad moral aunque esté reñida con los hechos—. Además, considerar ficción a las crónicas por su inexactitud científica nos llevaría a tener que incluir en la historia de la novela todos los tratados de medicina escritos antes del siglo XIX. No. Aunque sería imprudente soslayar el impacto que las diferencias en la realidad americana tuvieron sobre las crónicas, lo importante para su estudio hoy es notar cómo cada texto pretendía resolver los problemas que Bernal plantea con tanto vigor, problemas que giraban en torno a los cauces retóricos que se abrían ante cada cronista. Ya Edmundo O'Gorman, a quien tanto debemos en la revaloración del período colonial, ha dicho la última palabra sobre la manera en que fueron leídas las crónicas por la crítica decimonónica y sus secuelas, en un brillante pasaje de su introducción a la *Historia natural y moral de las Indias,* que vale la pena recordar íntegro:

La predominante actitud de los eruditos del siglo XIX, con respecto a nuestras fuentes históricas, consistente en un saqueo de datos y noticias aprovechables, dio por resultado la elaboración de un tipo de Historia que es ya absolutamente indispensable superar. Ningún método mejor para intentar el correctivo que se apetece, que el de emprender por cuenta propia, desprovistos de aquellas preocupaciones, la lectura por entero, atenta y reposada de esas mismas fuentes. Por otra parte, aquella actitud produjo, con relación a las fuentes mismas, una crítica erudita que puso todo el énfasis en la verdad objetiva y originalidad de los datos y noticias, únicos elementos considerados como valiosos. Si no se olvida la orientación general del pensamiento científico de entonces, no puede extrañar que así se procediera, y preciso es admitir que los resultados obtenidos forman un aparato crítico de gran interés para el historiador, quien deberá tomarlos como observaciones útiles en los trabajos preparatorios que toda investigación requiere. Pero esa crítica ha tenido, entre otros efectos, la inconsecuencia de proceder a una valorización de las fuentes, y de considerarla como definitiva. Ahora bien, aparte de los muchos reparos doctrinales y de otro tipo que podrían oponerse, basta pensar en que ese modo de proceder no es ni con mucho tan riguroso como aparece al observador superficial. A poco que se reflexione se caerá en la cuenta de que una valorización establecida sobre la base de la originalidad y verdad de los datos, solamente puede, en el mejor caso, referirse a los datos mismos, pero de ninguna manera debe hacerse extensiva a la fuente considerada en su integridad, como un texto dotado de individualidad y carácter propios. Pensemos en un documento apócrifo, cuyos datos y noticias sean flagrantes falsedades. En la escala valorativa de que se viene hablando, a ese documento se le asignaría el último lugar o bien se vería desechado del todo. Sin embargo, se cometería un grave error, porque hay que ver que una falsificación tiene un valor de primer orden, atento el cúmulo de supuestos que necesariamente implica (6).

A las rectificaciones de O'Gorman habrá que regresar; pero hay que señalar en seguida que del lado de la crítica literaria se ha superado, desde hace algunos años, la actitud positivista que critica el pensador mexicano. De intentos un poco burdos de considerar, sin más, como novelescos los textos de las crónicas, se ha pasado a análisis más refinados de sus calidades artísticas. Me refiero, por ejemplo, a los trabajos recientes de José J. Arrom y a los más próximos aún de Enrique Pupo-Walker y Raquel Chang-Rodríguez, algunos de ellos recogidos en el importante volumen *Prosa hispanoamericana virreinal* por esta última (7). Como he aprendido casi todo lo que sé sobre la época colonial de los dos primeros, y soy un confesado admirador de la erudita matancera, es sólo con gran prudencia que me atrevo a sugerir, sin embargo, la siguiente crítica. En términos generales, no podemos dudar de que muchos de los textos aducidos como literarios —sobre todo, los comentados minuciosamente por Arrom— son, *desde nuestra perspectiva,* de indiscutible valor literario. Pero, precisamente, el concepto que tenemos hoy de lo literario, desprovisto de toda preceptiva y atento más a una noción de expresividad, es en extremo amplio y flexible, y podemos hacerlo depender de nuestra reacción como lectores. Lo mismo no era posible en el Renacimiento, aunque sí ya mucho más en el Barroco, donde se inscribe el fragmento analizado por Arrom en *Prosa hispanoamericana virreinal.* Pero, ¿cuál era la intención global del cronista? No cabe duda de que puede analizarse el valor artístico

(6) Cito de la reimpresión de ese prólogo en Edmundo O'Gorman, *Cuatro historiadores de Indias. Siglo XVI* (México: Sep-Setentas, 1972), págs. 168-169.
(7) (Barcelona: Hispam, 1978). El volumen contiene una útil bibliografía.

de un fragmento, pero hay que tomar en cuenta la integridad de la obra. Y estas obras estaban concebidas, a diferencia de lo que consideramos literatura en la época moderna, según normas retóricas precisas que le asignaban su lugar a los diferentes elementos que componían el texto. No tomar en cuenta que «La endiablada», por ejemplo, es sobre todo un diálogo al estilo de los debates medievales, y no un relato, lleva a Chang-Rodríguez a buscar desarrollo de personajes y lamentar su ausencia. Pero el delicioso texto descubierto y editado por mi querida amiga es de interés, por la forma en que despliega esa modalidad narrativa cuya crisis, tan fructífera, se había dado en *La Celestina*. Lo mismo puede decirse de otros hitos de la narrativa colonial, como el conocido pasaje sobre Pedro Serrano en los *Comentarios reales,* del Inca Garcilaso.

Creo que debe seguirse la sugerencia de O'Gorman de regresar a las crónicas a hacer una lectura por entero de los textos para respetar su individualidad y carácter propios; sólo que no debemos pretender que, al estar desprovistos de las preocupaciones de los positivistas, podemos o debemos hacer *tabula rasa,* como también parece sugerir el pensador mexicano desde la perspectiva existencialista-fenomenológica que lo distingue. En mi opinión, hay que aproximarse a las crónicas consciente de las mediaciones institucionales que la época imponía. Las crónicas —o lo que consideramos las crónicas— son un amasijo de textos que van desde la relación hasta la historia, pero que incluye también la carta, el memorial, el comentario y hasta la visitación. Hay, por lo tanto, que tomar en cuenta qué «cree» cada texto que es, cómo se despliega en relación a un modelo virtual. La riqueza de las crónicas se encuentra precisamente en la variedad de formas que surgen de las posibilidades que la retórica de la época ofrecía, y cómo éstas se entremezclaban o alteraban según las circunstancias sociales y culturales de cada cronista.

Digo retórica, y no historia, historiografía o literatura, porque, justamente, el conjunto de textos que por conveniencia o costumbre seguimos denominando crónicas no caben bajo una sola de esas rúbricas, y algunos de los más conocidos no caben bajo ninguna. El mismo término «crónica» o «cronista», de origen medieval, si bien tiene vigencia institucional a lo largo de los siglos XVI y XVII (cronista mayor), apenas sirve para describir a historiadores como Oviedo o Las Casas, y mucho menos a un humanista como Hernán Pérez de Oliva, cuya *Historia de la invención de las Indias* se acerca más a lo que entonces se consideraba literatura que muchas otras obras de la época. Tampoco sirve crónica, ni historia, ni mucho menos literatura, para describir un texto como la *Relación acerca de las antigüedades de los indios,* de fray Ramón Pané, que es lo que hoy consideraríamos un informe, y que pertenece mucho más claramente a la retórica notarial o procesal (8). Como la confusión que reina en el *corpus* de textos es tan grande —porque muchos de los participantes en la empresa de la Conquista no estaban preparados para la tarea de escritura que las circunstancias los llevaron a realizar—, creo que se impone dar un paso atrás, anterior a la historia o la literatura, para analizar los cauces retóricos por los que empezó a deslizarse la gran narrativa de América. Cauces retóricos que incluían las normas clásicas que el humanismo volvió a adoptar para la historia, tanto como las más humildes fórmulas de la retórica forense, o simplemente de la burocracia que pronto surgió para gobernar el Imperio. El tiempo se ha ocupado de trastocar las jerarquías, y ha hecho de algunas de las obras concebidas al amparo de estas últimas los grandes monumentos de la prosa colonial. Hoy, librados al fin de los entusiasmos, recelos e iras retrospectivas animadas por leyendas negras o blancas, podemos con ecuanimidad reconocer el valor de todos esos textos, y ver cómo se interrelacionan.

El resentimiento de Bernal contra la retórica de Gómara es, en realidad, la manifestación de una constante en la prosa colonial, de un verdadero tópico que se repite en la obra de los más diversos autores. El propio Inca Garcilaso de la Vega, cuya cultura humanística era más que considerable, repite varias veces el lamento: «De mi parte he hecho lo que he podido, no haviendo podido lo que he desseado. Al discreto lector suplico reciba mi ánimo, que es de darle gusto y contento, aunque las

(8) Ambos textos han sido editados por Arrom. El de Pérez de Oliva, en el Instituto Caro y Cuervo, en 1965; el de Pané, en México, Siglo XXI Editores, en 1974.

fuerças ni el habilidad de un indio nascido entre los indios y criado entre armas y cavallos no pueden llegar allá» (9). Lo que el tópico revela es la existencia de un modelo implícito para escribir historia. Este modelo era el de la historiografía humanista del siglo XVI, historiografía que daba un lugar prominente al valor estético de la historia, al deber de organizar los hechos de modo coherente y armonioso, de manera que causase no sólo placer, sino que además fuese, en el mismo acto de mediación retórica, una suerte de interpretación. Como ha escrito Streuver: «Hay una importante suposición sobre el pasado implícita en toda hermenéutica, a saber, que hay coherencia e integración en la intención, en la experiencia del autor seglar o religioso, presente en el fondo de la obra literaria, que va más allá, que trasciende el sentido literal o convencional. Por medio de la erudición gramatical o retórica el crítico humanista hacía del texto una experiencia cabal y concreta del pasado. De ahí que la intención, el sentido profundo, no sea ni profecía oculta ni maldad pagana; al recobrar la intención, uno recupera una experiencia psicológica comparable al valor histórico objetivo» (10). Claro, en la tradición española, la intención inicial, el impulso global de la historia sí era específico e importante; se trata de un esquema providencialista de origen medieval. Como ha escrito Santiago Montero Díaz en su valioso estudio «La doctrina de la historia en los tratadistas españoles del Siglo de Oro»:

> El encanto narrativo de Heródoto, la penetración de Tucídides, el acerado racionalismo de Polibo, la ejemplaridad de Tácito: todas las grandes virtudes de los historiadores clásicos pudieron ser, en mayor o menor medida, aprovechadas por los escritores del Renacimiento [...] también sirvió de mucho la herencia medieval. Los últimos siglos del medioevo

---

(9) *Comentarios reales de los Incas,* ed. al cuidado de Angel Rosenblat, prólogo de Ricardo Rojas (Buenos Aires: Emecé Editores, 1943), I, pág. 50.

(10) Nancy S. Struever, *The Languages of History in the Renaissance. Rhetoric and Consciousness in Florentine Humanism* (Princeton, N. J.: Princeton University Press, 1970), pág. 74.

habían producido una espléndida historiografía. La vieja idea providencialista cristiana, que había abocado a la concepción rigurosa de una Historia universal propiamente dicha, inspiraba a la mayor parte de los historiadores occidentales. Pero, al mismo tiempo, la renovación del espíritu europeo, iniciada desde el siglo XII y vertiginosamente acentuada en las centurias siguientes, había producido una historiografía llena de matices, sensible al paisaje y al carácter de los hombres, abundante en retratos, preocupada por las causas profundas de los hechos. La conjunción de ambas tendencias, clásica y medieval, constituye en el Renacimiento un género histórico nuevo, floreciente y genial. Es la obra del Humanismo (11).

La abundancia de retratos, por cierto, es en las historias de Indias otro reflejo de la historiografía medieval. Los retratos que Cortés hace de los monarcas aztecas y los que Garcilaso y Guaman Pouma hacen de los incas, deben tanto a la tradición de los *Varones ilustres,* de Hernando del Pulgar, como a la más reciente que suministra el *Príncipe,* de Maquiavelo. En todo caso, lo que tratadistas como Vives, Páez de Castro, Fox Morcillo, Pedro de Navarra y otros reflejan en sus obras es el modelo de historia contra el cual se medían los cronistas de Indias.

Resumiendo, podemos decir que las características principales de ese modelo son: 1. Concepto providencialista de la historia, que produce una armazón narrativa de amplio diseño, en el que Descubrimiento y Conquista forman parte de un plan divino; en gran medida, el esfuerzo interpretativo que la actividad de escribir historia conlleva va encaminado a hacer visible la validez de esa armazón argumental; 2. Elocuencia y buen tono: la acción se centra en las actividades de los protagonistas de la historia, vistas en relación al esquema general de desenvolvimiento antes visto. El tono es elevado, y el interés recae

---

(11) *Hispania (Revista Española de Historia),* núm. 4 (1941), páginas 5-6.

sobre asuntos de política: con frecuencia, los actores pronuncian elegantes discursos en la recreación de algún momento culminante de la historia. La historia narra la sucesión de esos momentos culminantes, de los cuales se excluye toda nota disonante; 3. Los dilemas morales y teológicos de la Conquista están presentes, pero también se da más importancia a la moral cortesana o caballeresca de los actores, ya sean éstos españoles o indios. López de Gómara y Cortés presentan a Moctezuma como un príncipe en el sentido renacentista, y a sus asistentes, como cortesanos, en el mismo sentido. Otro tanto ocurre en la *Historia de la invención de las Indias,* de Hernán Pérez de Oliva, donde la oratoria de los taínos es poco menos que ciceroniana. En Las Casas, sin embargo, en quien predomina una visión escolástica, nunca estamos lejos de cuestiones teológicas; 4. El estilo de la prosa es elegante, retórico en el buen sentido —pocos en España escribieron mejor prosa que López de Gómara—. La historia es, con el significado pragmático que el humanismo daba al término, *magistra vitae.*

Si bien el anterior era el modelo hacia el que elevaba la mirada la historiografía de Indias, el vehículo narrativo más socorrido fue la relación: es decir, el escrito mediante el cual se daba cuenta de algún caso, la *relación de fechos.* No es por azar por lo que la palabra aparece en el título de tantos documentos de la época: *Relación acerca de las antigüedades de los indios, Brevísima relación de la destrucción de las Indias, Relación del sitio de Cuzco y principio de las guerras civiles del Perú y provincia de Cuzco llamada la Nueva Castilla,* y si nos apartamos de América, las célebres *Relaciones,* de Antonio Pérez. La importancia de la relación para la literatura de la época es enorme, ya que, como he demostrado en otra parte, fue ése el molde retórico del *Lazarillo de Tormes,* y de la novela picaresca en general, hasta las *Relaciones de la vida del escudero de Marcos Obregón* (12). Como ha dicho Serrano y Sanz en su colección de *Autobiografías y memorias:* «Escritas algunas por

---

(12) «José Arrom, autor de la *Relación acerca de las antigüedades de los indios:* picaresca e historia», en *Relecturas: Estudios de Literatura Cubana* (Caracas: Monte Avila, 1976), págs. 17-35.

hombres de humilde condición, soldados y aventureros, nos muestran cuán profundas raíces tenía en la realidad la vida picaresca tal como se halla descrita en multitud de libros; pasajes hay en las vidas de D. Alonso Enríquez, de Miguel de Castro y de Contreras que parecen copiados del *Lazarillo,* del *Gran Tacaño* ó de *Guzmán de Alfarache*» (13). Más que biografías, como apunta Serrano y Sanz, las relaciones son «documentos autobiográficos», aunque en el sentido más concreto sean una especie de informe de testigos oculares. B. Sánchez Alonso, en su *Historia de la historiografía española,* las llama «relaciones autobiográficas»: «Bajo este título general agrupo las cartas redactadas por los protagonistas de los sucesos y cuantos escritos tienen características análogas, por haberse producido en el mismo tiempo y lugar que los hechos reseñados, y sin propósito literario» (14). No hay divisiones claras entre la relación, el memorial, la carta de relación, la vida; lo que sí hubo fue una abrumadora profusión de documentos de esta índole en el imperio español durante el siglo XVI: tanto para rendir un informe comisionado, como en el caso de Pané, como para elevar un alegato, como en el de Las Casas, o exigir que se reconozcan méritos, como en el de Bernal, cartapacios llenos de estos documentos cruzaban el océano. Las relaciones eran esencialmente documentos legales, en los que el firmante daba cuenta de su persona y de los hechos pertinentes al caso —se reflejaba en ellas, mediante ciertas fórmulas, el contacto de un yo con la realidad circundante; por eso pueden servir de cauce a la biografía, ya sea ésta real o ficticia. «Pues sepa vuestra merced ante todas cosas que a mí llaman Lázaro de Tormes, hijo de Tomé González y de Antoña Pérez, naturales de Tejares, aldea de Salamanca»; «Yo, fray Ramón Pané, pobre ermitaño de la Orden de San Jerónimo, por mandato del ilustre señor Almirante y virrey y gobernador de las Islas y de la Tierra Firme de Indias, escribo lo que he podido aprender y saber de las creencias e idolatrías de los indios, y de cómo veneran a sus dioses»;

---

(13) (Madrid: Librería Editorial de Bailly, Bailliere e Hijos, 1905), pág. 11.
(14) (Madrid: Consejo Superior de Investigaciones Científicas, 1941), I, pág. 432.

«El año de 1598 nací en el Concejo de Villaviciosa, en la colación de Arguero; fue mi padre Juan de Toral y Valdés; mi madre, María de Costales, entrambos hijosdalgo...».

Todos estos yos, que como el de Bernal, exigen su lugar en la vida del siglo XVI, reclaman mediante sus escritos un tipo de verdad distinto al del modelo historiográfico antes esbozado. En aquél, el acto de organizar mediante la retórica la historia, aspiraba a extraer el designio de una intención inicial que le dio sentido en el comienzo y continúa dándoselo en el presente, por confuso que éste pueda parecer (y por espectaculares que nos parezcan hoy las tergiversaciones necesarias para lograrlo). Esa es la verdad que Bernal no puede percibir, porque su relato, como el de las demás relaciones, persigue una verdad más contingente, más apegada a los hechos, tal como éstos ocurrieron; es decir, tal y como éstos le ocurrieron a él:

> Notando estado como los muy afamados coronistas antes que comiencen a escrebir sus historias hacen primero su prólogo y preámbulo con razones y retórica muy subida para dar luz y crédito a sus razones, porque los curiosos letores que las leyeren tomen melodía y sabor dellas, y yo, como no soy latino, no me atrevo a hacer preámbulo ni prólogo dello, porque ha menester para sublimar los heroicos hechos y hazañas que hicimos cuando ganamos la Nueva España y sus provincias en compañía del valeroso y esforzado Capitán don Hernando Cortés, que después, el tiempo andando, por sus heroicos hechos fue Marqués del Valle, y para podello escrebir tan sublimadamente como es digno, fuera menester otra elocuencia y retórica mejor que no la mía; mas lo que yo oí y me hallé en ello peleando, como buen testigo de vista, yo lo escrebiré, con el ayuda de Dios, muy llanamente, sin torcer a una parte ni a otra, y porque soy viejo de más de ochenta y cuatro años y he perdido la vista y el oír, y por mi ventura no tengo otra riqueza que dejar a mis hijos y descendientes, salvo esta mi verdadera y notable relación, como adelante en ella verán, no tocaré por agora en más de decir y dar razón de mi patria y dónde soy natural y en qué año salí de Castilla

y en compañía de qué capitanes anduve militando y dónde agora tengo asiento y vivienda (15).

Si la historia se ocupaba de los momentos culminantes, de los movimientos políticos y militares de más relieve, la relación de hechos, dado su carácter legal, narra incidentes de la vida cotidiana; no pretende reflejar una verdad trascendental que extrae de los hechos que narra, sino que es parte de esos hechos, de la realidad misma que relata, de ahí su valor antropológico e histórico, en el sentido moderno de la palabra. Pero de ahí también su valor literario posible, también en un sentido moderno. Lo que es una fórmula legal apartada en todo punto de la poética histórica se convierte en relato minucioso de una vida en su transcurrir individual y social específico, así como de los problemas que ésta presenta al ser narrada. Pané se detiene una y otra vez a ponderar qué debe poner primero, y Bernal hace otro tanto. Ambos, como Lazarillo, lidian con el duro enigma de cómo dar legitimidad a lo que escriben. En la *Vida de Lazarillo de Tormes* se da testimonio de esa lucha en el prólogo, donde el irónico narrador se fragmenta en varios yos, que corresponden a diversos momentos de autoconocimiento o ingenuidad. En Bernal, la reiteración de yos que vimos antes es testimonio de esa misma pugna. La repetición airada de yos es el último recurso de Bernal para hacer verdadera la *Historia verdadera de la conquista de la Nueva España.* Bernal y Lazarillo son testigos de sus propias vidas, y en el caso de Bernal, partícipe en la historia que narra, de manera análoga al hecho que Don Quijote sea protagonista de la novela de caballería que va inventando. En este sentido sí anticipan las crónicas la problemática de la novela moderna, que gira en torno al deseo de hacerse aparecer como un texto no literario. La historia llevaba a la poética; la relación, a la literatura. La escisión no se hará nítida sino hasta el siglo XVIII, como ha demostrado Foucault, y como era sabido ya por todo lector de la *Estética,* de Croce.

---

(15) Díaz del Castillo, *ob. cit.,* pág. 25.

Mientras que Pedro Mártir, López de Gómara y Oviedo se aproximan al modelo ideal de la historiografía de la época, Pané, Colón, Cortés y Bernal Díaz —entre muchos otros— escriben relaciones. Pero muchas de las grandes obras de la prosa colonial están marcadas por ambos. En Guaman Pouma y Garcilaso, por ejemplo, está muy presente el modelo ideal de la historia, aunque el esquema providencialista sea distinto del de algunos historiadores españoles, para integrar el Incario en su designio. La proliferación de prólogos en la obra de Guaman Pouma, umbrales retóricos a la historia, es síntoma evidente de la ansiedad del cronista indio por cumplir las reglas del decoro retórico. En el caso de los *Comentarios reales,* sin embargo, (no en la *Corónica y buen gobierno*), hay rasgos que son claramente propios de la relación, y no solamente por el carácter marcadamente autobiográfico del libro. No hay que olvidar que entre los múltiples y complejos móviles del Inca se encuentra el de dar validez legal a ciertas reclamaciones hechas por el lado paterno de su familia. Pero el ejemplo más claro de obra en que se entreveran las formas de la historia y la relación es *El Carnero,* de Rodríguez Freyle. Lo que comienza como amplia narración de la historia del virreinato de Nueva Granada, pronto se convierte en la relación de una serie de casos supuestamente sacados de los archivos de la audiencia, que vienen a ser, en efecto, relaciones que, como la de Lázaro de Tormes, menudean en detalles sobre la vida íntima de los vecinos de la comarca. Ambas tradiciones retóricas conviven en estado puro en la obra de Rodríguez Freyle, aunque la segunda sea la que mejor recordemos hoy. Sin tenerlas en cuenta no podemos ni siquiera empezar a entender el alcance de *El Carnero.*

Muchos fueron los problemas suscitados por el Descubrimiento y Conquista de América, y hasta pudiera decirse que en América se desplegaron en concreto dilemas que el humanismo europeo sólo logró plantearse en términos abstractos. Uno de esos problemas fue cómo narrar lo que ocurría, cómo inscribirlo en la historia. Claro está que, en general, el problema de la expresión del individuo y su dependencia de las normas de la retórica no es propio únicamente de las crónicas de la Conquista. Se trata de un debate en el interior del pensamiento humanista, que en España ya se había manifestado en *La Celestina,* y que volvería a surgir en la picaresca y, por supuesto, en Cervantes. Es significativo que el humanista que es seguro que escribió el *Lazarillo* eligiera la relación como molde para su dramatización de estos dilemas. Pané, Colón, Cortés, Bernal, López de Gómara, Garcilaso, Oviedo, Guaman Pouma, son también personajes importantes, y sus obras, episodios inolvidables de un drama retórico que enriqueció el humanismo hispánico y que hizo posible sus más grandes obras.

La representación de la realidad americana dependió, en concreto, de las cuestiones que he esbozado aquí, cuya dilucidación minuciosa en los textos nos daría toda una nueva visión de la prosa colonial y el porqué del interés que encierra para la narrativa hispanoamericana actual. En todo caso, podemos adelantar aquí para concluir que en las crónicas, según se ha visto, se produce una mezcla de normas retóricas —humanísticas, notariales— que mina la perseguida homogeneidad de la prosa vernácula, desprendiéndola de la literatura tal y como se concebía entonces. Las fórmulas notariales y burocráticas también se filtran en la historiografía propiamente dicha, avaladas no sólo por la maraña jurídica que, más densa que las recién descubiertas selvas americanas, recubre la Conquista, sino también por el Estado, que llega a crear y dictar normas a través de la institución del cronista mayor. Es ese mismo proceso de combinación y desjerarquización el que se encuentra en los orígenes de la novela; es decir, en la picaresca y en Cervantes. La moderna literatura hispanoamericana busca en las crónicas un origen literario; pero lo que tienen de literario las crónicas es aquello que las aparta de la literatura.

MARTI Y SU «AMOR DE CIUDAD GRANDE»: NOTAS HACIA LA POETICA DE *VERSOS LIBRES*

Cada libro de poesía moderna, cada poema moderno, formula una poética propia, precisamente porque la Modernidad ha abandonado la poética como categoría autónoma que demarca un lenguaje y dicta sus reglas (1). Toda poesía moderna surge, entonces, de un silencio y una negación: la de la poesía que la precede, el de un lenguaje que no adquiere sustancia poética sino en el acto de su propia constitución, en el acto en que se convierte en poesía. Proyectamos hoy sobre nuestros clásicos esa misma sensación de vacío ante la palabra, porque es lo que

---

(1) Por Modernidad me refiero a la época que abarca desde la Ilustración al presente: «In a more general way one may say that the eighteenth century considered itself to be a modern period. It is perhaps the first period to do so, for the Renaissance is, as its very name implies, a rebirth; in the eighteenth century we have the consciousness of a radical new beginning». Herbert Dieckmann, «Esthetic Theory and Criticism in the Enlightenment: Some Examples of Modern Trends», en *Introduction to Modernity: A Symposium on Eighteenth-Century Thought*, ed. Robert Mollenauer (Austin: University of Texas Press, 1965), pág. 66. Para un estudio más detallado del colapso del pensamiento clásico y el nacimiento de la Modernidad, ver el cap. séptimo de Michel Foucault, *Les mots et les choses* (París: Gallimard, 1966). Paul De Man, sin embargo, propone un concepto ahistórico de la Modernidad en su notable ensayo «Literary History and Literary Modernity», en su *Blindness and Insight. Essays in the Rhetoric of Contemporary Criticism* (Nueva York: Oxford University Press, 1971), págs. 142-165. Para una discusión del problema en términos de la literatura hispanoamericana, ver el primer capítulo de mi *Alejo Carpentier: The Pilgrim at Home* (Ithaca: Cornell University Press, 1977).

la poesía que nos rodea nos ha acostumbrado a sentir, pero Garcilaso, Góngora y Quevedo —de maneras diversas, por supuesto— imitaban a los clásicos, cuya tradición pretendían continuar. La entrada al poema de cada uno de estos poetas se hacía siempre de la mano de un Virgilio que encarnaba una poética. Esa poética no sólo prescribía reglas de versificación, sino que definía las fronteras del lenguaje poético. La revolución iniciada por Garcilaso consistió en aclimatar al castellano la tradición italiana, que a su vez representaba una adaptación más fiel que la lograda hasta entonces en España de la clásica. El escándalo provocado por Góngora surge por haber elevado a la segunda potencia el lenguaje poético que le había legado el Renacimiento —su rebeldía fue la intensificación, no la ruptura (2)—. En Góngora hay una sobreabundancia de poesía, en tanto que el poeta moderno sólo siente su carencia. La poesía, para éste, no es un código dado que, como notas sobre un pentagrama, puede interpretar con mayor o menor fidelidad, sino que está dentro de sí (3), en un deseo inarticulado, y fuera, en un lenguaje heterogéneo y disperso. Armonizar ese *fuera* y ese *dentro*, o dar cuenta de la imposibilidad de su concordancia y sentido, es su tarea.

Ante tal disyuntiva, el valor del poeta moderno (en todos los sentidos) se halla en la tensión que establece entre el vacío

---

(2) Ver el ensayo de Severo Sarduy, «Sobre Góngora: la metáfora al cuadrado», en su *Escrito sobre un cuerpo* (Buenos Aires: Sudamericana, 1969), págs. 55-60.

(3) «'Poetry is the spontaneous overflow of powerful feelings.' Wordsworth's metaphor, 'overflow,' suggests the underlying physical analogy of a container — a fountain or natural spring, perhaps — from which water brims over. This container is unmistakably the poet; the materials of a poem come from within, and they consist expressly neither of objects nor actions, but of the fluid feelings of the poet himself. A coherent theory of poetry which takes its departure from this type of analogy, instead of from imitation, will clearly favor very different emphases and criterea.» M. H. Abrams, *The Mirror and the Lamp: Romantic Theory and the Critical Tradition* (Nueva York: Oxford University Press, 1953), pág. 47. La metáfora de Wordsworth nos permite comprender, además, una de las imágenes más frecuentes en Martí: la copa. Schlegel y Hegel, en Alemania, presentan teorías análogas sobre el origen de la poesía, pero en términos mucho más amplios.

del lenguaje y la producción del poema. Sentimos, al leer los grandes poemas modernos, que queda en ellos una sensación de inestabilidad, de insuficiencia. Esa traza, ese residuo —estela que media entre silencio y palabra—, es su poética. El poema no es en sí su propia poética, sino que la poética queda como la cuerda por la que el yo lírico ha sorteado la falla que lo separaba de la poesía. En poetas teóricos, como lo son todos los poetas mayores desde Blake y Mallarmé hasta Eliot, Lezama y Paz, encontramos la elaboración posterior de ese antecedente fantasma, visible en la inestabilidad de sus poemas; gesto posterior a la poesía, que intenta recuperar el momento anterior al poema, *post*-texto discursivo que aspira a establecer un puente sólido sobre el abismo que se abre ante el poema, pero que queda siempre como *pre*-texto o justificación (4). Esos gestos teóricos son tenaces esfuerzos por conjurar una presencia anterior al poema que, sin ser aún poesía, es ya un lenguaje armónico y con sentido: música, eros, subconsciente, fluido poético, estructura lingüística —sustitutos de lo que antaño fuera la poética. Al comentar un poema moderno, si somos fieles a él, no podemos sino esbozar el mismo gesto; no repetir el poema haciéndonos eco de sus temas, sino rescatar su poética, su razón de ser poema. El exégeta renacentista o neoclásico medía el poema con las reglas y cartabones de la poética legada por la tradición; Herrera, en sus comentarios, inserta a Garcilaso en el canon clásico. El crítico moderno (decir crítico y moderno es casi incurrir en un pleonasmo) recorre el poema a la inversa del poeta, regresa al vacío que se abre en su umbral.

Todos los comentaristas de *Versos libres* coinciden sobre la importancia de este libro de Martí en el contexto de la moderna poesía hispánica; importancia más por lo que pudo haber representado de haber aparecido en su época, pero que podemos calibrar en los ecos que de él creemos oír en libros posteriores que sí tuvieron impacto real, como *Poeta en Nueva York,* de García Lorca; *Residencia en la tierra,* de Neruda, y

---

(4) En español, *El arco y la lira,* de Octavio Paz, es el ejemplo más brillante y sostenido de esta tendencia que conocemos, sólo igualado por *Las eras imaginarias,* de Lezama.

Trilce, de Vallejo. Es lo que Cintio Vitier llama la «dimensión de futuridad» de *Versos libres* (5). Martí inaugura en *Versos libres* la poesía contemporánea de la ciudad, la poesía que ha dejado de ser simbólica (sin «correspondencias»), en que la palabra se ha convertido en signo intercambiable y polivalente. Si el Modernismo creó una poesía urbana y cosmopolita, pero que paradójicamente pretendía manifestar la coherencia rítmica, natural del cosmos, *Versos libres* es una ruptura (6) —en la ciudad martiana, los objetos se metamorfosean, o vuelan desasidos, desprendidos del lugar que les confiere sentido en la urbe cosmopolita—. Para ello tuvo Martí que renunciar, con gesto típicamente moderno (no modernista), a la mitología poética del Romanticismo, que asignaba a la continuidad entre espíritu y naturaleza el papel de pretexto, de lenguaje anterior al poema. Tal renuncia hace de *Versos libres* una obra condenada a la imperfección y la deficiencia, mientras que la poesía modernista —que había hecho del mundo artifical de la ciudad, pletórico de productos «finos» de la industria incipiente manufacturados a base de materias primas importadas por el creciente colonialismo, una segunda naturaleza— ostentaba el lustre de su perfección. Resulta, así, extrañamente apropiado que el

---

(5) «En la mina de Martí», prólogo a Ivan A. Schulman y Manuel Pedro González, *Martí, Darío y el modernismo* (Madrid: Gredos, 1969), pág. 16. Juan Marinello también ha dicho, refiriéndose precisamente al poema que nos ocupa aquí: «A distancia del tiempo y del estilo, el New York martiano muestra parentesco esencial con el de Federico García Lorca. En los dos grandes poetas, la urbe babilónica es como un monstruo repulsivo que les descubre y agrava sus más hondos conflictos». «Martí: poesía», en *Anuario Martiano,* número 1 (1969), pág. 148.

(6) «A diferencia de los españoles, Darío no opone lo universal a lo cosmopolita; al contrario, el arte nuevo es universal porque es cosmopolita. Es el arte de la gran ciudad. La sociedad moderna 'edifica la Babel en donde todos se comprenden'. (No sé si todos se comprendan en las nuevas babeles, pero la realidad contemporánea, según se ve por la historia de los movimientos artísticos del siglo XX, confirma la idea de Darío sobre el carácter cosmopolita del arte moderno). Su oposición al nacionalismo —en aquellos años se decía 'casticismo'— es parte de su amor por la modernidad y de ahí que su crítica a la tradición sea también una crítica a España». Octavio Paz, «El caracol y la sirena (Rubén Darío)», en su *Cuadrivio* (México: Joaquín Mortiz, 1965), pág. 24.

libro de Martí haya quedado inédito y, en muchos sentidos, incompleto, ya que la nueva poética que Martí elabora parte del silencio y el caos, sin lograr, sin permitirse nunca abandonarlos. Es precisamente esta cualidad la que han destacado los críticos más agudos de Martí, como Vitier, quien al referirse a *Versos libres,* en un notable ensayo, indica que la importancia de Martí para nosotros se debe no a «la obra perfecta o plenamente realizada, sino por el tono y el impulso, y por la integración de sus vislumbres» (7). Martí era consciente de lo radical de su experimento y, como los poetas mencionados, también esbozó una justificación.

Hoy, el conocido preámbulo a *Versos libres* nos suena extrañamente contemporáneo y, a la vez, arcaico; por un lado, su romanticismo programático; por el otro, las espasmódicas declaraciones de una libertad poética que se abre al vacío. De aquél, la insistencia en el origen pasional de la poesía, que en los poemas mismos rezuma un sentimentalismo que es lo más pasado de moda de Martí; de éste, el vértigo que conduce a Martí a plantear la «honradez» como norma última de la poesía. («Honradez» debe verse en contraposición a «decoro», ya que este concepto clásico aludía únicamente a la fidelidad con que un poema dado se ceñía a las normas de la Poética). Honradez que en este contexto significa la fidelidad de la palabra al acto de voluntad que la crea en el mundo y del que es inseparable: «Pero la poesía tiene su honradez, y yo he querido siempre ser honrado. Recortar versos también sé, pero no quiero. Así como cada hombre trae su fisonomía, cada inspiración trae su lenguaje. Amo las sonoridades difíciles, el verso escultórico, vibrante como la porcelana, volador como un ave, ardiente y arrollador como una espada reluciente, que deja a los espectadores la memoria de un guerrero que va camino del cielo, y al envainarla en el sol, se rompe en alas» (8). La imagen que emplea aquí Martí —que evoca los mitos de Faetón e Ica-

_____

(7) «Los *Versos libres*», en su libro con Fina García Marruz, *Temas martianos* (La Habana: Instituto del Libro, 1969), pág. 152.

(8) José Martí, *Versos libres,* ed. prólogo y notas de Ivan A. Schulman (Barcelona: Editorial Labor, 1971), pág. 57. Todas las citas de Martí son de esta edición.

ro— manifiesta todo el drama que se desarrolla en *Versos libres*. El vuelo de Faetón hacia Helios, su padre, no resulta de una *hubris* juvenil, sino de una agresión, como la de Ulises clavando el palo encendido en el ojo de Polifemo. La acometida del guerrero es un retorno al origen enceguecedor de la imagen —al sol, fuente de luz y ley, trono áureo de la imago. La metamorfosis de Faetón en Icaro sugerida por las alas indica la derrota, la fragmentación de la imagen en imágenes: la paradoja de que la fuente de claridad borre por exceso de luz los contornos de lo visible, y deje la palabra desnuda de referente y significación. Pero en Martí, «ala» siempre aparece asociada a la belleza; por lo tanto, la poesía surge de ese choque violento de principios y finales, como el ave Fénix, que renace de sus cenizas para ser consumida otra vez por el fuego (9). Ascenso de Faetón, caída de Icaro, la poética de *Versos libres* surge de la tensión entre un lenguaje apegado a la tierra, mimético, y de otro alegórico, que significa sólo en función de la palabra misma (10). La agresión contra el sol, que vendría a representar ese plano alegórico, y la caída al suelo, que sería entonces el mundo, la naturaleza de la poesía romántica, parecería indicar la preferencia del segundo. Pero la «honradez» que Martí da como norma (no como tema) de su poética indica, más bien, la lealtad de su poesía a ese origen violento y discorde en que nace, y que queda inscrito en ella como memoria («deja a los espectadores la memoria»). La poética implícita en *Versos libres* se elabora a partir de la dialéctica inherente al lenguaje que Martí formula en «Mis versos», aunque de manera esque-

_____
(9) En «Copa con alas» tenemos el uso más notable de la imagen, que también aparece en el conocido primer verso de «La niña de Guatemala». Pero pienso, más bien, aquí en un verso del primer poema de *Flores del destierro,* que reza: «Empieza el hombre en fuego y para en ala».

(10) En «Lyric and Modernity», De Man arguye convincentemente en contra de una progresión histórica que lleve a la poesía de lo mimético a lo alegórico, ya que siempre se puede rescatar una dimensión mimética, aun en los poemas más complejos y difíciles de comprender. En teoría, la observación de De Man es en extremo persuasiva, pero en la práctica nos llevaría indefectiblemente a postular que la poesía lírica es igual en todas las épocas. El ensayo de De Man aparece en el libro citado, págs. 166-186.

mática, provisional, y tan «poética» como los poemas mismos. «Amor de ciudad grande», poema del que Martí dejó cinco manuscritos, y en el cual se repite el doble movimiento que acabamos de ver en «Mis versos», es, de todos los poemas del libro, el que mejor se presta a una lectura de esa poética, tal y como ésta se manifiesta en la práctica de la creación (más aún que en poemas o ensayos explícitamente sobre poesía —como «Poética», en el mismo libro—, en que la duplicación tema/ objeto tiende a simplicar y hacer demasiado «expositiva» la problemática) (11).

Ya desde los primeros versos, «Amor de ciudad grande» abre la interrogante sobre la posibilidad de articular un lenguaje poético en la época moderna:

> De gorja son y rapidez los tiempos
> Corre cual luz la voz; en alta aguja,
> Cual nave despeñada en sirte horrenda,
> Húndese el rayo, y en ligera barca
> El hombre, como alado, el aire hiende.
>
> (vs. 1-5)

Martí define el presente como un tiempo precedido por un hiato, por una pausa arrítmica. La imagen del primer verso puede ser fluvial: «gorja» es, en una de sus acepciones, una hondona-

---

(11) El poema (escrito en 1882) y las variantes aparecen en la edición citada, págs. 87-90. No conocemos ningún análisis detenido de «Amor de ciudad grande», aunque, según parece, el poema impresionó a críticos como Miguel de Unamuno, quien se refiere a él como «tremendo poema». Citado por Eugenio Florit en el «Estudio preliminar» de su *Martí: versos* (Nueva York: Las Américas Publishing Co., 1962), pág. 32. Sobre la tendencia de Martí a escribir sobre la naturaleza de su propia poesía, Marinello dice: «No es infrecuente que un poeta discurra sobre la poesía, pero no existe caso en que tal menester sea tan insistente y reiterado como en el de José Martí», y más adelante añade: «Es en los *Versos libres* y en *Flores del destierro* donde nos entrega el crítico creador su *Poética en verso*». *Ob. cit.*, págs. 156 y 159. Para un compendio útil de textos martianos sobre la poesía, véase «Doctrina poética», en *José Martí, esquema ideológico*, selección, prefacio, glosas y notas por Manuel Pedro González e Ivan A. Schulman (México: Publicaciones de la Editorial Cultura, 1961), págs. 137-169.

da en el cauce de un río, donde el agua se remansa momentáneamente para de súbito proseguir su camino. Pero es más probable que la imagen sea geológica y «gorja» se refiera a una falla por la que, al pasar, el aire se adelgaza y corre con mayor rapidez. En todo caso, los dos primeros versos designan un movimiento de contracción y expansión, de clausura y apertura, que los mismos acentos del verso parecen sugerir: «De *gor*ja *son* y rapi*dez* los *tiem*pos». Pero estos primeros versos también aluden a la voz, a la producción del sonido. «Gorja» es una palabra rara, como tantas otras empleadas por Martí en *Versos libres,* que, además de las acepciones ya vistas, quiere decir garganta; o sea, el órgano por donde, al pasar el aire, se articula y modula el sonido. La rareza de «gorja» proviene no sólo de ser un arcaísmo, sino de que en su acepción de garganta se asocia, más que al lenguaje, a sonidos primitivos, prelingüísticos, o a funciones no discursivas de ese órgano —de ella derivan «gorjear», «gorgotear» y también «ingurgitar» y «regurgitar». Corominas sugiere que *gurges,* la palabra latina de donde se origina «gorja», es un sonido onomatopéyico que imita «los ruidos producidos por la garganta» (12). «De gorja son y rapidez los tiempos» describe, pues, el esfuerzo por articular el lenguaje poético. De ahí que la referencia al aire sea importante. El aire no es todavía espíritu, ni los sonidos lenguaje; lo que el verso presenta es una desarmonía, que se manifiesta en la violencia sintáctica del hipérbaton: no «los tiempos son de gorja y rapidez», sino «De gorja son y rapidez los tiempos». En el nivel semántico existe igualmente un disloque, ya que el verso en realidad no quiere decir nada hasta que llegamos a la última palabra: «De gorja son y rapidez» es una serie de sonidos, de ruidos sin sentido. Aun el verso completo, aparte del problema del hipérbaton, es de difícil interpretación, tanto por la rareza ya vista de «gorja» como por el extraño uso de la palabra como predicado nominal —hay, en efecto, un intervalo entre la lectura del verso y el momento en que su sentido cristaliza, análogo al intervalo, al hiato, que éste designa en las

_____

(12) *Breve diccionario etimológico de la lengua castellana* (Madrid: Gredos, 1961), pág. 294.

lecturas vistas—. Pero es justamente la dificultad de este primer verso la que da sentido al segundo —«Corre cual luz la voz...»—, que sugiere, en primer lugar, que la rapidez del sonido es tal que aparece desprendido de su emisor, como cuando vemos una película en que la banda sonora está mal sincronizada, y los labios de los actores se mueven después de haber escuchado sus voces. Es exactamente lo que acabamos de ver en ese primer endecasílabo, donde casi todo el verso ha sido proferido antes que podamos percatarnos de lo que puede querer decir. La sinestesia que convierte el sonido en luz recalca esta especie de mutismo, y aleja aún más la producción del sonido de la noción de aire, como espíritu que cobra sentido verbal al ser articulado —en efecto, la imagen del rayo, una línea quebrada de luz, sugiere más la escritura que la voz—. Los versos tercero y cuarto repiten, en imágenes paralelas, los dos primeros: «gorja» ahora será «sirte», y la «luz» se ha convertido en «rayo». Sólo que aquí el movimiento es inverso, ya que, en vez de surgir del abismo, la luz regresa a él —«en sirte horrenda/húndese el rayo...»—. En vez de contracción y expansión, expansión y contracción. Los primeros versos de «Amor de ciudad grande» dramatizan el momento de articulación del lenguaje poético. La figura del hombre flotando por los aires —«El hombre, como alado, el aire hiende»— evoca, en términos más convencionales, el desarraigo y vacío de ese intervalo arrítmico que media entre el principio y el final de ese acto. En el resto del poema proliferan las imágenes de ese tiempo dislocado y vertiginoso en que se despliega el lenguaje: «Así el amor, sin pompa ni misterio / muere, apenas nacido, de saciado!»; «muere la flor que nace...»; «De la vida / estrujada en agraz...». El doble movimiento que vemos en estos primeros versos, y que observamos en el fragmento del preámbulo a *Versos libres,* abarca todo el poema, que empieza aludiendo al nacimiento del lenguaje y termina con una retracción: «¡Tomad! ¡Yo soy honrado y tengo miedo!».

Ambos momentos de ese ritmo forman el poema; no podemos dejarnos persuadir por ese final tan categórico y negativo. La realidad del poema es ese lenguaje que, en efecto, ha sido proferido y en el cual la dificultad de su propia articulación forma parte de la tensión dialéctica vista. Ese movimiento de contracción y expansión se sigue repitiendo a lo largo del poema en la alternancia de trozos narrativos, que se despliegan en un tiempo lineal, y en los apóstrofes, que son por naturaleza momentáneos y discontinuos. El poema dramatiza de ese modo su propia meditación sobre un vacío que pronto se ve poblado por su propio lenguaje. Temáticamente, la ciudad representa ese lenguaje. El vacío antes del poema es el mundo anterior a la caída; la ciudad es el mundo postedénico, babélico. Martí evoca ese mundo con una imagen extrañamente moderna de deshumanización:

<blockquote>

¡Si los pechos
Se rompen de los hombres, y las carnes
Rotas por tierra ruedan, no han de verse
Dentro más que frutillas estrujadas!

(vs. 9-12)
</blockquote>

Si al principio del poema teníamos el aire en el acto de surgir de la garganta, ahora se nos revela que el interior del hombre, de donde ha de salir ese aire, no contiene sino relleno, como el de un muñeco. No es espíritu, aire modulado y articulado, lo que del hombre emana, sino materia petrificada e indiferenciada. En el ámbito urbano no hay distinción entre el interior y el exterior; todo es una masa informe, sin posible articulación. En imágenes como ésta, y muchas otras más en el poema, Martí apela, sin duda, al tópico romántico de la ciudad como lugar en que la naturaleza ha sido sometida a ritmos que no le son propios, que la hacen geométrica y repetitiva. Por ejemplo, en el conocido «London», de Blake, no son sólo las calles, sino también el río el que ha sido víctima de la planificación: «I wander through each charter'd street, / Near where the charter'd Thames does flow». El contraste de este mundo urbano con el pastoril evoca tradiciones poéticas aún más antiguas, como cuando Martí compara la fruta silvestre con la de las plazas, que ha madurado «a brutales / Golpes del labrador...» (vs. 41-42). Pero si nos dejamos persuadir por esta temática, daremos con que «Amor de ciudad grande» se origina únicamente en la nostalgia romántica por la naturaleza incorrupta, ese momento edénico anterior a la caída y al lenguaje. La conjugación de contrarios observada se disolvería en favor de uno de los dos polos, renegando así el poema, a nivel temático, de su propia constitución dialéctica. Tendríamos que aceptar por aislado la retracción final.

Martí, sin embargo, empieza «Amor de ciudad grande» no sólo considerando el tiempo de la articulación de la palabra, sino con una declaración llanamente descriptiva de un momento histórico: «De gorja son y rapidez los tiempos». La afirmación describe un estado histórico, no intenta reemplazarlo con un *in illo tempore*. Si esos tiempos son los de la ciudad, los del mundo histórico, postedénico, también son los de la palabra, una vez proferida. En esos tiempos no hay pureza ni distinción radical entre principios y finales, interior o exterior. El dilema que «Amor de ciudad grande» presenta es el de elaborar una poesía en ese mundo corrompido del presente, articular un lenguaje que no sea el de la nostalgia por un paraíso perdido. En este sentido, puede decirse que Martí formula una poética realista, por cuanto la única articulación posible, la única armonía, es la que existe entre la disgregación del mundo que le rodea y la del propio lenguaje poético. Pero, ¿cómo abandonarse a ese contrapunto desarmónico, en que la poesía parece rebotar de un extremo a otro de sus posibles registros, de lo mimético a lo alegórico, del reflejo del mundo a la abstracción? Si en «Mis versos» vimos en las figuras de Faetón e Icaro un voluntarismo absoluto, ¿cómo se explica esa estrofa final en que Martí parece rechazar la discordia de estos «tiempos» y ansiar «un vino que en la tierra / no se sabe beber!»? (vs. 57-58).

Ontogenético en principio, el dilema que plantea «Amor de ciudad grande» pronto se torna ético, lo cual explica en parte la «honradez» a que aludía Martí en su prólogo. El tema ético aparece en toda su intensidad al final de la penúltima estrofa, como respuesta a una pregunta típicamente romántica —«¿Qué es lo que falta / Que la ventura falta?» (vs. 45-46)—, donde «ventura» debe leerse en el sentido de la *joy* de Coleridge, es decir: «the conscious accompaniment of the activity of a fully living and integrative mind» (13). La respuesta, dada en imágenes de cetrería típicas de la poesía pastoril, es la siguiente:

(13) M. H. Abrams, *Natural Supernaturalism: Tradition and Rev-*

Como liebre
Azorada, el espíritu se esconde,
Trémulo huyendo al cazador que ríe,
Cual en soto selvoso, en nuestro pecho;
Y el deseo, de brazo de la fiebre,
Cual rico cazador recorre el soto.

(vs. 46-51)

No es difícil percibir en estos versos el mismo movimiento que descubrimos en los primeros del poema, ni oír en ellos claros ecos de la Biblia, Garcilaso y San Juan de la Cruz. Pero «soto selvoso» evoca sobre todo (acústica y conceptualmente) la *selva selvaggia* de los primeros versos del *Inferno*, y conjura el contexto alegórico-moral del principio de la *Commedia*. Sin embargo, hay una inversión significativa. Mientras que en la *Commedia* el poeta-peregrino es asediado en un paisaje selvático por fieras que (en las interpretaciones tradicionales) representan las pasiones, Martí ha mudado la escena a la ciudad, convirtiéndola no en el mundo excesivamente ordenado de Blake, sino en un mundo desordenado en que el deseo confunde los lenguajes y rige el espíritu —la ciudad es selva—. La confusión de ámbitos, el pastoril y el urbano, reúne los dos polos de la dialéctica antes vista, los confunde; el mundo edénico anterior a la caída y el mundo urbano postedénico. La elección no es entre uno y otro, sino entre ese lenguaje babélico que los confunde y otro que está más allá de ambos. La «ventura» consistirá en la integración que se logre, una vez consignada la naturaleza discorde de estos «tiempos».

Reintegrar esos fragmentos de tiempo y palabra que pueblan el presente es la aventura de la poesía postmoderna —proferir el lenguaje de la «tierra baldía»—, y a ello es a lo que apunta el poema de Martí. Ese «vino que en la tierra / no se sabe beber », a pesar de los ecos garcilasianos, no conjura el empíreo —«busquemos otro llano, / busquemos otros montes y otros ríos»— del final de la Egloga I. Invoca más bien el

---

olution in Romantic Literature (Nueva York: W. W. Norton & Co., 1971), pág. 276. Sobre el conocimiento de Martí de las literaturas en lengua inglesa, véase Marinello, *ob. cit.*, pág. 128.

reino de la palabra perseguido por Mallarmé, donde, según Octavio Paz, «el universo entero se vuelve inminencia del himno; si el mundo es idea, su manera propia de existir no puede ser otra que la del lenguaje absoluto: un poema que sea el Libro de los libros» (14). Esa transposición, no obstante, exige una transformación; no sólo escribir el libro-mundo, sino cambiarlo, mediante un gesto no sólo poético, sino revolucionario, o poético-revolucionario. Lo que la poética de *Versos libres* descubre es la insuficiencia del lenguaje y de la poesía cuando éstos permanecen en un plano ideal y abstracto; proferir el lenguaje en un tiempo histórico quiere decir que el lenguaje es acción concreta, condenado a las exigencias de esos tiempos de «gorja y rapidez». Sólo desde la perspectiva de una acción concreta que no está más allá del poema, sino que es parte de su propia constitución, puede vislumbrarse ese momento de sentido pleno en que la poesía es himno, y signos y objetos convivirán en un universo integral y estable. No se escapa esa respuesta del todo a la problemática del Romanticismo, sino que es una de las salidas que se abren ante el poeta de fines de siglo y que podemos percibir ya en la notoria renuncia de Rimbaud al arte. Pero Martí le ha dado una nueva dimensión al integrar su poesía a un programa político coherente —la libertad anunciada y deseada en *Versos libres* sólo tendrá sentido cuando poesía y acción política sean una—. La poética de *Versos libres* se resuelve en Dos Ríos, donde Martí, con su elocuente muerte, da sentido y trascendencia última a su vida y obra. No ver la relación que existe entre la muerte —y la vida— de Martí y su poética es cegarse a lo más revolucionario de ésta; Martí es el único poeta moderno en que se da la integración necesaria para la ventura de que hablaba Coleridge.

Más rigor y coherencia no se puede pedir a una empresa tan totalizadora como lo es la poesía moderna. Con las salvedades de rigor (que son rigurosamente radicales), el cuestionamiento implacable a que Martí somete el lenguaje y la poesía sólo es comparable al de Nietzsche. Y, en efecto, el tono, la energía de la prosa y poesía martianas, así como otros factores

---

(14) *Los signos en rotación* (Buenos Aires: Sur, 1965), pág. 51.

estilísticos tales como el gusto por la paradoja, la tendencia al aforismo y el empleo de mitos clásicos (según vimos en «Mis versos»), aproximan al filósofo alemán y el poeta cubano. El final mismo de «Amor de ciudad grande», con su llamada a una suerte de embriaguez ultraterrena, evoca, sin duda, también a la figura de Nietzsche, sobre todo el Nietzsche de la «gaya ciencia». Pero, aparte de que es prácticamente imposible que Martí haya leído a Nietzsche, las diferencias son insalvables (15). La última estrofa de «Amor de ciudad grande» rezu-

---

(15) Es imposible determinar de forma tajante si Martí leyó o no a Nietzsche, aunque sí es virtualmente imposible que lo haya hecho antes de escribir los poemas que componen *Versos libres*. La primera traducción de un libro de Nietzsche al español data de 1900 *(Así hablaba Zarathustra)*, y no es sino a partir de 1893 cuando «algunos intelectuales de Barcelona [...] comienzan a informar sobre Nietzsche...». Gonzalo Sobejano, *Nietzsche en España* (Madrid: Gredos, 1967), pág. 10. Sobejano añade que «En tal fecha sólo existían en Francia dos versiones del filósofo alemán: la de *Richard Wagner in Bayreuth* y la de *Der Fall Wagner;* y tan escasas e insignificantes eran por esos años las noticias críticas acerca del filósofo, que en noviembre de 1891 Th. de Wyzewa, comprobando la incipiente difusión de su obra y augurando la por venir, podía afirmar: 'En France, personne ne le connait'». *Ibíd.*, pág. 36. Dada la muerte de Martí, en mayo de 1895, y las actividades de sus últimos años, es improbable que haya tenido acceso a Nietzsche en estas versiones españolas o francesas. En inglés, las fechas de diseminación y traducción de Nietzsche arrojan conclusiones similares: «From the 'disruptive' nineties onwards, when he was first felt to be a 'rousing revolutionary' (Ernest Rhys), Nietzsche was very much in the air, both in London, and in Dublin and Glasgow. At the beginning of the 1890's, of course, he was known only to the few who read German. The first reviews of his works to attract attention in literary circles, by the Scottish poet John Davidson, appeared in *The Speaker* (28 November 1891) and *Glasgow Herald* (18 March 1893); the earliest references to Nietzsche in the literature of the period are to be found in Gorge Egerton's *Keynotes* (1893) [...] and in Davidson's *Sentences and Paragraphs* (1893). The year 1895 saw the publication of the first extended treatment of the subject in English in Max Nordeau's essay 'Friedrich Nietzsche' which appeared as Chapter V of book III ('Ego-Mania') of his controversial and bestselling *Degeneration* (1895)». Patrick Bridgwater, *Nietzsche in Anglosaxony. A Study of Nietzsche's Impact on English and American Literature* (Leicester: Leicester University Press, 1972), pág. 11.
Udo Rukser afirma: «Der erste Lateinamerikaner, der über N. schrieb, scheint der Lyriker *Rubén Darío* gewesen zu zein. Aber leider war das eine Verlegenheitsarbeit, so scwach, dass er sie auch nicht wieder in eines seiner Bücher aufgenommen hat. In der Arti-

ma un misticismo totalmente reñido con el espasmódico ascetismo nietzscheano. Más aún, el pesimismo radical de Nietzsche difícilmente podría compaginarse con el optimismo martiano, aunque, sin duda, la visión martiana de un hombre futuro más perfecto no está del todo exenta de rasgos que recuerdan al llamado «superhombre» de Nietzsche (16).

Incidimos aquí, sin embargo, en una cuestión puramente ideológica, que es precisamente lo que la poética martiana y la crítica nietzscheana parecen negar al lenguaje. En Nietzsche, por la negación última de la inteligibilidad del discurso que discurre sobre sí mismo; en Martí, según vimos en «Amor de ciudad grande», por la radical inconexión de lenguajes que ocupan el presente y que exigen la acción concreta que los haga cohe-

---

kelserie 'Los Raros', die er für die 'Nación' in Buenos Aires schrieb, erschien am 2. April 1894 sein Aufsatz 'Filósofos finiseculares', wo er über N. und Multatuli [sic] berichtet! In einem Atem! Woraus man schon sieht, dass er keine Vorstellung und Kenntnis von N. hatte. Alles, was er sagt, ist angelesen und aus zweiter Hand. Er sagt ihm einige Ähnlichkeit mit Goethe nach wegen der Universalität seines Denkens». *Nietzsche in der Hispania. Ein Beitrag zur hispanischen Kultur und Geistesgeschichte* (Berna y Munich: Francke Verlag, 1962), pág. 41. Pero si el conocimiento que Darío tuvo de Nietzsche fue «aus zweiter Hand», ¿de quién fue la «erste Hand»? ¿Lecturas francesas o algún amigo que sabía alemán? Con respecto a Martí, en todo caso, la cuestión, a falta de prueba documental concluyente, no puede resolverse. Es muy probable que las coincidencias sean debidas más a la radical «honradez» con que Nietzsche y Martí se plantearon cuestiones de la época. Los otros ecos y afinidades tal vez provengan de una figura paralela a Nietzsche, de quien Martí sí tuvo amplia noticia: Renan.

(16)   Sobre todo en «Homagno Audaz» (*Versos libres*, págs. 134-139), Martí maneja ideas e imágenes que corresponden a las más difundidas de Nietzsche. Por ejemplo: «di qué llave / Abre las puertas del placer profundo / Que fortalece y embalsama...» (vs. 28-30); también: «Yo ni de dioses ni de filtro tengo / Fuerzas maravillosas: he vivido, / ¡Y la divinidad está en la vida » (vs. 41-43), y: «La mirada caudal de un Dios que muere» (v. 13). Sin embargo, por ser precisamente las ideas más difundidas de Nietzsche, el «superhombre», el «vitalismo» y la «muerte de Dios» son las más comunes de su época, y su prehistoria es documentable desde Goethe, a través de la filosofía alemana y la literatura inglesa. «Homagno», por ejemplo, parece hacerse eco más de la tradición anglosajona (Blake) que de una posible lectura de Nietzsche. Lo que sí parece indiscutible es que Martí fue el primero en manejar estas figuras y conceptos en lengua española.

rentes, que les dé sentido en el mundo histórico. Es partiendo de esta postura «deconstructiva» (pero que en Martí es también proyecto de «construcción») como podemos discernir los rasgos específicos de la poética de *Versos libres*.

Ocioso sería a estas alturas describir los elementos formales de *Versos libres,* tarea que la crítica se ha ocupado ya de realizar en diversas ocasiones con mayor o menor grado de rigor. Perseguimos más bien lo que pudiésemos llamar la «razón poética del libro», y ésta, como pudimos observar en el análisis de «Amor de ciudad grande», parece ser la negación de ese pretexto que determina el poema, que lo precede y sirve de horma lingüística o prescripción formal. «Versos libres» debe tomarse entonces como oxímoron; dialéctica entre la armonía y la disgregación, que en su acoplamiento constituyen la poesía. De esa base dialéctica surge el poema, en ella se constituye, sin acceder nunca ni a un polo ni otro, sino manteniéndose equidistante de ambos. De ahí las características formales del libro, desde su «incompletez» (para usar un término de Lezama) hasta sus torpezas, pasando por el tono «prosaico» que a veces tiene. En ello consiste la modernidad y vigencia de Martí poeta, que trasciende las vicisitudes del Modernismo hispánico para instalarse en una problemática mucho más vasta: la de lo moderno.

HISTORIA Y ALEGORIA EN LA NARRATIVA
DE CARPENTIER

Con la posible excepción de Borges, no hay escritor que haya ejercido mayor influencia que Carpentier sobre los novelistas hispanoamericanos de los últimos años. En muchos casos, como en los de Carlos Fuentes y Gabriel García Márquez, esa influencia ha sido abiertamente reconocida por los mismos escritores (1). En otros, como en los de Edmundo Desnoes, Reynaldo Arenas y César Leante, si bien menos confesado, más radical aún ha sido el impacto de Carpentier sobre ellos. De entre las obras escritas por estos novelistas, algunas —*Memorias del subdesarrollo, El mundo alucinante, Muelle de caballerías*— son, en cierto modo, reescrituras de novelas de Carpentier, sin que esto menoscabe su valor; y aunque al serlo se conviertan a veces en parodias de éstas, son, desde luego, impensables sin la existencia previa de textos del autor de *Los pasos perdidos*. La crítica de Carpentier por parte de escritores

(1) Fuentes escribe en *La nueva novela hispanoamericana:* «La lectura de Alejo Carpentier siempre me ha provocado una visitación fantásmica —al grado de poder leer y escuchar a un tiempo—: la de Edgar Varèse. Interpretada a menudo, con justicia, como una cima del realismo mágico y barroco hispanoamericano, la obra de Carpentier no es sólo la cúspide, sino las laderas. Como toda literatura auténtica, la del gran novelista cubano cierra y abre, culmina e inaugura, es puerta de un campo a otro: vale tanto lo que dice como lo que predice» (México: Joaquín Mortiz, 1969), pág. 49. En cuanto a García Márquez, baste recordar que Víctor Hugues es mencionado en *Cien años de soledad.*

jóvenes, sobre todo si son cubanos, es con frecuencia el mejor homenaje al maestro y el indicio más claro de que su obra es una presencia ineludible en la actual narrativa hispanoamericana (2).

Todas las novelas mencionadas —y otras que omitimos— tienen un rasgo en común: son, de una manera u otra, históricas. *Memorias del subdesarrollo* presenta un momento clave en la historia de la Cuba revolucionaria, la llamada «Crisis de Oc-

---

(2) El punto de partida de *Muelle de Caballerías* (La Habana: Contemporáneos-UNEAC, 1973) bien pudiera ser «Semejante a la noche», el conocido relato de Carpentier, cuya única escena, repetida en seis momentos históricos diferentes, ocurre en un muelle. En *Memorias del subdesarrollo* (México: Joaquín Mortiz, 1973 [1.ª edición, La Habana, 1965]), especie de *Los pasos perdidos* en tono menor, el protagonista-narrador habla de Carpentier: «Carpentier es otro de los que hablarán. Como cronista de la barbarie americana no está mal; ha logrado sacar del subdesarrollo el paisaje y la absurda historia del Nuevo Mundo. Por eso no me interesa. ¡Estoy cansado de ser antillano! Yo no tengo nada que ver con lo 'real maravilloso'; no me interesa la selva, ni los efectos de la Revolución Francesa en las Antillas», págs. 67-68. Y al final de *El mundo alucinante* (México: Editorial Diógenes, 1969) aparece esta aguda sátira-parodia de Carpentier: «En seguida Fray Servando se puso de pie y se inclinó sobre el balcón. Por un momento quedó desconcertado. Aquel hombre (ya viejo), armado de compases, cartabones, reglas y un centenar de artefactos extrañísimos que Fray Servando no pudo identificar, recitaba en forma de letanía el nombre de todas las columnas del Palacio, los detalles de las mismas, el número y la posición de las pilastras y arquitrabes, la cantidad de frisos, la textura de las cornisas de relieve, la composición de la cal y el canto que formaban las paredes, la variedad de árboles que poblaban el jardín, su cantidad exacta de hojas, y finalmente hasta las distintas familias de hormigas que crecían en sus ramas. Luego hacía un descanso, y con gran parsimonia anotaba todas las palabras pronunciadas en un grueso cartapacio en cuya tapa se leía *El Saco de las Lozas* con letras tan grandes y brillantes que el fraile, desde su balcón, pronunció en voz alta el título de la obra en gestación. Lo repitió varias veces. Y luego, enfurecido, se lanzó sobre un cactus espinoso, se deslizó por el árbol, se paró delante del futuro apologista y le golpeó el cuello», págs. 198-199.

Además de estas obras, conviene recordar la conocida parodia de *El acoso*, que Guillermo Cabrera Infante incluye en *Tres tristes tigres*, y *Gestos*, de Severo Sarduy (Barcelona: Seix Barral, 1963), que en otra parte he intentado demostrar que también es una parodia de la misma novela de Carpentier. Ver mi «Son de La Habana: la ruta de Severo Sarduy», en *Revista Iberoamericana*, 37 (1971), páginas 725-740.

tubre»; *El mundo alucinante,* partiendo de las *Memorias* de fray Servando Teresa de Mier, da una visión panorámica de la transición de la colonia a la independencia en Hispanoamérica; y *Muelle de caballerías,* la más carpenteriana de todas, repite un mismo incidente en dos días distintos en la historia de Cuba, separados por cien años. Este tipo de experimentación que lleva a cabo Leante en su novela es típico de Carpentier, sobre todo en la rigurosa documentación y en el amor al detalle con que se reconstruyen escenarios e incidentes. El impacto de Carpentier en las letras del continente es, sobre todo, como novelista histórico. Lo que tiene de carpenteriano *La muerte de Artemio Cruz* es la manera en que se articulan en esa novela fechas claves de la historia de México con las peripecias del protagonista (Lunero, el mulato tío de Artemio, vino a México con familias acaudaladas cubanas que huían de los rigores de la Guerra de Independencia; su ámbito de origen es el mundo que pueblan los personajes de Carpentier). El análisis de lo histórico en Carpentier es, por lo tanto, de interés, por razones que rebasan ya los confines de su propia obra.

Y es lógico que así sea, ya que, desde sus inicios, la narrativa de Carpentier se ha basado en la historia, y ésta ha sido su objeto privilegiado de análisis. *¡Écue-Yamba-Ó!* e «Histoire de Lunes» (ambos de 1933) se ubican en la época de las fraudulentas campañas electorales que preceden a la dictadura de Gerardo Machado en Cuba. *El reino de este mundo* (1949) se basa en la historia de la Revolución Haitiana, mientras que *El acoso* (1956) evoca dos momentos de la historia cubana de este siglo: la lucha contra el machadato, y la época del postmachadato, cuando surgen los llamados «grupos de acción» y el «bonche universitario» (3). *El siglo de las luces* (1962), la más his-

---

(3) El trasfondo histórico de *El acoso* ha sido estudiado minuciosamente por Modesto G. Sánchez en su tesis «La elaboración artística de *El acoso*», M. A. Thesis (Trinity College, Hartford, Conn., 1972). Parte de esa tesis ha sido publicada en «El fondo histórico de *El acoso:* 'Epoca Heroica' y 'Epoca del Botín'», en *Revista Iberoamericana,* 41 (1975), págs. 397-422. Para un análisis del período histórico en cuestión puede consultarse el útil trabajo de Niurka Pérez «Los estudiantes universitarios contra el bonchismo», en *Universidad de La Habana,* 196-197 (1972), págs. 210-252.

tórica de las novelas de Carpentier en un sentido convencional, explora las repercusiones de la Revolución Francesa en Hispanoamérica, particularmente el Caribe. Los relatos de *Guerra del tiempo* (1958) se basan todos en la historia, sobre todo la historia cubana del siglo XIX, cuando Cuba se convierte en factoría azucarera, pero algunos, como «El camino de Santiago» y «Semejante a la noche», se remontan al período colonial, y este último hasta la Grecia homérica (4). Aunque la experimentación con la Historia está presente desde los comienzos de su carrera, «Semejante a la noche» (originalmente publicado en 1952) es el primer relato de Carpentier que puede considerarse como un verdadero laboratorio en que se analiza la relación entre la historia y la narrativa, algo que surge con gran intensidad en su obra más conocida, *Los pasos perdidos* (1953), y en sus dos últimas novelas, *El recurso del método* y *Concierto barroco* (ambas de 1974). Creo que puede afirmarse que Carpentier, aparte de sus reconocidos méritos como novelista, es uno de los más rigurosos e innovadores historiógrafos que ha dado Hispanoamérica, si por ello entendemos que su obra encierra una meditación teórica sobre la Historia, y específicamente sobre la historia hispanoamericana. *El siglo de las luces* es, a mi modo de ver, el mejor tratado que existe sobre el tránsito de la Ilustración al Romanticismo en nuestra América, tanto por la interpretación que ofrece de esa coyuntura histórica como por la manera en que indaga en la problemática de la historia que surge en aquel entonces. *El siglo de las luces* y *El recurso del método* son, además de novelas de indiscutible calidad, las mejores interpretaciones que tenemos sobre la Modernidad y lo que ésta significa desde una perspectiva hispanoamericana. De ahí, sin duda, el impacto de Carpentier sobre los novelistas actuales de Hispanoamérica.

De lo anterior podemos deducir que la historia está presente en la narrativa de Carpentier de forma rigurosa; no evocan sus novelas el pasado creando un vago «aire de época», sino

---

(4) Ver sobre este cuento mi trabajo «'Semejante a la noche', de Alejo Carpentier: historia/ficción», ahora recogido en mi *Relecturas: estudios de literatura cubana* (Caracas: Monte Avila, 1976), páginas 53-73.

mediante una sólida documentación y una implacable y a veces alucinante fidelidad cronológica (5). Sin embargo, este aspecto «intelectual» de la narativa carpenteriana ha sido el más censurado, en parte porque rara vez la crítica se ha tomado el trabajo de leer a Carpentier con el detenimiento que su obra exige (6). Quien no se resigne a que leer a Carpentier conlleva una ardua labor intelectual, está condenado a hacer juicios superficiales sobre su obra. Carpentier demuestra que en Hispanoamérica no hay el vacío filosófico y crítico de que tanto se ha hablado, sino que la filosofía y la crítica viven en la obra de los mejores escritores. Borges, Carpentier, Lezama y Paz son los ejemplos más notables, y es hora de que se desmonte la llamada historia del pensamiento, y se rehaga a base de criterios que permitan y hasta hagan necesaria la inclusión de sus obras. El crítico que lea a Carpentier o a cualquiera de esos escritores con miras a un juicio estrictamente literario (si es que todavía podemos definir con nitidez esa categoría o si alguna vez se pudo) no hace justicia a sus obras. En Carpentier, ese aspecto crítico-filosófico versa casi exclusivamente sobre la historia y la manera en que ésta se narra, problema, por otra parte, que se remonta a los orígenes mismos de la novela, es decir, a Cervantes.

---

(5) En «Isla a su vuelo fugitiva: Carpentier y el realismo mágico», en *Revista Iberoamericana*, 40 (1974), págs. 9-64, hago un estudio detallado de la cronología de *El reino de este mundo*. El trabajo es el capítulo 3 de mi *Alejo Carpentier: The Pilgrim at Home* (Ithaca-Londres: Cornell University Press, 1977). El rigor histórico de Carpentier se manifiesta en el cotejo de fuentes textuales, no en la relación y por lo tanto la especificidad entre condiciones históricas «reales» y los personajes, que es el criterio de Lukács en su conocido estudio de la novela histórica. Parte del trabajo mío citado figura en este libro, en las págs. 145 a 178.

(6) Los textos de Carpentier son implacables con sus críticos impresionistas y/o periodísticos, por bien intencionados que éstos sean. La maniática, compulsiva atención al detalle en sus novelas, comparable únicamente a la de un autor medieval, no tolera comentarios poco informados o lecturas rápidas. Por ejemplo, el perceptivo trabajo de Noé Jitrik, que, a pesar de la mezcla un tanto sospechosa de varias modas críticas, ofrece observaciones valiosas, pierde autoridad por los errores de detalle e información en que incurre. «Blanco, negro, ¿mulato? Una lectura de *El reino de este mundo*, de Alejo Carpentier», en *Centro de Estudios Literarios Rómulo Gallegos/Araisa* (1975), págs. 167-205.

Pero el malentendido no se puede remitir simplemente a la miopía de críticos más o menos informados o diligentes, ya que grandes críticos le han censurado a Carpentier el aspecto intelectual de su obra. El hecho de que sea precisamente ese aspecto, en la medida en que tiene que ver con la historia, el que mayor impacto ha tenido sobre otros escritores, revela que estamos tal vez ante lo más característico de la obra de Carpentier. Conviene, por lo tanto, analizar la crítica seria que se le ha hecho, como vía indirecta de acceso al problema de lo histórico en su obra.

La crítica del elemento intelectual de la narrativa carpenteriana opone a esta tendencia suya la presentación más directa y explícita de la historia, arguyendo que hay en su obra una marcada tendencia a la abstracción y a la alegoría. Juan Marinello, por ejemplo, uno de los lectores más penetrantes de Carpentier (y el mejor crítico literario que ha dado Cuba desde Martí), insiste en esto para formular dos de las críticas más negativas que se hayan escrito sobre su narrativa (la primera, sobre *¡Écue-Yamba-Ó!,* y la segunda, sobre *El acoso*) (7). Ma-

---

(7) «Una novela cubana [sobre *¡Écue-Yamba-Ó!*]», en su *Literatura hispanoamericana: hombres-meditaciones* (México: Ediciones de la Universidad de México, 1937), págs. 167-178; «Sobre el asunto en la novela: a propósito de tres novelas recientes [una de ellas *El acoso*]», en su *Meditación americana (cinco ensayos)* (Buenos Aires: Procyón, 1959), págs. 55-77. Marinello también ha escrito sobre Carpentier en «Un homenaje excepcional», en *Bohemia*, 7 de agosto de 1964, págs. 95-96, y en «Homenaje a Alejo Carpentier», en *Revista de la Biblioteca Nacional José Martí*, 3.ª época, año 66, vol. 17, número 1 (1975), págs. 9-17. Hombre de excepcional honestidad intelectual, a prueba de entusiasmos y fervores del momento, Marinello no parece totalmente convencido del valor de la obra de Carpentier aun en este discurso, pronunciado con ocasión del septuagésimo aniversario del novelista. Concluye así Marinello su homenaje: «Nos ha dicho Carpentier que su próximo libro finaliza en las vísperas del triunfo histórico de Playa Girón. Buen final, pero mejor principio. De allí debe partir lo más cuajado de su maestría. Allí debe alumbrar, en todo su esplendor, el alba de una edad digna de su talento y a nivel de su tiempo. Desde este aniversario saludamos esa obra». Carpentier, por su parte, deja constancia de probidad intelectual en el número de *Casa de las Américas* que rinde homenaje póstumo a Marinello. Escribe allí el novelista: «Sus criterios eran orientadores, sus ideas claras y profundas. Tempranamente sintió, a la par de Rubén y Mella, la necesidad de tomar parte en

rinello le reprocha, sobre todo, a Carpentier, lo abstracto de su presentación, tanto de personajes históricos como de incidentes: «La primordial equivocación de la novelística servida por Carpentier está en creer que el medio —el *hábitat*— nada supone en la narración, y en que puede haber hondura y calidad en el hombre sin raíces. No es que los protagonistas de *El acoso* no sean hijos de un instante cubano; es que el perfil de su acción y de su raciocinio en nada les identifica con su medio. Son individuos que resbalan ágilmente, elegantemente, sobre un cubanismo hecho de alusiones literarias. El soliloquio los mantiene en una zona abstracta, aséptica, irreal» (8). La visión de Marinello es, en principio, certera: no hay duda de que existe en Carpentier la tendencia a la abstracción que él nota, y mucho más la confección de un contexto a base de alusiones literarias. Sin embargo, he aquí que no hay un solo incidente en *El acoso* que no sea rigurosamente documentable acudiendo a la historia de Cuba, y que La Habana por la que se desplaza el acosado (personaje cuya historicidad es conocida) posea una realidad tan concreta que se puedan seguir sus movimientos sobre un mapa (9). Si bien es cierto que la especificidad de la Historia *parece* desvanecerse en la obra de Carpentier, éste lu-

la lucha política, y cuando muchos de sus contemporáneos, entre los cuales me encontraba yo, se dejaban encandilar por inconsistentes novedades, él fue el primero en hacernos ver el error de ciertas opciones momentáneas, llevando nuestra atención hacia la obra de José Martí, mucho más actual y útil, por su esencia y señalamientos, que otras cosas que teníamos equivocadamente por muy modernas», núm. 103 (1977), págs. 11-12. Otro crítico que le ha hecho reparos parecidos a Carpentier es Emir Rodríguez Monegal. En una brillante, aunque negativa reseña de *El acoso*, publicada originalmente en 1956, Rodríguez Monegal lamenta que «entre la historia que cuenta Carpentier y la narración misma se interpone su propia naturaleza de esteta, de erudito, de sentidor», y luego alude a «las razones alegóricas, que quieren que la misma prostituta sea la preferida del acosado y del taquillero». Cito por Emir Rodríguez Monegal, *Narradores de esta América I* (Montevideo: Editorial Alfa, 1969), páginas 276-277. Y en una generosa reseña de mi *Alejo Carpentier: The Pilgrim at Home*, Rodríguez Monegal sostiene que mi lectura de *Los pasos perdidos* atenúa «el aspecto excesivamente alegórico de la misma [novela]». *Vuelta* (México), 13 (1977), pág. 34.

(8) «Sobre el asunto en la novela», *op. cit.*, pág. 61.
(9) Ver los trabajos de Modesto G. Sánchez antes citados.

cha en sus novelas con su transformación en narrativa y con su interpretación. Si, como hemos dicho, la naturaleza del acontecer histórico es parte de la problemática carpenteriana, su principal inquietud es la narración de la historia —no el incidente o el personaje en sí, sino su articulación en un sistema de signos que los haga inteligibles. La distinción es tan antigua como la *Poética* de Aristóteles, pero no por ello ha dejado de ser crucial y todavía polémica.

Lo que Marinello destaca es la tendencia alegórica en Carpentier; que incidentes y personajes no signifiquen nada en sí mismos, sino que aludan constantemente a otros incidentes y personajes, insertándose así en una vasta y compleja red de alusiones, y, además, que esos entes sean tipos, no individuos. No es difícil corroborar que Marinello tiene toda la razón. Si recurrimos a *¡Écue-Yamba-Ó!,*, podemos comprobar inmediatamente que ya se encuentran allí dos técnicas típicamente carpenterianas de alegorización. Primero tenemos la nota al pie en que se aclara que para la composición de la campaña electoral en la novela se han fundido datos y detalles de varias campañas electorales: de dos o tres campañas electorales, Carpentier hace la Campaña Electoral, como luego nos dará al Primer Magistrado en *El recurso del método,* suma y síntesis de varios dictadores hispanoamericanos (10). Más adelante, en su primera novela, Carpentier acude a otro procedimiento convencional de alegorización cuando Menegildo Cué, una vez en La Habana, trabaja en un circo haciendo el papel de San Juan Bautista, en un cuadro que no está muy lejos del auto sacramental calderoniano (11). En lo que respecta al elemento alusivo, la lista sería interminable por definición, pero baste mencionar que el Mirador, en *El acoso,* puede aludir, además de a varios significados

---

(10) La nota lee: «En este capítulo cometo anacronismos voluntarios, situando en época presente y en un mismo plano algunos elementos de la mitología política criolla que se nos revelaron a lo largo de tres campañas electorales distintas. Pero las fechas y los candidatos tienen menos importancia, en este caso, que la atmósfera inverosímil de esa política —antesala de plagas mayores». *¡Écue-Yamba-Ó! Historia Afro-cubana* (Madrid: Editorial España, 1933), pág. 124.

(11) *¡Écue-Yamba-Ó!,* pág. 202.

alegóricos intrínsecos (es lo alto, por oposición a la calle o al mundo subterrestre del balneario universario), a la torre Farnese de *La Cartuja de Parma* y a la Martello Tower del principio del *Ulises* de Joyce (ambas obras están «presentes» en gran parte de la narrativa de Carpentier). Y a un nivel mucho más ínfimo, baste con la siguiente cita de *El recurso del método:* «... el presidente era muy sensible a la coloratura de María Barrientos, a la magnífica energía lírica de Tita Rufo, a la pureza de timbre de los largos, sostenidos, increíbles *calderones* agudos de Caruso, voz de *mágico prodigioso* en cuerpo de tabernero napolitano...» (12) (la cursiva es mía —sin ofender a los enterados, me permito aclarar que Calderón fue el autor de *El mágico prodigioso*).

Carpentier, por su parte, tiene conciencia plena tanto del aspecto intelectual de su obra como de su tendencia alegórica. En varios artículos de «Letra y Solfa», la columna que escribió durante los años cincuenta en *El Nacional,* de Caracas, sostiene que toda novela es intelectual, y destaca que muchas de las grandes novelas de la historia son alegóricas. Dice Carpentier, por ejemplo, en artículo intitulado «De la novela llamada 'intelectual'»:

> La verdad es que la novela ha escapado en muy pocos casos un orden de preocupaciones «intelectuales». Unas veces porque el autor ha expuesto en ella conceptos filosóficos, morales o religiosos; otras, por el uso de la sátira que es, en sí, fruto de una posición crítica; otras, por la pintura «costumbrista», hecha posible por un enfoque de orden analítico. Ningún individuo, animado por el afán de escribir, puede sustraerse a la acción consciente o inconsciente de los centenares de libros que ha leído hasta el momento de instalarse ante sus cuartillas vírgenes. Y si los Diablos de Yare nos hacen pensar, automáticamente, en las fiestas del Corpus de la Edad Media... ¿por qué no señalarlo? La observación puede pecar de «intelectual», ciertamente. Pero

---

(12) *El recurso del método* (México: Siglo XXI, 1974), pág. 119.

constituye un factor de identificación, de ubicación, muy útil para quien jamás haya asistido al baile de los Diablos de Yare [...] Toda novela lograda es, por fuerza, una novela «inteligente» —por sus enfoques, por sus ideas, por sus ejemplos, por su estilo literario, por su poder de captación—. Y quien dice «novela inteligente» dice forzosamente «novela intelectual» —trátese de *La Odisea,* compendio de los conocimientos y mitos de los pueblos marítimos de la Hélade, o del *Ulises* de Joyce, síntesis de la aventura humana en esta tierra (13).

Y en «Novela y alegoría», después de citar extensamente un pasaje de *Heliópolis,* de Ernst Junger, en que los personajes de la obra discuten sobre teoría de la novela y sobre la necesidad de que las obras de ese género capten un Todo, Carpentier concluye: «No sólo la obra de Junger responde a estas ideas. Thomas Mann, Hermann Broch y otros grandes autores alemanes podrían reclamarlos igualmente para sí. La novela hecha símbolo —alegoría— por sus propios planteamientos se nos ofrece en *La montaña mágica* o *La muerte de Virgilio.* El mundo de *Don Segundo Sombra,* de los personajes de Faulkner, confiere categoría simbólica a lo real. Las más grandes novelas de la humanidad, así se titulen *La Odisea,* el *Quijote* o *Las travesuras de Till Eulenspiegel,* son ante todo, visiones alegóricas del mundo» (14).

Recordemos brevemente lo que es alegoría, antes de considerar lo que dice Carpentier en esos artículos. El *Pequeño Larousse* dice, con admirable parquedad, que alegoría es «Ficción que presenta un objeto al espíritu, de modo que despierte el pensamiento de otro objeto». Alegoría, como sabemos, se compone de *alla,* «otras cosas», y *agoréuo,* «yo hablo». Es decir, «yo hablo de otras cosas». Si reflexionamos ahora sobre lo expuesto por Carpentier en los escritos de «Letra y Solfa», podemos llegar a las siguientes conclusiones preliminares sobre su teoría de la novela: *a)* que aun el costumbrismo, tendencia que

---

(13) *El Nacional,* 19 de marzo de 1955, pág. 16.
(14) *Ibíd.,* 23 de mayo de 1956, pág. 16.

ingenuamente consideramos como transcripción directa de la realidad, es un proceso intelectual cuyo mecanismo central es establecer relaciones sistemáticas —cuando menciono los Diablos de Yare quiero decir que son como las Fiestas del Corpus, ritual religioso primitivo—; *b)* que ese proceso de abstracción, cuyo ímpetu es totalizar, dar la visión coherente de un Todo, implica igualmente a la obra misma —que los mecanismos de ésta forman parte de ese Todo que, al ser incluido en la representación, alegoriza los símbolos de lo real—. En otras palabras, si cada incidente u objeto es simbólico en relación a lo real, al quedar inserto en la obra y significar en relación al nuevo conjunto que ésta constituye, se convierte en alegórico —simbólico a la segunda potencia, si se quiere. Lo que esta observación sugiere, con vistas a la narración de la historia, es inescapable. En «La novela y la historia», Carpentier declara: «... la observación de acontecimientos contemporáneos por los novelistas no alienta, de inmediato, la creación de grandes novelas. Los conflictos más terribles, las revoluciones más dramáticas, las guerras más cruentas, sólo eliminan novelas —cuando las alimentan— de modo retrospectivo, [lo hacen] por proceso de reconstrucción, examen y evocación. El caso de *La guerra y la paz* es elocuente a ese respecto. Y también el ejemplo de la Batalla de Waterloo, de Stendhal [sic], escrita muchos años después [es decir, *La Cartuja de Parma*] del acontecimiento, para hacerse elemento de una novela cuyo interés fundamental es, por lo demás, de orden psicológico» (15). Es decir, *c)* la narrativa no recoge la historia del puro acontecer, sino que tiene que insertar todo acontecimiento en un sistema previo de incidentes ya narrados, en una memoria cuya estructura limará

---

(15) *Ibíd.,* 3 de octubre de 1952. La copia xérox que poseo de este artículo omite el número de página. Hay otra columna, con el mismo tema y título, del 18 de marzo de 1956, pág. 20. Este segundo texto es el que se recoge en *Letra y Solfa,* selección, prólogo y notas de Alexis Márquez Rodríguez (Caracas: Síntesis Dosmil, 1975), páginas 118-120, donde no se indica la existencia del primero. Aunque útil, por lo difícil que resulta consultar *El Nacional,* la recopilación hecha en este volumen, que, por supuesto, representa una ínfima parte de lo publicado por Carpentier en ese periódico, sigue criterios muy poco inteligentes, y la edición no ha sido hecha con gran rigor.

tanto la inmediatez como la novedad de cada evento. Visto con ojos hechos a las soluciones simples, esta teoría de Carpentier pudiera parecer sencillamente idealista. Pero, por el contrario, lo que Carpentier persigue demostrar es lo concreto de los materiales con que lidia el novelista, el trabajo implícito en la confección de la narrativa, que no se da sin más en la Historia.

Aunque lo más penetrante de Carpentier como teórico de la literatura se encuentra en sus obras de ficción, no en sus ensayos, los artículos citados demuestran, por lo menos, que el aspecto intelectual de sus novelas y la tendencia alegórica que en ellas encontramos no responden a modas estéticas, sino a cuestiones fundamentales de la narrativa que él ha ponderado. Hay muchos otros artículos de «Letra y Solfa» que versan directa o indirectamente sobre teoría de la novela que son pertinentes a nuestro tema y que sugieren la posibilidad de otros trabajos que las investigaciones futuras deben emprender. Pero baste por ahora añadir a lo ya dicho que Carpentier rechaza la novela psicológica, declarándose en favor de la novela de argumento —tercia, de esa manera, en la controversia sobre la narrativa que sostuvieron a distancia Ortega y Borges, en apoyo de este último (16)—. No podemos aquí agotar los atisbos teóricos que Carpentier ofrece en esos breves artículos; pero sí podemos afirmar, en resumen, que la alegoría es una constante en Carpentier, y que es parte integral de su labor novelística, no un descuido estético. Carpentier no opone historia y alegoría en sus obras, sino que, contra los prejuicios más enraizados de la estética moderna, sostiene que existe una relación necesaria entre ambas (17).

---

(16) Ver «Carácter y conflicto», en *El Nacional*, 26 de mayo de 1956, pág. 28. También puede consultarse mi «Borges, Carpentier y Ortega: dos textos olvidados», en *Revista Iberoamericana*, 43 (1977), páginas 697-704. Este trabajo está incluido en el presente volumen, en las págs. 217-225.

(17) En su enigmático «De las alegorías a las novelas», Borges empieza diciendo que «Para todos nosotros, la alegoría es un error estético», pero concluye que «en las novelas hay un elemento alegórico». Cito por *Obras completas* (Buenos Aires: Emecé Editores, 1974), págs. 744-746. Es notorio que los más conocidos cuentos de Borges —pongamos por caso «El Sur», «Las ruinas circulares», «La muerte y la brújula»— son alegorías.

La historia misma, en cierto modo, parece corroborar el argumento implícito de Carpentier, ya que la problemática relación entre historia y alegoría ha hecho crisis siempre en momentos en que sucesos radicales agudizan las dificultades de interpretación que presenta el devenir humano —a saber, la patrística griega (la Escuela de Alejandría), el fin de la Edad Media (Dante), el siglo XVIII (la literatura y el arte en general de la Revolución Francesa). Carpentier se nutre de la problemática que surge en esos tres momentos, de los cuales el primero es el paradigmático (aunque podríamos remontarnos a las interpretaciones griegas de Homero), ya que son los padres griegos de los primeros en enfrentarse al dilema de cómo inscribir la venida de Cristo en la historia de la humanidad, y cómo interpretar la relación entre el Antiguo y el Nuevo Testamento. Por remotos que nos parezcan hoy, desde la literatura moderna, problemas tales, lo cierto es que Filón el Judío, Clemente de Alejandría, Plotino y Orígenes barajan preguntas y respuestas muy actuales. La solución al dilema de la historicidad de las Sagradas Escrituras a que llega el alegorismo cristiano de entonces, producto de no pocas polémicas, no es nada reduccionista, según lo expone Mazzeo: «Desde luego, el tipo de exégesis alegórica que hace abstracta la historicidad del texto, o que lleva directamente de un texto a un principio filosófico abstracto, se practicó junto con la exégesis alegórica tipológica descrita por Casiano en su formulación normativa. No obstante, el alegorismo cristiano permaneció atado a los acontecimientos, con el convencimiento de que la historia sagrada era ambas cosas, un sistema de hechos y un sistema de signos, que iluminaban por analogía la naturaleza del alma humana y su destino último tanto en el tiempo como en el más allá» (18). El alegorismo de Carpentier responde en gran medida al deseo de

_____

(18) Joseph A. Mazzeo, «Allegorical Interpretation and History», en *Comparative Literature,* 1 (1978), pág. 6. La crítica ha manifestado un gran interés por la alegoría en los últimos años. Según Gayatri Chakravorty Spivak: «Contemporary European criticism has witnessed the renovation of the term 'allegory.' Walter Benjamin began it unwittingly in his now-famous monograph *Ursprung des deutschen Trauerspiele.* The new trend in Western European liter-

inscribir la historia de América en esa serie de rupturas/repeticiones; pero para ello persigue el texto sagrado americano del que dimanan todos los demás, porque éste es imprescindible para completar el proceso. Sus propias obras se hacen eco de ese texto «perdido» para conjurar su presencia.

La solución de Carpentier no es simple ni fácilmente aceptable, precisamente porque va en contra de nuestros conceptos más firmes sobre la narrativa; aparte de que la alegoría, en un contexto hispánico, evoca dogmas religiosos y humaredas inquisitoriales. Además, si bien no podemos negar la presencia de lo histórico en las obras de Carpentier, algunas de sus declaraciones parecen abogar por una visión ahistórica. Así, por ejemplo, Carpentier ha dicho en una entrevista a Claude Fell: «Je pense que l'homme a un comportement unique au milieu des circonstances changeantes» (19). También ha declarado a César Leante: «... para mí no existe la modernidad en el sentido que se le otorga: el hombre es a veces el mismo en diferentes edades, y situarlo en su pasado puede ser también situarlo en su presente» (20). Tal concepción de la inmutabilidad de la conducta humana parece revelarnos a un Carpentier preso en un concepto «vanguardista» (es decir, paradójicamente, moderno)

---

ary criticism gradually recognized allegory as an authentic voice of literary expression, regardless of historical period. The old trend —a discrediting of allegory associated with Goethe, Blake, Coleridge, Yeats— was reversed», en *Genre*, 3 (1973), pág. 327. Este artículo forma parte de un número especial de la revista *Genre* dedicado a la alegoría (cuya existencia me fuese indicada generosamente por mi amigo Enrico M. Santí), del que también merece destacarse «An Annotated Checklist For Students of Allegory in Modern Fiction», de Robert Murray Davies. Tres trabajos fundamentales cimentan todos los estudios recientes sobre la alegoría: Erich Auerbach, «Figura», en *Scenes from the Drama of European Literature. Six Essays* (Gloucester, Mass: Peter Smith, 1973 [1.ª ed. 1959]), págs. 11-76 [publicado originalmente, aunque con poca difusión, en *Neue Dantestudien*, Estambul, 1944]; Angus Fletcher, *Allegory: The Theory of a Symbolic Mode* (Ithaca: Cornell University Press, 1964); y Paul De Man, «The Rhetoric of Temporality», en *Interpretation. Theory and Practice*, ed. Charles S. Singleton (Baltimore: The Johns Hopkins University Press, 1969), págs. 173-209.

(19) «Rencontre avec Alejo Carpentier», en *Les Langues Modernes*, 49, núm. 5 (1965), pág. 106.

(20) *Cuba*, 3, núm. 24 (1964), pág. 33.

de la historia, tal y como ésta ha sido denunciada por Lukács, y no ha de sorprendernos entonces que Marinello, desde una perspectiva marxista, lo critique. Dado que Lukács delata y critica la tendencia a la alegoría en la literatura moderna, basándose en parte en ese concepto vanguardista de lo ahistórico, la pertinencia de lo que el filósofo húngaro formula puede ser de singular interés aquí. Lukács escribe, aludiendo a lo que Heidegger considera lo «histórico en sentido propio», pero que él, por su parte, lo ve como lo no histórico:

> En el orden de lo literario, este carácter [de lo no histórico, presente tanto en Heidegger como en la vanguardia] aparece bajo dos formas. Primeramente, el tiempo, que siempre entra en juego para el hombre, se limita, tanto *a parte ante* como *a parte post*, a la simple duración de su existencia personal. Para el hombre así concebido —y por consiguiente para el escritor de vanguardia que lo describe— no existe nada ni antes ni después de esta vida que tenga relación con ella y con su esencia, que ejerza influencia sobre ella y a la vez sea influida por ésta. Por consiguiente, presa en sí misma, la vida aparece privada de toda historia interior. La esencia del hombre es pura y simplemente —más allá de toda significación— algo 'tirado' en el mundo; no sabría ésta cómo desarrollar una relación de reciprocidad con el mundo, mediante una serie de oposiciones vivas, no sabría ésta informar al mundo o ser informada por él, crecer o degenerarse en él. El más alto grado de movilidad posible en esta literatura es simplemente el revelar aquello que siempre ha sido la 'esencia' del hombre, por toda la eternidad: por consiguiente un movimiento del sujeto sapiente, pero no de la realidad efectivamente conocida por ese sujeto (21).

A esta visión del mundo y la Historia corresponde, según Lukács, una tendencia alegórica en la cual «la trascendencia a

---

(21) «La vision du monde sous-jacente à l'avant-garde littéraire», en *La signification présente du réalisme critique,* tr. Maurice de Gandillac (París: Gallimard, 1960), págs. 33-34.

la que [la alegoría] remite implica, de manera más o menos consciente, el rechazo de toda inmanencia posible, de todo esfuerzo por dar un sentido al aquí abajo, por atribuir un significado interno al mundo mismo, y a la vida del hombre y a su realidad efectiva» (22). La alegoría, «Al romper toda coherencia interna del mundo [...] reduce el detalle al nivel de la mera particularidad[...] Por consiguiente, como el detalle mismo una vez que la alegoría lo hace intercambiable conserva una relación inmediata, aunque paradojal, con la trascendencia, no es más aquí [en esta literatura alegórica de vanguardia] que una abstracción orientada hacia la trascendencia. Este es justamente el carácter singular de la literatura de vanguardia: esta tendencia a reemplazar el tipo concreto por la particularidad abstracta» (23).

Por apropiadas que puedan parecer estas observaciones de Lukács con respecto a Carpentier, éste no es reductible al esquema propuesto por el crítico húngaro (me parece dudoso, además, que sea verdaderamente aplicable a toda la vanguardia, y noto cierta tendencia alegorizante en el propio Lukács). No creo tampoco que sea posible afirmar, por otra parte, que Carpentier presente en sus novelas una visión del proceso histórico que pueda ser denominada marxista, aunque hay que destacar que su preferencia por los movimientos colectivos (*El reino de este mundo*) y la presentación de la gradual disolución de la hegemonía burguesa en Hispanoamérica (*El recurso del método*) dan a su obra un tono «progresista» (24). Lo que sí es-

---

(22) *Ibíd.*, págs. 74-75.
(23) *Ibíd.*, pág. 79.
(24) Salvador Bueno arguye que la concepción de la historia en Carpentier es dialéctica, en un trabajo de índole más bien general, que fue originalmente una charla ofrecida en la Universidad de La Habana, el 19 de septiembre de 1969, y que, por lo tanto, carece de información detallada y argumentación plenamente elaborada: «Nos atreveríamos a afirmar que el narrador cubano posee una interpretación dialéctica de la Historia, más que una concepción cíclica a lo Vico. Cabe observar cómo en sus novelas y relatos breves hallamos la presencia actuante de las leyes dialécticas, la repetición de ciclos históricos, la negación de un acontecimiento por el que le sucede, la interrelación de hechos y hombres de distintos períodos históricos, los ciclos que se reiteran en un plano superior, en defi-

timo posible afirmar es que los personajes de Carpentier aparecen atrapados por fuerzas y tensiones políticas que son superiores a sus voluntades y conciencias, y que los movimientos históricos —a veces iniciados por estímulos «mágicos»— son los verdaderos motores de la acción, no los personajes. Carpentier insiste, al terciar en la controversia entre Ortega y Borges, según se ha visto ya, en la primacía del argumento sobre las voluntades individuales y subjetividad de los personajes. El más solitario y ensimismado de los personajes carpenterianos, el protagonista de *El acoso,* perece precisamente por no haber podido llegar a comprender el laberinto de condicionamientos externos que determinan su conducta. Si en él se da la condición de aislamiento «heideggeriano» que analiza Lukács (en cubano, ese «estar tirado ahí»), el texto deja bien establecido que su fracaso y muerte se deben a no haber sabido interpretar correctamente la red de fuerzas históricas en que está atrapado. Otro tanto le ocurre al protagonista de *Los pasos perdidos.* El problema remite, como Lukács sugiere, al escritor mismo, pero de manera totalmente opuesta a como él lo plantea.

Porque es ése, precisamente, el punto donde encontramos lo más interesante de la meditación carpenteriana sobre la historia —no tanto la mecánica de la historia como su interpretación—. El acosado perece por no haber logrado interpretar la historia y su inserción en ella. El protagonista-narrador de *Los pasos perdidos* se enfrenta a un dilema similar: persigue un

---

nitiva no un pesimista *corsi e ricorsi,* sino la evolución en espiral de la Historia». «Notas para un estudio sobre la concepción de la Historia en Alejo Carpentier», en *Universidad de La Habana,* número 193 (1972), pág. 133. Me parece que Bueno confunde los *corsi e ricorsi* de Vico con la teoría del eterno retorno de Nietzsche. En todo caso, es muy probable que exista una concepción dialéctica de la narración en Carpentier, según iremos viendo aquí. Lo que sí no creo es que la historia que él presenta esté regida por un concepto *materialista* de la dialéctica. Si fuésemos a asignar el nombre de un filósofo al tipo de dialéctica que ofrece Carpentier al nivel temático de su historia, tendríamos que aducir el de Hegel. El trabajo de Bueno ha aparecido en varias publicaciones más. Para éste y otros problemas bibliográficos, puede consultarse la *Guía Bibliográfica* a Carpentier, de próxima aparición, preparada por el profesor Klaus Müller-Bergh y el autor de estas líneas (Greenwood Press, 1983).

punto, que siempre lo elude, donde dar inicio a una interpretación que armonice la generalidad de la historia con la especificidad vivida de su biografía. Su éxito como escritor —haber compuesto el texto que leemos— depende del fracaso de esa empresa. Ese texto es historia, ensayo, diario, confesión, novela; pero no llega a ser ni historia ni biografía. El emblema de ese fracaso feliz es el error en la fecha del diario, que he analizado en otra ocasión (25). General o específica, la actividad de cifrar la historia depende de ese error, porque la escritura, como la historia, es movimiento, y éste surge de desplazamientos generados por la negación; la armonía entre historia y escritura no es posible; sólo un simulacro de ésta, cuya similitud se halla en la repetición de lo disímil y discorde. De ahí la alegoría, que es siempre aquello que no dice literalmente el texto. Lukács quisiera que el escritor asumiera una postura postdialéctica, exenta de contradicciones (siempre se vislumbra en Lukács ese mundo ideal, donde tal vez ni siquiera exista la literatura). Carpentier y la literatura moderna, más realistas, lo presentan víctima de la ceguera propia a su situación hecha de contradicciones. La alegoría, según veremos en seguida, es una solución parcial y siempre provisional de interpretar la historia, no sujeta ni al idealismo de una visión postdialéctica que no conocemos ni al descriptivismo dócil de una realidad supuestamente muda y desmemoriada. La problemática está en las bases mismas de la Modernidad a las que Carpentier regresa una y otra vez —es decir, a la transición entre el Siglo de las Luces y el Romanticismo.

El dilema que surge entonces, para acudir a una alegoría de tipo medieval, pudiera denominarse «la querella entre la alegoría y el símbolo». Simplificando un tema que ha sido analizado de forma brillante por Paul De Man, pudiera decirse que lo que se debate es la función de la conciencia individual en el acto de interpretación, que es, según vimos en los artículos de Carpentier antes citados, el problema básico del novelista

---

(25) «Ironía y estilo en *Los pasos perdidos*», en *Relecturas, op. cit.*, págs. 37-51.

ante la historia (26). La estética romántica, que ha barrido la antigua retórica, se declara en favor de la comunicación instantánea e inmediata entre la conciencia y el objeto; el símbolo es el fruto de esa unión privilegiada, dable al espíritu superior del artista, que funciona libre de toda traba. De aquí la preferencia del Romanticismo por la naturaleza, por esa naturaleza que el protagonista de *Los pasos perdidos* penetra en busca de un momento de plenitud interpretativa. Pero, como De Man ha demostrado, la hegemonía del símbolo en la literatura romántica no es tan decisiva como parece a primera vista, ya que éste pretende soslayar el carácter temporal, tanto del discurso como de la propia conciencia (la disyuntiva en que se ve el protagonista de *Los pasos perdidos*). El símbolo pretende ser no sólo producto de una percepción directa, no mediata, sino que no puede existir en su producción distancia temporal —es inmediato e instantáneo—. La alegoría, al contrario del símbolo, conlleva la temporalidad, ya que su constitución depende de una relación mediata entre códigos —la alegoría apunta a un significado fuera de sí, no contenido en su propia sustancia, que a su vez alude a otro significado, y así sucesivamente, mediante una serie de desplazamientos—. Dado su carácter mediato, la alegoría amenaza el poder de la conciencia individual, ya que ésta depende, en su proceso de significación, de códigos que no le son propios al individuo, que siempre están dados fuera de sí y que poseen una coherenica propia. Es por este carácter temporal y mediato que la constituye por lo que la alegoría, desde el siglo XIX, se expresa mediante el tropo propio del Romanticismo: la ironía. La alegoría, desde el punto de vista del individuo, siempre lleva a decir más de lo que se pretende o a entender sólo parte de lo que se quiere decir; es una especie de plusvalía de la significación, en la que el individuo no tiene control del *surplus,* que está fuera de sí y no le pertenece.

Hay un gesto en la alegoría hacia una fuente original de significación, una especie de principio trascendente implícito, que es lo que lleva a Lukács a criticar la literatura de vanguar-

---

(26)   Paul De Man, «The Rhetoric of Temporality», en *op. cit.*

dia, particularmente a Kafka. Pero, por lo menos en Carpentier, donde esa fuente primera habrá de ser ese primer texto americano que se inscriba en las rupturas/repeticiones a que antes aludía, esa fuente es no sólo parte de lo retórico del gesto, sino que, a medida que ha ido desarrollándose, la obra de Carpentier se ha ido convirtiendo en algo parodiable —es decir, repetible sólo como tergiversación y profanación—. El ejemplo más notorio de ello es la momia («el abuelo de América») de *El recurso del método*. Pero también merece citarse la fragmentada conciencia del dictador en la misma obra, cuyo punto de vista oscila entre varios personajes. Un problema propio de la crítica, más que de la literatura hispanoamericana, ha sido la «fetichización» de ese origen, sin tomar en cuenta frecuentemente que en los textos es objeto de la ironía.

Si reflexionamos sobre los artículos de Carpentier citados más arriba, veremos que lo que el escritor propone es desenmascarar ese mecanismo mediante el cual el Romanticismo y el post-Romanticismo han insistido en la primacía del símbolo, mientras que en la práctica es la alegoría la que predomina. En última instancia, lo que Carpentier destaca es que toda gran novela lo que hace es llevar a cabo ese proceso de desenmascaramiento, y que ésa es la verdadera «esencia» de la novela, desde Cervantes. Si la narrativa es por definición un proceso temporal, su medio de expresión ha de ser la alegoría, que incluye en su propia constitución la temporalidad como característica esencial. Tal vez el racionalismo pleno por el que aboga Lukács será dado al hombre en un futuro, pero Carpentier plantea con todo rigor que en el reino de este mundo, al novelista sólo le es dada una percepción temporal y mediata del proceso histórico y que la máxima honestidad consiste en dar cuenta de ello al elaborar su obra. Sólo así puede dejar constancia de su relación recíproca con el mundo que le rodea, de la serie de contradicciones vivas que le relacionan a él.

Carpentier ha dejado una extraordinaria meditación sobre estos problemas en un texto que, dada su ubicación, generalmente se pasa por alto: el segundo epígrafe de *El Siglo de las Luces*. Sólo después de leída la novela nos percatamos de que esas palabras, que no se repiten en el texto de ésta, tienen que pertenecer a Esteban, que las piensa en su viaje de regreso a

América, después de haber pasado varios años con Víctor en la Francia revolucionaria. Sólo entonces nos damos cuenta de que esas palabras debían ocupar el centro mismo de la novela, y que debieron haber sido «pensadas» por Esteban en un momento decisivo de su vida, cuando regresa al hogar, ya rebasada la adolescencia. Todos estos detalles son de singular pertinencia para la interpretación del pasaje, en el cual Esteban medita mientras observa la guillotina que el barco en que viaja trae por primera vez a América. El pasaje lee así, en parte:

Esta noche he visto alzarse la Máquina nuevamente. Era, en la proa, como una puerta abierta sobre el vasto cielo que ya nos traía olores de tierra por sobre un océano sosegado, tan dueño de su ritmo, que la nave, levemente llevada, parecía adormecerse en su rumbo, suspendida entre un ayer y un mañana que se trasladaran con nosotros. Tiempo detenido entre la Estrella Polar, la Osa Mayor y la Cruz del Sur —ignoro, pues no es mi oficio saberlo, si tales eran las constelaciones, tan numerosas que sus vértices, sus luces de posición sideral, se confundían, se trastocaban, barajando sus alegorías, en la claridad de un plenilunio empalidecido por la blancura del Camino de Santiago... Pero la Puerta-sin-batiente estaba erguida en la proa, reducida a su dintel y las jambas, con aquel cartabón, aquel medio frontón invertido, aquel triángulo negro, con bisel acerado y frío, colgado de sus montantes. Ahí estaba la armazón, desnuda y escueta, nuevamente plantada sobre el sueño de los hombres, como una presencia —una advertencia— que nos concernía a todos por igual. La habíamos dejado a popa, muy lejos, en sus cierzos de abril, y ahora nos resurgía sobre la misma proa, delante, como guiadora —semejante, por la necesaria exactitud de sus paralelas, su implacable geometría, a un gigantesco instrumento de marear—. Ya no la acompañaban pendones, tambores ni turbas; no conocía la emoción, ni la cólera, ni el llanto, ni la ebriedd de quienes, allá, la rodeaban de un coro de tragedia antigua, con el crujido de las carretas de rodar-hacia-lo mismo, y el acoplado redoble de las cajas. Aquí la Puerta estaba sola, frente a la noche, más arriba del mascarón tutelar, relumbrada por su filo diagonal, con el bastidor de madera que se hacía el marco de un panorama de astros (27).

El pasaje no podía ser más evocador, y es en sí una alegoría del acto de interpretación. No podemos evitar la sugestión de que ese «plenilunio empalidecido por la blancura del Camino de Santiago», enmarcado por el rectángulo riguroso de la guillotina, representa la página donde las constelaciones «se confundían, se trastocaban, barajando sus alegorías». Esteban es el más artista de los protagonistas de la novela, y su oficio es la traducción. Recordemos, además, que su nombre es de claras reminiscencias joyceanas y que es nacido en la misma fecha que Carpentier (28). Su asma le emparenta con el protagonista-narrador de Proust, y también añade a su cariz autobiográfico (29). Esteban es, evidentemente, el escritor que, en esa página en blanco, va cifrando el barajar de las alegorías de ese cielo nocturno; alegorías porque las constelaciones ya tienen nombre y significado («En las constelaciones Pitágoras leía, / yo en las constelaciones pitagóricas leo», ha dicho Darío). Pero debemos notar también que esa escena, aunque al imaginarla pueda evocar la iluminación de un manuscrito medieval de contornos hie-

---

(27) *El siglo de las luces*, 2.ª ed. (México: Cía. General de Ediciones, 1965 [1.ª ed. 1962]), págs. 9-10.

(28) Para más detalles sobre Esteban, ver el capítulo 6 de *Alejo Carpentier: The Pilgrim at Home*. Esteban se convierte en figura alegórica del autor, recurso muy socorrido de la literatura romántica y postromántica. Sin embargo, el tipo de alegoría más corriente en Carpentier —que merece un estudio detenido— es precisamente el *figural*, tal y como lo define Auerbach en el trabajo arriba mencionado. La forma paradigmática de la figura es la de un personaje o incidente del Antiguo Testamento que es visto como anuncio de otro personaje o incidente en el Nuevo. Toda la narrativa de Carpentier está montada sobre este recurso; sobre todo, *El reino de este mundo*, donde Mackandal anuncia a Bouckman, que anuncia a Toussaint Louverture, etc. Para la imbricación de incidentes y fechas, véase también mi estudio antes citado, «Isla a su vuelo fugitiva».

(29) En carta reciente, Carpentier le comunicó al autor que en su niñez sufrió asma, al igual que Esteban al principio de *El siglo de las luces*.

ráticos, no es fija. Esteban y la guillotina están sobre la cubierta de un barco que flota y se desplaza hacia Occidente, mientras que las constelaciones, también en movimiento, describen sus parábolas en un firmamento que se mueve necesariamente en dirección contraria. Las constelaciones, con sus significados alegóricos dados, giran, se barajan entre sí en el marco a través del cual observa Esteban; pero Esteban también está en movimiento. La significación es un instante efímero en que coinciden el movimiento de Esteban y el de los astros que «lee-escribe» en esa página en constante animación. El significado está condenado al tiempo, que altera la posición de los signos y del que los interpreta. El significado cambiante de la propia guillotina destaca este aspecto móvil de la significación. La puerta-sin-batiente es a la vez libertad y muerte; la cuchilla que divide y escinde se abre a dos infinitos; está en el borde mismo entre la significación como movimiento perpetuo y como fijeza final.

No deja de ser irónico que tal meditación sobre la alegoría esté dada en forma alegórica y que, por lo tanto, mi interpretación esté desde el principio sujeta a los condicionamientos que ella misma plantea, hasta en el detalle significativo de que no puedo captar sus posibles significados hasta después de leída la novela, cuando logro percatarme de su relación con otros elementos del texto. La situación es instructiva. Esteban, como he sugerido, no es sólo escritor, sino lector —no puede ser uno sin ser a la vez el otro—. La escritura se cifra en la página en esas alegorías cambiantes que Esteban fija momentáneamente en su conciencia —en un instante del fluir tanto de aquéllas como de ésta—. Si interpretamos ahora esas alegorías como los significados que la historia emite (textos, memoria, reminiscencias colectivas), Esteban sólo puede interpretarlos mediante un acto de fijación, consciente de su propia carencia; consciente de que se queda corto por el mismo hecho de que el próximo momento arrojará luz sobre el anterior, alterando retrospectivamente su significado. Pero para recrear la movilidad y conjunción del barajar de las alegorías y su propia conciencia, Esteban se ve forzado a esa fijeza; la figura alegórica cristalizada de esa conjunción es una hipóstasis necesaria e ineludible de ese proceso. La alegoría, por lo tanto, reduce la conciencia individual a un teatro donde la significación adquiere sustancia y concreción, arruinando toda posible noción ideal que de la conciencia tengamos; la conciencia no genera significados trascendentales, sino un teatro de imágenes inmanentes, en el que observamos no sólo las figuras, sino el proceso mismo de su producción, de su procesión. Según le hace decir Calderón a la Alegoría en la *Loa* de *El Sacro Parnaso:*

> ...soy
> (si en términos me defino)
> docta Alegoría, tropo
> retórico, que expresivo,
> debajo de una alusión
> de otra cosa, significo
> las propiedades en lejos,
> los accidentes en visos,
> pues dando cuerpo al concepto
> aun lo no visible animo... (30).

Creo que es mediante estre proceso de desenmascaramiento del acto de interpretación y narración de la historia como Carpentier lleva a cabo una crítica devastadora de la Modernidad; más pertinente, creo yo, que la de Lukács en el artículo citado, ya que no va dirigida a una ideal (y, por cierto, alegórica) visión del mundo, sino al modo mismo de producción de la novela. De aquí el «arcaísmo» que a veces hace a Carpentier difícilmente aceptable a ciertos grupos de la vanguardia. No deja de ser significativo que en períodos de efervescencia revolucionaria, desde la Revolución Francesa a la Cubana, pasando por la Mexicana, el lenguaje adquiera un fuerte cariz alegórico, que se manifiesta con inusitado vigor también en las artes plásticas (31). El vocabulario de la Revolución tiende a la alegoría —Igualdad, Fraternidad, Pueblo, Patria o Muerte—, lo cual nunca ha impe-

---

(30) Citado por Alexander A. Parker en su *The Allegorical Drama of Calderón. An Introduction to the Autos Sacramentales* (Oxford: The Dolphin Book Co., 1943), pág. 79.

(31) Michel Beaujour hace algunas observaciones interesantes sobre este tema en «Flight Out of Time: The Poetic Language of the Revolution», en *Yale French Studies,* «Literature and Revolution», núm. 39 (1967), págs. 29-49.

dido que en las revoluciones verdaderas el proceso de cambio histórico sea radical, concreto y tangible. El impulso inicial que genera este fenómeno puede muy bien ser didáctico, como en Calderón, donde el oscuro y abstracto dogma teológico adquiere forma plástica, haciéndose asequible a la masa; pero tal vez, como en Carpentier, sea una manera de hacer el proceso de significación tan radical, concreto y tangible como el histórico.

Lo paradójico en Carpentier es que su tendencia a la alegoría, por abstracta y culta que pueda parecer desde una perspectiva europea, es, por el contrario, uno de los aspectos más arraigadamente populares y americanos de su obra.

LO CUBANO EN *PARADISO* (*)

1

De pocos autores puede decirse que lo nacional forma parte esencial de su poética sin caer en engorrosas disquisiciones, dominadas más por la emoción o el fervor que por el juicio crítico. Lezama es, sin duda, uno de ellos. Fuentes, Cortázar, el propio Octavio Paz, hacen del tema de lo mexicano o lo argentino una preocupación que tiende a rebasar sus textos literarios, para cobrar verdadera energía intelectual en formulaciones ensayísticas. Lo nacional en estos escritores antecede o excede a la obra literaria: es una «precondición» crítica o una resultante temática, una especie de residuo. Pero no es la obra misma. Lo más interesante en estos escritores reside precisamente en ese juego mediante el cual el interés por definir lo nacional queda siempre fuera de la obra. En ese juego —no doy a la palabra connotación negativa— está inscrita la mejor crítica latinoamericana, en el sentido más amplio posible de este término. Se enfrentan en los textos de estos autores un saber con un conocer, la pasión crítica con la literatura. No ocurre lo mismo en Lezama, para quien no hay distinción entre el saber de la

(*) *El presente trabajo fue la conferencia de apertura en el congreso dedicado a la obra de Lezama en la Universidad de Poitiers, del 19 al 22 de mayo de 1982. Quisiera dar las gracias a los organizadores —Alain Sicard y Fernando Moreno— por la invitación y acogida.*

crítica y el conocer de la literatura; para quien, en fin, el conocimiento poético no sólo precede, sino que siempre supera al saber. Y ese conocimiento poético está estrechamente atado a lo nacional, no como algo que se anticipa o antecede al texto, sino como algo que es inseparable de él.

El tema de lo cubano está presente en Lezama desde el principio de su obra, y obedece en parte a circunstancias históricas, además de aparecer en un contexto de meditaciones continentales y nacionales sobre las culturas hispanoamericanas. La obra de Lezama se inicia en un clima de desilusión muy distinto al de optimismo y euforia de sus antecesores más inmediatos, los escritores de la vanguardia, que en los años veinte habían hecho del fervor artístico y político un credo. Cuando los jóvenes de la década de los veinte se inician en el mundo del arte y la política, todo era posible. La lucha contra Machado iba a romper con la catastrófica república a que había degenerado Cuba después de la independencia. El tirano polarizaba y encarnaba las peores características de esa república: monocultivo, caudillismo, corrupción y, sobre todo, dependencia y sumisión ante el Coloso del Norte. La lucha contra Machado era una lucha contra todo eso y, por lo tanto, estaba animada por la esperanza de reemplazarlo por todo lo opuesto. Ruptura radical, nuevo comienzo.

Un fenómeno paralelo ocurría en las artes. El arte nacional había de ser distinto, nuevo, en el sentido más radical. De todos los ismos, ninguno más pleno de esperanzas de renovación que el Afroantillanismo, que ofrecía la posibilidad implícita nada menos que de ver el mundo desde una perspectiva nueva, no europea. Hubo muertos y grandes sufrimientos, pero también esperanzas y euforia; pasión. Y, sobre todo, en Machado, una figura visible del mal. Lo cubano era una degeneración de los ideales de la independencia que se alojaba en la figura de este dictador, que había convertido en farsa las tragedias de las guerras de independencia. Pero el tirano cayó y los cambios no se produjeron; es más, la caída misma no tuvo el aura de catarsis colectiva que se esperaba. La insidiosa injerencia norteamericana —los Estados Unidos ocupaban todavía Haití a principios de los treinta, habían convertido Puerto Rico en colonia y controlaban la política cubana— hizo que el tan ansiado milenio se convirtiera en tragicomedia de fugas, pactos bochornosos y dimisiones. Las grandes esperanzas de los años veinte se convirtieron en las profundas y amargas desilusiones de los treinta. La revolución terminó *not with a bang, but with a whimper,* y el parto histórico engendró pentarquías, sargentos aupados a caudillos, claudicaciones, a la vez que muertes irreparables. Cuando Lezama publica, en 1935, su primer ensayo, no hay ni héroes en los que depositar esperanzas ni tiranos sobre los cuales hacer recaer la responsabilidad del mal. El mesianismo de los líderes de los veinte, el milenarismo de otros inspirados por ideologías historicistas, no había alcanzado concreción en la realidad. No había habido ruptura radical ni nuevo comienzo, y, por lo tanto, era difícil lubricar las asperezas de la realidad con la esperanza o el deseo. La crisis, cuando Lezama empieza a escribir, era más profunda que en los años veinte, porque las soluciones no eran tan claras ni se vislumbraban en un futuro próximo. Era, sobre todo, una crisis distinta porque, a diferencia de la de los veinte, surgía de una gran desilusión. La pesquisa sobre lo cubano tenía necesariamente que ser más compleja, menos confiada en soluciones simples y, sobre todo, menos dependiente en la posibilidad de una ruptura radical. En contraste con la vanguardia, que tendía a funcionar a base de violentas exclusiones, la meditación de Lezama sobre lo cubano es más de inclusión que de exclusión, más de recuperación que de desecho. Es, como veremos, una labor de síntesis.

El interés de Lezama por lo cubano está evidentemente vinculado a la elaboración de una poética y se manifiesta, sobre todo, en sus textos literarios; pero su contexto más inmediato son obras no explícitamente literarias que el poeta incorpora a su meditación. En algunos casos, estos textos son paralelos o derivados del propio Lezama. Los textos principales que se ocupan de lo cubano, a veces inclusive en relación a la literatura, son, a mi modo de ver, en orden cronológico: *Azúcar y población en las Antillas* (1924), de Ramiro Guerra; *Indagación del Choteo* (1928), de Jorge Mañach; *Americanismo y cubanismo literario* (1931), de Juan Marinello; «Factores humanos de la cubanidad» (1939) y *Contrapunteo cubano del tabaco y el azúcar,* de Fernando Ortiz, y, por supuesto, como obra afín a la de Lezama, *Lo cubano en la poesía* (1958), de Cintio Vitier. Los textos del propio Lezama que asimilan, es decir, que transmutan estos citados, son muchos —casi diría todos—; pero quisiera concentrar mi atención aquí en *Paradiso,* que es la obra mayor de Lezama. Mi intención es observar cómo Lezama busca formular una poética a través de *Paradiso* que a la vez sea una definición de lo cubano, y cómo esa definición, implícita en la obra misma, ha incorporado algunos de los textos mencionados, sobre todo el *Contrapunteo cubano del tabaco y el azúcar,* de Ortiz. La búsqueda de esa confluencia entre lo cubano y lo poético se hace más fácil en *Paradiso,* porque en su novela Lezama ha dejado un vasto panorama de la historia de Cuba, a la vez que la biografía de José Cemí, poeta incipiente en quien culmina esa historia. No se me escapa que hay una evidente circularidad en mi empresa; es una circularidad, sin embargo, presente en el texto mismo de Lezama, donde lo poético y lo cubano coinciden obsesivamente. Esta circularidad es parte esencial de lo que me propongo explicitar, no un mero escollo metodológico; debe resultar claro que, para evitar el hermetismo y el mareo de lo tautológico, tendré que violarla en más de una ocasión, mientras que en otras me entrego a ella.

Es evidente que hay por toda la obra de Lezama elementos de lo que pudiéramos denominar lo cubano, entendiendo el término como el cúmulo de hábitos, sensaciones, objetos e historia de la isla. Estos elementos, vistos así en su conjunto, pueden ser un poema extraordinario sobre el Valle de Viñales, o la descripción simbólica de cómo se agrupan, en relación al Zodíaco, doce orquestas de carnaval alrededor del Parque Central, o el empleo de la manera más natural, y sin jerarquías, de todo el registro del habla cubana. Se incluyen en esta categoría, aún vaga, los ensayos y novelas en que Lezama intenta fundar una mitología insular, como hace con las figuras de Isabel de Bobadilla y Hernando de Soto; o medita sobre el vínculo entre la poesía cubana y Cuba, como en el sugestivo ensayo-prólogo a la *Antología de la poesía cubana;* o aun la creación de una deidad cubana tutelar, el Angel de la Jiribilla. Lezama, para quien nacer en Cuba era una «fiesta innombrable», no se cansó de nombrar esa fiesta. Pero es sólo en *Paradiso* —y en *Oppiano*

Licario, desde luego— donde Lezama moviliza todo su vasto y minucioso sistema poético, conjuntamente con una visión amplia, todo abarcadora, de la historia cubana, utilizando para ello no sólo ya la poderosa maquinaria alusiva de su lenguaje, sino la narración —a nivel sinfónico, podría decirse— de los avatares de varias familias cubanas; sobre todo, de dos. Aunque Lezama no termina *Paradiso* hasta los años sesenta, su meditación sobre lo cubano parte de los treinta y de la crisis antes mencionada. Por ser una versión poética de esa historia, su vínculo con ella es muy estrecho y concreto: toda la historia de Cuba, sobre todo desde principios del siglo XIX hasta la crisis de los treinta, está inscrita en *Paradiso*. De ella y en ella emana, creo yo, la fuerza de la novela y su difícil pero tenaz solidez. Aunque cronológicamente se salga de los esquemas de la historia de la literatura, *Paradiso* se plantea y resuelve de manera radicalmente original preguntas que el criollismo y la novela de la tierra se plantearon. Mi lectura de la novela pretende esbozar cómo Lezama formula la pregunta clave de la literatura hispanoamericana: ¿cómo fundar una tradición que sea a la vez tradicional y nueva?

2

La narración en *Paradiso* se desplaza hacia el momento en que José Cemí recibe de Oppiano Licario el poema que eslabona su presente con la muerte del Coronel. Cemí adquiere presencia a través de ese vehículo poético, que lo vincula con su padre. La historia de Cemí, sobre todo en los últimos capítulos de la novela, es la del artista adolescente, la del poeta en ciernes en busca de la encrucijada entre la tradición y su novedad. Su contacto, a través de la poesía, con el Coronel, le restablece a un origen, dándole concreción textual, mediante el poema de Licario, a una memoria que lo define, que da peso a sus palabras, que las ata a la tradición. Esa tradición con la cual se ve súbitamente relacionado Cemí la constituye, en la novela, la historia inmediata de su familia; pero su familia es, a su vez, una síntesis de lo cubano, si por ello entendemos una imaginación poética anclada en una realidad histórica, una imaginación creadora que parte de lo contingente. Así como Cemí se vincula a la tradición encarnada por su padre a través del poema de Licario, *Paradiso* se erige sobre lo cubano tal y como éste ha sido definido por la tradición literaria cubana, sobre todo por el *Contrapunteo cubano del tabaco y el azúcar,* de Fernando Ortiz.

Como *Cien años de soledad, Paradiso* es, sobre todo, una prolija crónica familiar, que se remonta al padre de Cambita (Carmen Alate), oidor de la Audiencia de Puerto Rico, y los antepasados ingleses y pinareños de Eloísa Ruda Méndez, y desemboca en José Cemí: «Las dos familias, al entroncarse, se perdían en ramificaciones infinitas, en dispersiones y reencuentros, donde coincidían la historia sagrada, la doméstica y las coordinadas de la imagen proyectadas a un ondulante destino» (página 88) (1). Hacia atrás, por el lado de los Olaya, la «palabra oidor marcaba un confín, el límite de la familia donde ya no se podían establecer más precisiones en sangre y apellidos» (página 62), mientras que hacia adelante, Rialta «comenzaba un extenso trenzado laberíntico, del cual durante cincuenta años, ella sería el centro, la justificación y la fertilidad» (página 170). Esa unidad, cuyo centro es Rialta, se produce con su matrimonio con el Coronel, donde la circularidad de los anillos significa que «la vida de uno se abalanzase sobre la del otro a través de la eternidad del círculo, sintieron por la proliferación de los rostros familiares y amigos, el rumor de la convergencia en la unidad de la imagen que se iniciaba» (pág. 171). El producto de esa unión es Cemí, «que era el hombre que mejor había dominado el tiempo, un tiempo tan difícil como el tropical —donde Saturno siempre decapita a Cronos—» (pág. 458). Cemí es la síntesis de «un cubano ingeniero, con la disciplina de un militar de escuela europea, con abuelo vasco enriquecido por su trabajo al frente de un central, ligado a su vez con familia de libertadores por su esposa de excepcional delicadeza moral y física» (pág. 459). Si Cemí es el punto donde confluyen estas familias, la historia de esa confluencia —*Paradiso*— es una síntesis de lo cubano.

---

(1) De *Paradiso* cito siempre de la edición contenida en las *Obras completas* (Madrid: Aguilar, 1977), vol. I.

En el *Contrapunteo cubano del tabaco y el azúcar,* Fernando Ortiz esboza una visión de Cuba y de lo cubano a partir de las dos plantas que constituyen la base de la economía de la isla. El ensayo de Ortiz se basa en el contraste extremo —la oposición binaria, diríamos hoy— entre las dos industrias a todo nivel, desde la apariencia misma de las plantas hasta la forma de consumirlas. Pero el contraste más significativo que establece Ortiz es el modo de producción de cada industria, y el impacto de éste en la historia de Cuba:

> Para la economía cubana, también profundos contrastes en los cultivos, en la elaboración, en la humanidad. Cuidado mimoso en el tabaco y abandono confiante en el azúcar; faena continua en uno y labor intermitente en la otra; cultivo de intensidad y cultivo de extensión; trabajo de pocos y tareas de muchos; inmigración de blancos y trata de negros; libertad y esclavitud; artesanía y peonaje; mano y brazos; hombres y máquinas; finura y tosquedad. En el cultivo: el tabaco trae el veguerío y el azúcar crea el latifundio. En la industria: el tabaco es de la ciudad y el azúcar es del campo. En el comercio: para nuestro tabaco todo el mundo por mercado, y para nuestro azúcar un solo mercado en el mundo. Centripetismo y centrifugación. Cubanidad y extranjería. Soberanía y coloniaje. Altiva corona y humilde saco (pág. 5) (2).

Una página antes, Ortiz ha ofrecido una síntesis de los contrastes a niveles más variados que establece entre el azúcar y el tabaco, que, según veremos, son de especial pertinencia al leer *Paradiso:*

> La caña de azúcar y el tabaco son todo contraste. Diríase que una rivalidad los anima y separa desde

———
(2) Cito de *Contrapunteo cubano del tabaco y el azúcar (advertencia de sus contrastes agrarios, económicos, históricos y sociales),* intr. Bronislaw Malinowski (La Habana: Dirección de Publicaciones Universidad Central de Las Villas, 1963). La primera edición es de 1940.

sus cunas. Una es planta gramínea y otro es planta solanácea. La una brota de retoño, el otro de simiente; aquélla de grandes trozos de tallo con nudos que se enraízan y éste con minúsculas semillas que germinan. La una tiene su riqueza en el tallo y no en sus hojas, las cuales se arrojan; el otro vale por su follaje, no por su tallo, que se desprecia. La caña de azúcar vive en el campo largos años, la mata de tabaco sólo breves meses. Aquélla busca la luz, éste la sombra; día y noche, sol y luna. Aquélla ama la lluvia caída del cielo; éste el ardor nacido de la tierra. A los cañutos de la caña se les saca el zumo para el provecho; a las hojas de tabaco se les saca el jugo porque estorba. El azúcar llega a su destino humano por el agua que lo derrite, hecho un jarabe; el tabaco llega a él por el fuego que lo volatiliza, convertido en humo. Blanca es la una, moreno es el otro. Dulce y sin olor es el azúcar; amargo y con aroma es el tabaco. ¡Contraste siempre! Alimento y veneno, despertar y adormecer, energía y ensueño, placer de la carne y deleite del espíritu, sensualidad e ideación, apetito que se satisface e ilusión que se esfuma, calorías de vida y humaredas de fantasía, indistinción vulgarota y anónima desde la cuna e individualidad aristocrática y de marca en todo el mundo, medicina y magia, realidad y engaño, virtud y vicio. El azúcar es *ella;* el tabaco es *él...* La caña fue obra de los dioses, el tabaco lo fue de los demonios; ella es hija de Apolo, él es engendro de Proserpina... (pág. 4).

Creo que podrían resumirse los contrastes de Ortiz de la manera siguiente: el azúcar es poder, vitalidad, indiferenciación, mientras que el tabaco es delicadeza, diferencia, arte, intelecto e inspiración. El tabaco es religión y arte: «En el fumar de un tabaco hay una supervivencia de religión y magia: las de los behiques cubanos. Por el fuego lento que lo quema es como un rito expiatorio. Por el humo ascendente a los cielos parece evocación espiritual. Por el aroma, que encanta más que el incienso, es como un sahumerio de purificación. La sucia y tenue ceniza final es una sugestión funeraria de penitencia tardía» (página 17). Y: «El azúcar no busca el arte, ni para su envase ni para su consumo [...] El azúcar adopta la forma de su continente, bocoy, caja, saco o azucarera; en cambio, en el tabaco es el envase el que se ajusta más y más al producto contenido, llegando a veces a ser singular, tan sólo para un cigarro. Así con estas cajitas que encierran nada más que un tabaco, como los ataúdes que son para un solo cuerpo incinerable...» (página 46). Aparte de estas cajitas, sabemos que todo un arte surge en relación a los cromos que ornamentan las cajas de tabaco y las vitolas o anillos que ciñen los tabacos mismos.

Si seguimos detenidamente los avatares de la familia de Cemí, de esa familia cuya unidad va a ser dada por el Coronel y preservada por Rialta, podemos observar inmediatamente que se juntan en ella el tabaco y el azúcar de acuerdo con el mismo esquema contrapuntístico de Ortiz. Por parte de padre, el Coronel José Eugenio desciende del vasco José María Cemí, dueño de ingenio azucarero, y de Eloísa Ruda Méndez, pinareña de familia de vegueros. Como dice Alberto Olaya sobre el Coronel: «No hay mucho que contar, no tiene padre ni madre. Su padre era el dueño del Central Resolución, y su madre, descendiente de ingleses, se dedicaba en Pinar del Río a cuidar las hojas del tabaco y las flores azules. No le he preguntado más, no creo que me interese nada más de su vida» (pág. 150). El rotundo final de la aseveración de Olaya es, en cierta medida, justo: la síntesis que acaba de hacer de la vida de José Eugenio no podía ser más completa. Síntesis, por supuesto, a la que no se pueden sustraer las muertes de José María y de Eloísa, como tampoco la del Coronel mismo: si el contrapunteo del tabaco y el azúcar constituye esa tradición a la que tiene acceso José Cemí a través del poema de Licario, esa tradición incluye y hasta se constituye mediante una historia, una sucesión; como advierte la abuela Munda, «cada familia tiene un ordenamiento en la sucesión» (pág. 104). Quiero decir que contrapunteo no significa una oposición estática, sino un devenir —trágico en el caso de la familia de Cemí— que conduce a un conocimiento del que no está ausente la muerte. No es casual que se diga, como vimos antes, que en las dispersiones y reencuentros de la familia coinciden la «historia sagrada» con la «doméstica». En efecto, el contraste entre el tabaco y el azúcar genera una historia hecha de acontecimientos de patético dramatismo que conjuran y conforman una historia que los hace comprensibles, que los convierten en un conocimiento, pero que no consigue con ello abolir su misterio y la tragedia. La confluencia de las dos familias, la primera unión que se realiza en el matrimonio de José Eugenio con Eloísa, se presenta en la novela mediante una tipología que, sin dejar de ser cubana y seguir dentro del contrapunteo de Ortiz, es precisamente de origen bíblico.

En la penosa discusión entre Luis Ruda y su madre Munda Méndez sobre la pensión dejada por José María para su hijo el futuro Coronel, Luis da una versión de la historia del lado pinareño de la familia, cuya base tipológica es el Exodo: «De pronto, aquel mundo vegetativo sintió los aguijonazos de la energía acumulada por el vasco, pues causaba la impresión de un embutido lleno de densas nubes eléctricas. Así nuestra familia pudo abandonar la gruta pinareña para bajar al desierto del centro, y comunicada esa energía a nuestros músculos somnolientos, pudimos resistir lo calcáreo, los abrillantados esqueletos tatuados por las hondonadas» (pág. 106). Ese desierto del centro no es otro que las sabanas villaclareñas, de Colón en la antigua provincia de Matanzas, hacia el Noroeste, la zona cañera de Sagua la Grande, donde se encuentra el Central Resolución. No es la única vez que esa región aparece en *Paradiso* como desierto. La propia abuela Munda, en la crónica familiar que le hace al infante José Eugenio, se expresa así: «Un día llegó toda la *troupe* pinareña de los Méndez al Resolución, y aquellas escandalosas y malolientes extensiones de verdes, aquellos sembradíos de caña vulgarota y como regalada por la naturaleza, para nosotros que estábamos acostumbrados a un paisaje muy matizado, al principio nos desconcertó, pero acabamos sometiéndonos a la decisiva extensión de sus dominios» (páginas 92-93). Mucho más adelante en la novela, cuando Foción viaja a Santa Clara para visitar a Fronesis, se lee: «De allí [es decir, de Colón] a Santa Clara, a la misma ciudad, el camino se hacía seco, rasante, desértico. El esqueleto y el vegetal quemado ascendían de la tierra que crujía para ahogar la semilla. [...] En el recorrido más silencioso de la zona desértica Foción pudo oír algunas voces distintas» (pág. 486). No podemos permitir que la lectura tipológica borre la marca de la contingencia histórica real presente en esta cita; el «esqueleto. y el vegetal quemado» alude aquí a que esta región, antes boscosa, fue talada y quemada por el avance de la industria azucarera, que necesitaba los terrenos para caña y la madera para energía (3). En todo caso, es evidente que la confluencia de las dos familias no es una mera adición, sino que esboza una historia; historia que, a su vez, es una reminiscencia del Exodo. No sé hasta qué punto pueda llevarse el paralelo con el relato bíblico: sin duda, resultaría algo mecánico buscar más detalles en común, ya que lo importante aquí parece ser la elaboración de una historia de fundación cubana. En el propio Ortiz ya hay una sugerencia que puede llevar a la metáfora del desierto cuando dice que «el azúcar es común, informal e indistinta» (página 23). El tabaco se somete al azúcar; los finos pinareños caen bajo el imperio del rudo vasco José María; ocurre lo que la abuela Munda llama «lucha de paisajes» (pág. 96). La síntesis no es final, sino principio. La violencia sufrida por los Méndez al bajar al desierto central inicia una serie de muertes que jalonan la novela. La primera en morir es la propia Eloísa; luego muere el vasco José María, inconsolable por la muerte de su esposa; estas muertes prefiguran la gran muerte en *Paradiso,* la del propio Coronel José Eugenio, que ocurre en la más profunda soledad, en una suerte de exilio en Pensacola, Florida. El azúcar-desierto augura muertes: «Su tutor comercial [de don Andrés], Michelena, decía que el azúcar era como la arena y que su suerte dependía del frío que sintiesen las cordilleras de la luna. Que el colibrí, señor del terrón, pasa del éxtasis a la muerte. Y que el cubano, en un sarcófago de cristal rodeado de bolsitas de arena en dulce, está como extasiado, tirado por cuatro imanes» (págs. 154-155).

Si el azúcar representa el poder, la fuerza expansiva de los Cemí, la voluntad que los lleva a la muerte, el tabaco representa no sólo la delicadeza de Eloísa, sino la propensión al arte,

---

(3) Ver al respecto Manuel Moreno Fraginals, *El ingenio Complejo económico-social cubano del azúcar* (La Habana: Editorial Ciencias Sociales, 1978), vol. I, págs. 157-163. El Central Resolución estaba cerca, precisamente, de Quemado de Güines.

a la filosofía, al conocimiento de lo oculto; a cierta obsesión hermenéutica y diabólica asociada en la novela con la poesía. José Eugenio musita: «... hay algo en esas evocaciones que me trae la pinta de mi madre. Su fineza, la familia toda dedicada a producir el fino espesor de la miel, la querendona hoja de tabaco, las hacía vivir como hechizadas. Sus obsesiones por la estrella, la ternura retadora, el convidante estoicismo, van por esa misma dirección. Me acuerdo cuando el Coronel Méndez Miranda, primo de mi madre, visitaba el Resolución, mi padre se alejaba, como quien respeta una fuerza extraña, se le esfumaba la adecuación» (págs. 162-163). Luis Ruda, por su parte, dice que su «familia se había convertido en una hoja descifrando el rocío, voluptuosa traducción que hacía muy espaciadamente» (pág. 106). La vieja Munda, a su vez, recuerda que «mi padre se levantaba a las cinco de la mañana, pues cuando el alba era ya demasiado apoyada se tornaba muy irritante para las hojas de tabaco, recibir al mismo tiempo el riego del aguamanil. Mi padre lo hacía con el cuidado de quien descifra una antigua escritura. Toda mi familia se había vuelto lenta y misteriosa como el cuidado de las hojas» (págs. 95-96). Don Andrés Olaya, con una clara alusión al ser americano o cubano, dice de los Méndez que «era un encantamiento que una familia se dedicase al cultivo de las hojas. Que las hojas, entre nosotros, donde había tan pocas raíces, las reemplazaban. Que las raíces al aire le parecía que echaban tierra en las nubes» (pág. 154). El tabaco es lectura, desciframiento y creación de la tradición —no por azar se habla de hojas, de lectura, de traducción—. Esas hojas que suplantan las raíces ausentes, o que se convierten en raíces aéreas, son la elaboración de una lectura y una escritura cubanas, es decir, americanas, sin pasado europeo. El tabaco es autóctono, no sólo de América, sino de las Antillas mismas; sus hojas son como pergaminos antiguos que salvaguardan una nueva tradición. La enervación que produce su consumo, y el humo mismo —surgido evidentemente del fuego creador—, son elementos clave en *Paradiso,* que van siempre asociados al misterio, a la noche y a la poesía. El paraíso pinareño de los Méndez lega a Cemí el arte, así como el desierto villaclareño del abuelo vasco la voluntad y la fuerza. Como dice Ortiz, «el tabaco busca el arte; el azúcar lo evita» (pág. 44).

La relación del tabaco con el arte se establece a varios niveles, que van desde alusiones a los famosos cromos de las cajas de tabaco al origen mismo de la poesía; todos los personajes de naturaleza creadora en la novela están asociados al tabaco. Entre los emigrados de Jacksonville se cultiva lo cubano en cierta iconografía que incluye «las alegorías de las cajas de tabaco, con la imaginación del período María Cristina: una gran rueda de carreta homérica se recuesta en un trono, donde el rey esboza que se va a poner de pie para descorrer una cortina, tambaleándose la corona» (pág. 82). Cuando el presidente Estrada Palma llega al baile de los Olaya, «atravesaba la sala de baile con la lentitud de una reverencia gentil en el ornamento de una caja de tabaco» (págs. 146-147). Estas alusiones, sin embargo, apenas nos preparan para dos de los pasajes de mayor brío en la novela, cuando la historia de Cemí y sus compañeros va haciéndose cada vez más la historia de su advenimiento a la poesía. El primero es cuando Fronesis tira al mar la camiseta con el agujero que ha utilizado para lograr su unión con Lucía. Como es sabido, el mar deglute la camiseta, en un acto en que parecen fundirse la fecundidad representada por el propio mar, que aparece como una serpiente fálica, y los círculos hechos por el hombre en la tela que le arroja. La percepción más nítida del encuentro entre la camiseta y el mar la tiene Fronesis gracias al cigarro que enciende en su garita un centinela:

> Fronesis ya no podía vislumbrar la camiseta de doble círculo destruida por la serpiente marina. El centinela en la garita, al encender otro cigarro, parecía hacer contacto con el pez fuera del agua, estableciendo un momentáneo arco voltaico donde la serpiente fálica mostraba en la sucesión de sus collarines las pulgadas de penetración en las vértebras del ulular protoplasmático. Sobre la cuerda del arco voltaico, tendido entre el cigarro del centinela y la cola astillada del pez, las máscaras de los cuerpos ectoplasmáticos mostraban extrañas abolladuras, cicatrices, lamparones inflamados. En la cresta del arco voltaico danzaban sus borronaduras las concentraciones del fósforo nocturno, inmensa piel sin

ojos, pero ornada de mamas tan numerosas como las estrellas. Después, a un lado del arco voltaico, caía la máscara. Al otro lado caía el cuerpo, saco de arena, paquete de piedra molida, acrecentado por la humedad hidratante. En realidad no era un cuerpo el que caía, sino un embrión de arena, ungüento lunar y tachonazos de fósforo (pág. 419).

El fuego del cigarro del centinela ha creado un puente de luz entre lo estelar y lo marino, devolviéndole a Fronesis, como en una visión, una especie de armonía cósmica en el momento mismo de su acoplamiento. La metáfora del arco voltaico sirve para establecer la dualidad, el choque entre fuerzas contrarias de cuya unión surge el calor y la luz. La «vitola desmesurada» (página 420) del centinela es la que pone en movimiento esta visión, que anonada a Fronesis y le hace caer en un «encogimiento placentario» (pág. 420). A partir de este tipo de relación que conduce a la imagen los adolescentes descubren el misterio de la poesía. Como los Méndez ante las hojas de tabaco, Fronesis lee esta imagen que de súbito provoca la lumbre del centinela.

El segundo pasaje, cuyo protagonista es Cemí, está aún más directamente relacionado que el anterior a la creación de una conciencia poética. Se trata de aquél en que Cemí observa «dos tabaqueras con grabados alusivos a las delicias de los fumadores» (pág. 502), unos de esos «días que lograba esos agrupamientos donde una corriente de fuerza lograba detenerse en el centro de una composición» (pág. 500). El enigmático pasaje, que es inevitable citar en su totalidad, dice así:

Delante de los tres elefantes, dos tabaqueras con grabados alusivos a las delicias de los fumadores. Uno de los grabados mostraba en su parte superior una banderola que decía: La granja. En la parte inferior del grabado decía otra inscripción: Tabaco superior de la Vuelta Abajo. Más abajo una dirección: Calle de la Amargura, 6, Habana. El grabado mostraba una empalizada de piedra, con una puertecita. La granja estaba enclavada entre una fila de pinares y un río que parecía el San Juan y Martínez.

Delante de la empalizada se veían tres figuras: un arriero, que, a pie, dirigía un caballo con un serón muy cargado; delante del arriero, un caballero de indumentaria cotidiana, se paseaba apacible, como quien viene de la casa de la novia muy esperanzado, o va a su casa donde lo espera una esposa fidelísima; en la esquina, otro caballero, éste sí enigmático y apesadumbrado, parecía regresar de un entierro, o meditar sombríamente en una quiebra que lo ronda. Su sombrero de copa lo acercaba a los últimos años de Stendhal, neurótico diplomático retirado, con las escapadas a las bibliotecas de Londres, de José Antonio Saco, cuando se iba a documentar sobre la esclavitud egipcia. Lo curioso era la coincidencia en el instante de una calle, de un arriero, un caballero diligente y otro preocupado y solemne.

La solución de esta extraña tríada coincidente, venía dada por el otro grabado. La banderola del otro grabado decía: La sopimpa habanera de 1948. En el óvalo del grabado, hombre y mujer danzantes, los ojos muy irritados, es el fevor deseoso el que los hace mirarse sobresaltados. El le aprieta la pequeña cintura. Ella con elegante *langueur* deja caer su mano sobre el hombro del acompañante. A ambos lados del grabado, ceñidos por guirnaldetas, una inscripción bilingüe: «Nueva y superior fábrica de tabacos puros de la Vuelta Abajo», calle de los Oficios, 79, de G. LL. y C. De esta fábrica tendremos un depósito en S. Thomas. A la derecha del óvalo, la misma inscripción en francés: *Fabrique nouvelle et super de cigarres pures de la Vuelta Abajo. Rue des Oficios 79, de G. LL. y C. Nous aurons un dépot de cette fabrique à S. Thomas.* Era un anuncio, con la ingenuidad publicitaria del siglo XIX, en el que se veían el campesino, el hombre cotidiano y el elegante, transcurriendo por delante de una granja criolla con secretas y elaboradas fascinaciones. Una de esas fascinaciones brotaba de las humaredas de la hoja y de las deslizantes delicias de la danza (páginas 502-503).

Me parece que, en última instancia, la interpretación misma del pasaje es trivial; lo importante es la manera en que

Cemí percibe la relación y posible significado de estos grabados que surgen de pronto ante sus ojos. Pero, de todos modos, se impone el comentario del pasaje. Es evidente que el primer grabado es una versión idílica de la región pinareña que, como hemos visto, aparece como una suerte de paraíso en la mitología familiar de los Méndez. Sin embargo, hay un detalle que rompe el idilio: la presencia de ese caballero desasosegado que se pasea en el primer plano del grabado. La presencia de ese caballero, su supuesto parecido con Stendhal, y el segundo grabado indican que lo que a primera vista parece una escena de edénica tranquilidad, esconde una trágica historia, donde se confunden el eros y la muerte. La banderola del segundo grabado, que lee «La sopimpa habanera 1948», creo que sugiere la solución. «Sopimpa» está utilizado en el sentido algo raro de baile frenético —diabólico, dicen los editores de la traducción francesa de la novela—, aunque también quiere decir reyerta, golpiza (4). En todo caso, hay una sugerencia tanto de eros —baile— como de violencia. No sabemos a ciencia cierta si la novia o esposa «fidelísima» del caballero de «indumentaria cotidiana» del primer grabado se ha escapado con el caballero del sombrero de copa quien, como Stendhal o como los personajes de Stendhal, practica precisamente la infidelidad, o si es este último caballero el que ha perdido a su amante y la viene a buscar a Vuelta Abajo. En más de un sentido, la confluencia de las dos escenas configura la situación tradicional del paraíso perdido por el deseo, que va unido tanto al placer asociado al tabaco como a su capacidad venenosa; una vez más, eros y muerte. La poesía descubre tanto el placer como el peli-

---

(4) «Danse endiablée» lee la nota de Severo Sarduy en la página 445 de *Paradis*, tr. Didier Coste (París: Editions de Seuil, 1971). El arte de los grabados o cromos en las cajas de tabacos se desarrolló de forma paralela a la evolución de la música cubana en el siglo XIX. Muchos de los grabados contenían temas musicales pintorescos, con los no menos pintorescos títulos de las zarzuelas y contradanzas de la época, como, por ejemplo, el «baile de cuna», «Amarillo, suénamelo pintón» y la célebre «Tu madre es conga», que fue bailada toda una noche en un baile oficial en honor del general Concha». Ver Zoila Lapique Becali, *Música colonial cubana, Tomo I (1812-1902)* (La Habana: Editorial Letras Cubanas, 1979), pág. 41.

gro, tanto el éxtasis de la unión visible en el baile como el peligro trágico del triángulo amoroso. La aliteración al final del pasaje, me parece, destaca este aspecto: «Una de las fascinaciones brotaba de las humaredas de la hoja y de las deslizantes delicias de la danza» (pág. 503). Pero lo crucial es que Cemí ha percibido una relación, y que esa relación le permite interpretar de varias maneras posibles estos grabados de las tabaqueras. Los grabados son arte, enigma, súbito encuentro, como la luz del tabaco del centinela y el mar. La historia en sí, en este caso, es trivial, porque la intervención de lo temporal siempre hará diversas las posibilidades de su acoplamiento. Ahora bien: la capacidad para percibir esa relación está vinculada, en la novela, al tabaco: «En Shakespeare, su flujo verbal, el más creador que se ha conocido, es la humareda que sale de la gruta para ahogar a la pitia en revelación» (pág. 355). Como los Méndez descifrando las hojas del tabaco, Cemí escruta los cromos de las tabaqueras, en busca de la revelación.

La relación del tabaco con cierta propensión a la excentricidad creadora y al peligro se manifiesta, sobre todo, en el personaje de Alberto Olaya. El tío Alberto, cuya muerte accidental cierra uno de los capítulos más bellos de la novela, siempre aparece envuelto en humo de cigarro: «Y cuando lo recapturamos está envuelto en un humo de escafandra, de encrucijada. Bailotea con la cabeza ese humo, como si sacudiese un oleaje percibido tan sólo por la memoria soterrada» (pág. 98). Más adelante, cuando se encuentra con Oppiano Licario: «El humo le ha ido formando un contorno como si fuese una armadura que ciñe con sus metales esmerilados la congelada niebla marina» (pág. 99). Alberto, que cuando aparecía en casa de Rialta mandaba a Baldovina «a que le comprara cinco cajas de cigarros, seguro de que se iría con el último cigarro» (pág. 241), muere inmediatamente después que el guitarrero que le acompaña en el taxi canta aquella enigmática décima que termina:

Naipes en la arenera,
fija la noche entera
la eternidad... y a fumar (pág. 275).

Su destino está indisolublemente ligado al tabaco, y su espíritu es dado a lo excéntrico, a lo oculto. Su muerte ocurre después de enterarse del cáncer que consume a Augusta, y luego de la trifulca en el café con el falso charro; es como si Alberto pudiese percibir la tragedia que se le avecina en ese viaje al final de la noche que emprende después de la cena familiar. Su muerte cierra la niñez de Cemí y la primera mitad de la novela. En el capítulo siguiente, el octavo, Cemí se encuentra en el colegio y comienza su educación sexual. Las excentricidades de Alberto preludian para el joven Cemí las de sus amigos de adolescencia, fumadores todos, y las de Oppiano Licario.

Prolijo resultaría citar aquí las veces que Fronesis, Foción y Cemí aparecen fumando. Baste recordar que Foción «hería con un puñal de dos puntas, ironía e indiferencia, y él siempre permanecía en su centro, lanzando una elegante bocanada de humo» (pág. 331); y que el perfil de Fronesis se dibuja contra el fuego con que enciende un cigarro: «Fronesis cruzó las piernas, encendió un cigarro largo, creyó que el fósforo se extenuaba, pero la imagen cobró fuerza para situar en la luz su silueta de centinela helénico» (pág. 385). Cemí, por su parte, tiene una importante revelación en «una de esas noches, tren interminable detrás del cigarro» (pág. 505). Pero en Foción y Fronesis, el tema de la poesía, vinculado al tabaco, es un paso hacia el encuentro de Cemí con Oppiano Licario; y en Cemí mismo, el humo del tabaco se relaciona con sus dificultades para respirar, lo cual nos lleva de nuevo a la poesía. Oppiano Licario, como para tantas otras cosas, es la encrucijada aquí. Licario, que antes se había encontrado con Alberto cuando éste anda rodeado de humo, según ya vimos, es testigo de la muerte del Coronel en Pensacola; su poema al final de la novela establece el paso poético hacia Cemí que le permite sentirse completo y apto para «empezar». El Coronel, que muere de dificultades respiratorias, percibe al que será su emisario en el resplandor del fósforo con que enciende un cigarro: «Miraba [el Coronel] por la puerta el movimiento de los corredores, con sus uniformes, pasos apresurados, urgencias de tiempo medido. Alguien encendía un cigarro, lo observó, pudo ver el colorín dorado de una cajetilla de cigarro cubano. Al resplandor de la cerilla vio que lo miraban con cierta fijeza» (pág. 210). Al pedirle que se acerque a su cama, el Coronel le dice a Licario que le ha identificado como cubano por el cigarrillo que fuma: «¿Usted es cubano?, debe de serlo, pues fuma uno de nuestros cigarrillos, su piel es también de los nuestros» (pág. 211). Licario, que va a transmitirle a Cemí la voz de su padre, está asociado al tabaco, al humo que asciende como el personaje evocado por su apellido. Pero así como ese personaje cae, sus alas derretidas por el calor, el aliento que Licario comunica está herido por el asma, por la dificultosa respiración que en la familia de Cemí viene por vía de los Rialta, es decir, por vía de los tabaqueros: «El asma nos viene por mi rama; mi abuela no se pudo curar nunca de esa angustia —dijo Rialta—» (pág. 181). La misma muerte de Licario y el que tenga que comunicar a Cemí su poema por escrito significan, creo yo, esa dificultad que en el poema mismo se indica por el imperativo «tropieza». El tabaco es visión y veneno, como en los cromos que Cemí interpreta, eros y muerte. Oppicano Licario cumple a cabalidad su misión de mensajero, porque transmite la voz, la presencia del Coronel, pero también su mortalidad.

La poética que Cemí ha venido elaborando en los últimos capítulos de la novela, y que vimos en acción frente a los cromos de las tabaqueras, sigue punto por punto, me parece, la de Licario y, en términos globales, la que se practica *Paradiso*. La explicación que se da en la novela de esa poética es, algo abreviada, la siguiente:

> El ancestro había dotado a Licario desde su nacimiento de una poderosa *res extensa*, a la que se visualizaría desde su niñez. La cogitanda había comenzado a irrumpir, a dividir o a hacer sutiles ejercicios de respiración suspensiva en la zona extensionable. En él muy pronto la extensión y la cogitanda se habían mezclado en equivalencias de una planicie surcada constantemente por trineos, de tal manera que cada corpúsculo de nieve presentaba el recuerdo de las cuchillas de sostén del móvil. La *ocupatio* de la extensión por la cogitanda era tan cabal, que en él la casualidad y sus efectos reobraban incesantemente en corrientes alternas, produciendo el nuevo ordenamiento absoluto del ente cognoscente. Partía de la cartesiana progresión matemática. La analogía

de dos términos de la progresión desarrollaban una tercera progresión o marcha hasta abarcar el tercer punto de desconocimiento. En los dos primeros términos pervivía aún mucha nostalgia de la sustancia extensible. Era el hallazgo del tercer punto desconocido, al tiempo de recobrar, el que visualizaba y extraía lentamente de la extensión la analogía de los dos primeros móviles. El ente cognoscente lograba su esfera siempre en relación con el tercer móvil errante, desconocido, dado hasta ese momento por las disfrazadas mutaciones de la evocación ancestral. [...] Así, en la intersección de ese ordenamiento espacial de los dos puntos de analogía, con el temporal móvil desconocido, situaba Licario lo que él llamaba la *Silogística poética* (págs. 602-603).

La operación analógica que Cemí llevó a cabo, o sugirió en el pasaje citado, creó un tercer punto desconocido: la interpretación no ofrecida por el texto. El punto móvil es Cemí, o nosotros, que en nuestro tiempo, no de la *Sopimpa habanera de 1948,* sino de este *Coloquio de Poitiers de 1982,* ofrecemos nuestra interpretación. Esto es, a escala muy reducida, el vasto proceso analógico mediante el cual dos polos de lo cubano, el tabaco y el azúcar, en todas sus vastas y minuciosas manifestaciones, se encuentran en la novela para generar una síntesis, que es José Cemí, el «temporal móvil desconocido» que se sitúa en el «tercer móvil errante» para descifrar «las disfrazadas mutaciones de lo ancestral». El «temporal móvil desconocido» habita un tiempo real abocado a la muerte; lleva a cabo su síntesis poética consciente de su presencia, que vendría a ser el cuarto término de esa *Silogística poética.*

Todos estos elementos están presentes en el párrafo final de la novela, que nos vemos precisados a citar en su totalidad:

Iba saliendo de la duermevela que lo envolvía. La ceniza de su cigarro resbalaba por el azul de su corbata. Puso la corbata en su mano y sopló la ceniza. Se dirigió al elevador para encaminarse a la cafetería. Lo acompañaba la sensación fría de la madrugada al descender a las profundidades, al centro de la Tierra donde se encontraría con Onesppiegel sonriente. Un negro, uniformado de blanco, iba recogiendo con su pala las colillas y el polvo rendido. Apoyó la pala en la pared y se sentó en la cafetería. Saboreaba su café con leche, con unas tostadas humeantes. Comenzó a golpear con la cucharilla en el vaso, agitando lentamente su contenido. Impulsado por el tintineo, Cemí corporizó de nuevo a Oppiano Licario. Las sílabas que oía eran ahora más lentas, pero también más claras y evidentes. Era la misma voz, pero modulada en otro registro. Volvía a oír de nuevo: ritmo hesicástico, podemos empezar (pág. 645).

El tabaco no sólo está presente en las colillas, sino, sobre todo, en la ceniza que resbala por la corbata de Cemí, alusión mediante la cual también se evoca la muerte y se destaca el aspecto ritual que tiene esta última escena de *Paradiso*. Podemos recordar la antes citada aseveración de Ortiz: «En el fumar de un tabaco hay una supervivencia de religión y de magia. [...] La sucia y tenue ceniza final es una sugestión funeraria de penitencia tardía». El azúcar está presente en el café con leche que toma el negro bedel, que produce un tintineo que es lo que impulsa a Cemí a evocar la figura de Licario y las sílabas que le llevan a encontrar el ritmo de su propia voz. El azúcar es impulso, fuerza, voz del padre que se recupera; el tabaco es arte, conocimiento, placer y también muerte. Cemí mismo convierte la tríada en cuadrado, en esta síntesis final en que lo cubano y lo poético coinciden. En términos de la historia de la familia, este final es también una restitución; el éxodo de los Méndez del paraíso pinareño al desierto de Villa Clara ha cobrado sentido.

3

Es notable que *Paradiso,* una novela cuya densidad poética y alusiva es tal que resulta hermética para muchos, tenga como centro de su temática, como polo imantador de su composición, lo cubano, visto en términos de las dos industrias que definen la historia y cultura nacionales. No puede escapársenos que hubo toda una novelística hispanoamericana, muy diferente de la empresa literaria lezamiana en principio, que se propuso algo similar: *La vorágine,* de José Eustaquio Rivera, que se concentró en la industria cauchera colombiana; Miguel Angel Asturias, en la bananera guatemalteca; la novelística del noroeste brasileño, en la azucarera, y así por el estilo. Lo singular en *Paradiso* es el haber logrado reunir este impulso hacia la definición de la nacionalidad a través de las industrias que le dan forma, y vincularlo al origen de una poética. Lezama convierte la historia en poesía; como Vico a partir de lo hecho, de lo que se hace, Lezama descubre los contornos de una imaginación cubana.

LA VIDA ES UNA COSA *PHENOMENAL:*
LA GUARACHA DEL MACHO CAMACHO
Y LA ESTETICA DE LA NOVELA ACTUAL

Si el tema obsesivo de la literatura hispanoamericana desde sus orígenes, en el siglo XIX, ha sido el de la identidad nacional, en ningún lugar del mundo hispánico este tema ha sido más urgente que en Puerto Rico. Primero, colonia española; luego, y hasta el presente, colonia norteamericana, las posibilidades de definir la identidad nacional se han dado en Puerto Rico en circunstancias tan dramáticas y con alternativas tan extremas, que no hay escritor puertorriqueño que se haya podido sustraer a su absorbente dialéctica. Por un lado, la entrega a la cultura norteamericana se ofrece como opción repugnante, que significa inclusive el abandono del español como lengua nacional; por el otro, el regreso a España, alternativa preferida por no pocos intelectuales de la isla, representa adherirse a formas culturales sin vigencia en la vida actual de Puerto Rico. La afiliación a una cultura hispanoamericana ampliamente concebida es una posibilidad atractiva; pero la historia de Puerto Rico se ha saltado etapas que han dejado huellas indelebles en las naciones del Continente o aun en otras islas del Caribe, como Cuba. Lo acuciante de estos dilemas es visible en las obras de los escritores puertorriqueños mayores en lo que va de siglo, desde Luis Palés Matos y René Marqués hasta Pedro Juan Soto y Emilio Díaz Valcárcel, pasando por Francisco Arriví y Antonio Pedreira. Quien haya leído ya *Mi mamá me ama,* de Díaz Valcárcel, novela publicada recientemente, verá que el tema de la identidad nacional continúa vigente en las letras puertorriqueñas. Casi podría decirse que el tema tiene no sólo vigencia, sino legitimidad institucional en varios centros de estudio en la isla, y en la producción crítica de académicos y periodistas. Podemos imaginar fácilmente el título de una tesis doctoral arquetípica: «La búsqueda de la identidad nacional en la obra de ....» —el espacio en blanco puede llenarse con el nombre de cualquier escritor puertorriqueño.

La importancia de *La Guaracha del Macho Camacho* deriva del hecho de que en esta novela Luis Rafael Sánchez, en vez de dejarse seducir por el tema de la identidad nacional, lo analiza como discurso, en medio de una meditación corrosiva y profunda sobre el vínculo o complicidad entre la literatura y ciertas posturas ideológicas. No cabe duda, por supuesto, que el tema de la identidad nacional está presente en *La Guaracha,* pero está presente no ya como predicado —lo puertorriqueño es o no es tal o cual cosa—, sino como sujeto, verbo y predicado de una indagación en que la pregunta misma y su lenguaje son el principal objeto de análisis. *La Guaracha del Macho Camacho* empieza por cuestionar la literatura misma: ¿cómo puede la literatura, escrita en un lenguaje que para ser legítimo tiene que ser amenazado y contaminado, seguir siendo literatura? ¿Cómo puede postularse el problema de la identidad *fuera* de ese lenguaje? Estas son las preguntas que otras novelas puertorriqueñas se habían formulado antes, pero me parece que ninguna había convertido las preguntas mismas en componente principal en la constitución misma de la obra de la manera en que lo hace *La Guaracha del Macho Camacho.*

El gesto radical de Luis Rafael Sánchez había sido anticipado por otros escritores puertorriqueños, y tiene mucho que ver con la obra de novelistas contemporáneos de otros países hispanoamericanos, como Severo Sarduy, Guillermo Cabrera Infante y Manuel Puig; pero, a nivel ideológico, el texto paralelo a *La Guaracha* es *Insularismo e ideología burguesa en Antonio Pedreira,* de Juan Flores, si bien la novela dista mucho en sus resultados de la posición política del ensayo. Flores hace un análisis del célebre ensayo de Pedreira *Insularismo* (1934) desde una perspectiva marxista, para demostrar la inconsecuencia de los que pretenden hallar la identidad puertorriqueña en unas presuntas raíces hispánicas o en una cultura popular. Las bases del pensamiento de Pedreira —arguye Flores— están en

Ortega, y son falsas porque no toman en consideración las condiciones socio-históricas de Puerto Rico. La crítica de Flores es amplia e incluye la obra de corifeos de la izquierda puertorriqueña, como Manuel Maldonado Denis, cuyos libros, según el autor de *Insularismo e ideología burguesa,* adolecen de fallos similares a los de Pedreira. Lo que Flores logra es desmitificar todo el movimiento de búsqueda de la identidad nacional, demostrando a cada paso la falsedad de las alternativas perseguidas por los diversos grupos que lo constituyen.

La mistificación del propio Flores, sin embargo, consiste en creer que Pedreira podía haber adoptado una postura «científica» ante la realidad puertorriqueña. Al creer que la búsqueda de la identidad nacional es, en última instancia, una posibilidad científica con respecto a la literatura, Flores no toma en cuenta que sin mistificación no hay literatura, y que la búsqueda de la identidad puertorriqueña, por ideológica que sea, constituye un núcleo de polarización creadora que se nutre de sus propios errores. La ideología en literatura no lleva a la ideología, sino a las figuras que la componen, a los tropos que la arman. La diferencia entre *Insularismo e ideología burguesa* y *La Guaracha del Macho Camacho* estriba en que la novela intenta descubrir y activar ese nivel «tropológico», mientras que el ensayo pretende traducirlo a otra ideología supuestamente inocente de toda figuración. El ensayo sigue siendo parte del problema, no de la solución, y no lo sabe; la novela es parte del problema, pero lo sabe, y sugiere que ésa es la solución, si es que puede llamársele así. La estrategia de *La Guaracha* es compleja, porque incluye lo que niega, lo activa como parte integrante de la identidad que también busca.

La Guaracha del Macho Camacho, a partir de su título mismo, hace alusión a la naturaleza del experimento que lleva a cabo, relativo al vínculo que existe entre literatura e identidad nacional. El origen popular del título ha desviado la atención del hecho evidente de que la novela se nos presenta como una especie de épica. *La Guaracha del Macho Camacho,* salvando las distancias, puede muy fácilmente evocar el *Cantar de Mío Cid,* la *Chason de Roland* o los *Nibelungenlieder.* Las sugerencias de esta indirecta pero clara afiliación genérica son muchas: asociamos los cantares de gesta con los orígenes de las lenguas y de la nacionalidad, y la alabanza al héroe como una celebración de los valores comunitarios que él encarna. El molde musical en que se plasma la obra —*lieder, chanson,* cantar, guaracha— manifiesta la armonía entre todos los elementos que la componen: idioma, héroe, valores culturales, arte. *La Guaracha del Macho Camacho* despliega su experimento literario contra el fondo de la épica y todas estas asociaciones. Es decir, no tanto de la épica como ésta fue, sino de la épica como ha sido concebida por la ideología dentro de la cual, generalmente, se hace la pregunta sobre la identidad cultural. ¿Es o no es un cantar de gesta puertorriqueño *La Guaracha del Macho Camacho?* Creo que sí, pero de una manera muy distinta a lo que el trasfondo épico descrito podría prometer.

Lo épico en *La Guaracha* no se queda en el título. El mundo de la épica es masculino. Es el mundo de las hazañas bélicas, de los héroes fundadores. En *La Guaracha* tenemos el mundo de Vicente Reinosa, figura descollante en la política puertorriqueña. Vicente es descrito en términos épicos, hasta el punto que pudiera decirse que las «cuñas» que siempre acompañan su nombre —«Vicente es decente y su idea es consecuente»— son como epítetos épicos. El hijo de Vicente, Benny, tiene una relación con su Ferrari no muy distinta de la de los héroes épicos con sus caballos; todos los hombres de la novela tienen una fascinación similar con sus automóviles. Vicente, Benny y demás hombres de su clase encarnan el machismo aludido en el título de la novela; vendrían a ser prototipos del Macho Camacho, y sus valores, transferidos al plano de la política, son los valores hegemónicos. Hay una asociación clara, que va del Macho Camacho, autor de la guaracha, a Vicente, héroe y protagonista; de no tener otro plano, la novela haría de esta estrecha relación una fórmula de poder social, político y artístico. El autor es a la guaracha lo que Vicente es a la sociedad, y por lo tanto, lo que el autor es a la novela.

Detentadores de la autoridad y proyectados en una dimensión épica, Macho Camacho, el Autor y Vicente representan en la novela una versión de la identidad puertorriqueña. Es, por supuesto, la versión oficialista, y por ello está hecha de contradicciones. El mundo masculino de Vicente está supeditado al poder norteamericano; todo lo que le rodea es de origen extranjero, y su mayor deseo es convertir a Puerto Rico en el Estado número 51 de la Unión. Pero la filiación de ese mundo con la épica establece un vínculo contrario con los orígenes hispánicos de la isla, dándole una dimensión histórica al mismo. La contradicción aquí estriba en el origen hispánico de la figura del héroe épico y a la vez su connivencia con el poder político norteamericano. Es decir, la dimensión épica convoca una serie de valores asociados con el género, valores que tienen que ver con la ideología en cuyo interior se fragua la cuestión de la identidad nacional.

Ya hemos visto algunos de estos valores: desde el Romanticismo, y con el auge de la filología, se asocia el origen de las lenguas vernáculas y de las nacionales con la épica. A la figura masculina de Roland o Ruy Díaz se remonta una especie de genealogía de valores y del lenguaje. Si reducimos al absurdo lo que podría llamarse la ilusión filológica, podría decirse que ésta consiste en creer en la existencia de un texto coherente, producto de una intencionalidad recuperable, de un autor, que da inicio a una tradición literaria cuya evolución va esbozando un linaje que llega hasta el presente. Todo este andamiaje temporal se basa en un idioma cuyo origen remoto es también recuperable. Implícita en esta ilusión genealógica está una fábula de legitimidad y autoridad: mientras más nos acerquemos al origen tanto de la tradición literaria como de la lingüística, mientras más próximos estemos a esa figura paterna —Ruy Díaz, Fernán González—, más legitimidad y autoridad poseeremos. En la práctica, desde luego, la filología acepta la impureza del origen, lucha con la pluralidad promiscua de los idiomas. Pero apenas podría aceptar que el idioma puede servir tanto para olvidar como para recordar, o que —evocando a ese filólogo arrepentido que fue Nietzsche— la genealogía y los valores impuestos por la filología son una inversión (en todos los sentidos) de la voluntad de poder. El poder de Vicente, el poder de la versión oficialista de la identidad puertorriqueña, está fundamentado en esta ilusión genealógica, por esta supuesta autenticidad lingüística, por esta fábula machista del Macho Camacho.

Esa fábula de poder depende de la densidad histórica que pretende tener, de la profundidad a que se remonta. La épica es siempre histórica, de los orígenes; la genealogía implica siempre un pasado por el que llegamos de forma ordenada al presente. Vicente Reinosa y su mujer, Graciela Alcántara y López de Montefrío, hacen alarde de su cepa hispánica. La congregación de sus amigos y familiares en la Casa de España para el debut de la hija es descrita mediante una alusión a *El caballero de Olmedo:* «... oh nata instituida, salva de vivas solicito para la gala de Medina, para la flor de Olmedo» (pág. 44). La legendaria caballerosidad de Vicente, su elocuencia tribunicia, dependen de esa asociación con lo hispánico, de ese acercamiento a la fuente que infunde legitimidad y poder.

Desde luego, en el presente, el poder de Reinosa no se apoya en ese pasado hispánico, sino en el presente norteamericano, con la heráldica de marcas extranjeras de productos de consumo que proliferan en la novela. Además, en vez de presentar al héroe como promotor de la historia, como agente del movimiento, aparece atrapado en un tranque de tráfico que es la imagen misma del estancamiento y la inmovilidad. *La Guaracha* logra establecer un vínculo entre la ilusión de la búsqueda de la identidad puertorriqueña en lo hispánico y las estructuras del poder en la isla, vínculo que pone de manifiesto la contradicción patente en la complicidad entre el origen español y el presente norteamericano. La coherencia superficial de la ideología de la identidad, la congruencia en la historia que ésta implica, se revelan como fábulas que ocultan los estragos de la institucionalización del privilegio y de la opresión.

A ese mundo falazmente ordenado de Vicente se opone el mundo fragmentario de doña Chon, la Madre, el Nene y hasta el de Graciela. Si el ámbito de Vicente es el de la épica y está apoyado en un machismo milenario, el de doña Chon es un mundo femenino, antiépico, sin ilusiones de pureza, sin pretensiones de profundidad. Es un mundo del presente, no del pasado hispánico ni del futuro utópico que invoca Vicente a través de su retórica castelariana. Es un mundo trágico, porque desmonta toda fábula, toda pretensión; desmantela las jerarquías y revela lo que pudiéramos llamar el origen presente de la identidad, su raíz oscura y enigmática. Sin pretensiones de profundidad, éste es, de los dos mundos, el más profundo, en el sentido convencional de la palabra. Si lo histórico, lo profundo, lo original, gobiernan el mundo de Vicente, lo fragmentario, lo superficial, lo fenomenal, rigen en el de doña Chon.

Sin pretensión de pureza, el lenguaje en el ámbito de doña Chon está contaminado por el inglés y por la cultura de masas: *jingles* publicitarios, canciones populares, la jerga de la televisión. A este nivel, «La Guaracha del Macho Camacho» —la canción, no la novela— simboliza esa contaminación que borra el pasado, que logra abolir la ilusión genealógica que anima el estrato épico de la obra. La pureza idiomática, como la legitimidad genética, reclama unos orígenes, un principio ordenador, una paternidad; la impureza idiomática, la mezcolanza de idiomas, dialectos y subdialectos, da relieve al presente, rechaza el origen como fuente de identidad. Lo puertorriqueño no son los vestigios de las culturas ancestrales, de los que podemos decantar y depurar elementos extraños que la Historia les ha añadido, sino el resultado actual de una mezcla de culturas que no se cancelan las unas a las otras, sino que se complementan, restan y suman, sin conciencia del origen ni prurito de casticismo ni castidad. Como las cosas y los signos no tienen densidad histórica, lo que les da significado es su aspecto fenomenal; de ahí que el título de *La Guaracha del Macho Camacho* sea tan apropiado para este estrato de la obra. La vida es una cosa fenomenal porque la percibimos en fragmentos, nunca como totalidad; porque en el presente que vivimos no podemos aspirar más que a esa visión parcial y fugitiva de lo que nos rodea. Postular la identidad, la equivalencia entre yo y mi circunstancia, o entre yo y un presunto pasado que me determina, es una ilusión que la novela destruye al insistir en el aspecto fenomenal de la vida. Pero esto no quiere decir que la novela sea pesimista o que no se entregue a otras ilusiones. «La vida es una cosa fenomenal», por su misma polisemia, comunica las diversas y en apariencia contradictorias posibilidades que la cuestión de la identidad abre en relación con la literatura.

Dos aspectos fundamentales de *La Guaracha del Macho Camacho* como texto literario tienen que ser vistos en relación a este nivel fenomenal: el lenguaje de la novela y el carácter alegórico de la misma. Es evidente que *La Guaracha* invita a una lectura alegórica. El tranque (cuya fuente es «Autopista del Sur», de Cortázar) es una vasta alegoría de la vida y la política puertorriqueñas actuales. Los personajes también tienden a la alegoría: Vicente es el político corrompido; doña Chon, la madre que encarna la tradición; el Nene, el futuro de Puerto Rico o el resultado de las relaciones violentas entre la Madre y los hombres de las clases superiores. Su muerte, al final de la novela, atropellado por el Ferrari de Benny, es a su vez una representación alegórica: el hijo de los ricos mata al hijo pobre e ilegítimo. En la novela misma se habla del carácter unidimensional de los personajes, de cómo no son como los de la novela realista tradicional.

La novela realista pretende alejarse de la alegoría, que es tabú en la estética romántica y postromántica, aunque no por ello deja de aparecer con frecuencia, por ejemplo, en Blake, en las novelas de Zolá y en muchos autores más. A la alegoría se le achaca la fijación del significado, la tendencia a lo visual antes que a lo fónico, el tener que apelar a un significado que se da codificado de antemano. En *La Guaracha del Macho Camacho,* como en muchas novelas hispanoamericanas recientes, se acude a la alegoría precisamente a causa de esos factores, amén de que, si bien en el arte culto la alegoría ha sido estigmatizada, en la cultura popular y la cultura de masas goza de gran vigencia. Claro, la alegoría en esas novelas contemporáneas, y muy especialmente en *La Guaracha del Macho Camacho,* destaca no el significado dado, sino el signo, con frecuencia *excesivo,* que pretende encarnarlo; son los letreros y figuras enormes de las vallas publicitarias, los productos toscos de artesanías populares. Doña Chon —gruesa como un personaje de Botero— y el Nene —con su cabezota hinchada— manifiesta esta cualidad de superficie desmesurada, a la vez que son personajes sin profundidad. Hay un énfasis en lo excesivo deforme, en lo excesivo visible, exagerado, pintarrajeado, cuyo emblema implícito en *La Guaracha del Macho Camacho* es el enorme, gigantesco, indescriptible y sublime nalgatorio de Iris Chacón, que nos saluda en la portada del libro. La alegoría es superficie abultada, brillante, tosca y popular, con visos circenses, carnavalescos. Si *La Guaracha del Macho Camacho* es alegórica, lo es en este sentido, en que predomina lo superficial del signo, su basta materialidad.

En vez de la insistencia en el significado que se le reprocha a la alegoría, en *La Guaracha del Macho Camacho* y otras novelas, como *Cobra, Tres tristes tigres* y varias de Carpentier, ésta produce un efecto contrario de vaciamiento de significado. Moldes de yeso pintado, estas formas resuenan como cavidades huecas. El significado en la alegoría siempre está más allá; lo que nos queda es la forma que tuvo, un residuo del que ha escapado. Estas figuras, el tranque, los personajes arquetípicos, las situaciones alusivas, plasman y pasman la ideología sobre la identidad puertorriqueña, tal y como ésta había sido planteada por la literatura anterior, y muestran su artificio e inconexión con la supuesta realidad al revelar su codificación. En este sentido, la novela se presenta —desde la propia portada— como uno de esos objetos de «mal gusto» que podemos encontrar en el apartamento de la Madre o en la vivienda de doña Chon; muebles retapizados de hule, figuras de porcelana, estampas religiosas con toscas alegorías. La vida es una cosa fenomenal, como lo son estos objetos, como lo son las figuras alegóricas reducidas a sus formas vacías. Pero la vida es también fenomenal por el brillo momentáneo de las figuras, por el placer fugaz a que incitan.

Mucho se ha escrito sobre el lenguaje en *La Guaracha del Macho Camacho,* poniendo de relieve la evidente «intertextualidad» que lo caracteriza. Aun el lector menos atento se da cuenta de que hay por toda la obra fragmentos de otros textos literarios, a la vez que versos de canciones populares latinoamericanas de muchos países y épocas, *jingles* y *slogans* publicitarios, frases de la política insular y norteamericana, etc. Una edición anotada de *La Guaracha del Macho Camacho* es una tarea que exigiría no poco trabajo, no sólo para identificar la procedencia de todos esos fragmentos, sino para poder identificar aquellos que son citas textuales de los que son citas mutiladas y aun de los que son apenas alusiones. Menciono la posibilidad de tal edición porque pensarla nos lleva inmediatamente al centro mismo del problema del lenguaje en *La Guaracha del Macho Camacho.* Aunque, sin duda, un conocimiento especializado de la novela requiere el tipo de lectura que una edición anotada provee, lo cierto es que la lectura que la novela propone niega la validez de la empresa, por la sencilla razón de que precisamente lo que el lenguaje de la novela borra son los orígenes de cada texto. El texto de *La Guaracha del Macho Camacho* es una memoria presente, del momento, que no depende del origen de sus fragmentos, sino de su combinación en la superficie de la obra. Al igual que con la «contaminación» del español, hay una contaminación indiscriminada en toda la novela. Al prescindir del origen de los textos, el texto de la novela los pone a todos en un mismo nivel, trastocando y, a la larga, aboliendo las jerarquías; versos de Nervo conviven con retazos de boleros, *jingles* con el título de un libro de Blas de Otero. El texto rehúsa no ser como el lenguaje, mezcla en un mismo plano de signos, cuyo origen no tiene vigencia en el momento de la enunciación.

La Guaracha del Macho Camacho está compuesta en ese lenguaje mixto del mundo de doña Chon, mundo de lo fenomenal, del presente. Si el mundo de Vicente era épico, éste de doña Chon tiene visos trágicos, precisamente porque en él se van deshaciendo todas las respuestas a la cuestión de la identidad. Lo momentáneo se muestra como tal, lo tangible no ofrece densidad; todo es una especie de fantasmagoría quevediana hecha de negaciones. La muerte del Nene —afásico, deforme, hinchado— bajo las ruedas del Ferrari de Benny significa, evidentemente, el fin de toda posible ilusión. Con el Nene y con su muerte se destruye la posibilidad de dar con una identidad individual o colectiva; sin padre, es decir, desprovisto de genealogía, idiotizado y sin idioma, el Nene es ese presente sin sentido contenido en la novela, ese presente congelado del tranque.

La relación entre afasia y muerte es aquí de primera magnitud. El Nene, sin saberlo, tiene el conocimiento más perturbador de la novela; el presente no se puede comprender, no tiene otro origen más que él mismo. El mundo de doña Chon está en contacto con este conocimiento trágico que se manifiesta a través de la música, es decir, de un medio prediscursivo, dionisíaco. *La Guaracha del Macho Camacho* tiene este aspecto nietzscheano en que la identidad no es posible porque la vida es fenomenal, es decir, del presente, y sólo intuimos oscuramente, a través de la música tal vez, un sentido profundo y trágico.

Pero *La Guaracha del Macho Camacho* no es una obra hecha de negaciones tan terminantes; por mucho que desmonte y desmantele, por mucho que sirva de riguroso mecanismo crítico, la literatura se nutre de sus mismas negaciones. La novela de Sánchez no es excepción. Al postular un estrato melódico, prediscursivo, pero polifónico, como modelo sobre el que se yergue el texto, *La Guaracha del Macho Camacho* está apelando a una tradición afroantillana que aparece entonces como fuente de identidad. En su *Los bailes y el teatro de los negros en el folklore de Cuba*, Fernando Ortiz describe así lo que él llama el «arrebato»:

> La aludida socialidad [de la música y baile africanos] se ha reflejado también, no sólo en el dialogismo del canto y la coralidad de la respuesta, sino por ese efecto, al que ya aludimos, de imbricamiento de voces que suele ocurrir al final de los cantos dialogales, cuando al *akpuón* [solista] «arrebata el canto», es decir reanuda su cantar comenzando otra frase, antes que el coro haya terminado su respuesta. En esos momentos se juntan varias voces, con frecuencia a tonos distintos, produciendo impremeditadamente curiosas combinaciones de polifonía. [...] Aparte de su impresión artística, en ese efecto se da también la de una mayor intensidad en la expresión emotiva. Las voces al unísono son como una sola; cuando se diversifican en tonalidades distintas parece que son más. Orquestalidad de timbres orales, pluralidad de tonos y matices, que al final de un canto intensifican también el efecto del *crescendo* tan buscado en la música negra.

La polifonía de *La Guaracha del Macho Camacho,* que temáticamente se manifiesta en la invasión del mundo ficticio por la guaracha compuesta por Macho Camacho, es una versión literaria de este ritual que da cohesión colectiva, solidaridad, al ambiente. La identidad sigue siendo aquí momentánea; su conocimiento, órfico y dionisíaco, antes que discursivo y apolíneo; el acto de lectura, una entrega al arrebato polifónico, un olvidar, a la vez que un recordar. El ritmo se impone desde el título mismo de la novela, un balbuceo, *macho camacho* reminiscente del sonido de instrumentos de percusión antillanos. Como las guarachas mismas, como doña Chon, como el fabuloso *jambá* de Iris Chacón, el salto atrás de *La Guaracha del Macho Camacho* es al pasado/presente afroantillano de Puerto Rico. Tal vez éste siga siendo todavía nuestro único acceso genuino a las deidades tutelares.

Con la novelística hispánica actual —Cabrera Infante, Sarduy, Goytisolo, Puig, Barnet—, *La Guaracha del Macho Camacho* tiene mucho en común, sobre todo el rescate de la cultura popular y de masas; lo lúdico; la experimentación lingüística y formal; la parodia de modelos literarios como la épica, la novela tradicional. Pero, más que nada, comparte con las obras de esos autores un gesto que se impone rigurosamente: la lectura de cada obra es un acto en sí que no alude a una doctrina dada sobre la cultura, a un saber establecido, sino que es, en su propio desenvolvimiento, un acto de conocimiento, reconocimiento y autoconocimiento. La literatura no es un saber aparte del resto de la cultura que nos rodea a diario; es una manera de conocer desde dentro de esa cultura tanto los mecanismos de desmitificación como los de fabulación y mistificación. *La Guaracha del Macho Camacho* no aboga en favor de ese presente confuso y contradictorio de doña Chon; sólo nos muestra su trágica vigencia, su sentimiento trágico, para invocar a Unamuno. Pero también los mecanismos de fabulación y defensa —el arrebato— que lo hacen tolerable.

DAVID VIÑAS Y LA CRITICA LITERARIA:
DE SARMIENTO A CORTAZAR

David Viñas aparece en una escena cruelmente satírica de *Memorias del subdesarrollo,* la película del director cubano Tomás Gutiérrez Alea, basada en la novela del mismo título del también cubano Edmundo Desnoes (1). La escena es, en realidad, un fragmento de noticiero que registra un acto verídico: una mesa redonda sobre «Literatura y subdesarrollo», en la que participan el poeta haitiano René Depestre, el propio Desnoes, Alejo Carpentier, el novelista italiano Giani Toti, el dramaturgo norteamericano Jack Gelber y Viñas. En la película de Gutiérrez Alea se oye, por encima de las imágenes del noticiero, la voz del protagonista, un escritor frustrado que permanece en Cuba a pesar de que toda su familia se ha exiliado. Resentido, el narrador se burla de Desnoes, a quien ve como un oportunista que explota la Revolución para medrar en su carrera.

---

(1) Para un análisis de esta película y sus relaciones con la novela en que está basada, véanse los artículos de Henry Fernández, David Grossvogel y Emir Rodríguez Monegal, publicados bajo el título «Three on Two: Desnoes, Gutiérrez Alea», en *Diacritics* 4, número 4 (1974), págs. 51-64. La escena a la que aludo puede revisarse en *Memories of Underdevelopment: The Revolutionary Films of Cuba,* ed. Michael Myerson (Nueva York: Grossman Publishers, 1973), páginas 87-89. No creo que haya versión escrita asequible del guión original. La novela de Desnoes fue publicada originalmente por Casa de las Américas (La Habana, 1965), pero he manejado aquí la edición de Joaquín Mortiz (México, 1975). Las alusiones a la mesa redonda está en las páginas 67-70 de esta edición.

Todo esto ya está sugerido en la propia novela de Desnoes donde, sin embargo, no aparece Viñas ni se dan mayores detalles sobre la mesa redonda. Al insertar el metraje del noticiero, Gutiérrez Alea le ha añadido a la escena una dimensión crítica mucho más corrosiva. Viñas aparece gesticulando agresivamente, mientras emite lugares comunes del marxismo más vulgar; contradicciones básicas que se verifican en la realidad: la guerra de Vietnam, como contradicción básica también, desde luego... Los cortes que ha efectuado Gutiérrez Alea no permiten verificar si tiene algún sentido lo que dice Viñas. El y Toti aparecen enfrascados en una discusión ritual, librada a base de clisés, enmarcados por el solemne mobiliario del salón (que data, por cierto, de la época de Batista) y las fugaces pero significativas entradas y salidas de un camarero negro uniformado, que sirve agua helada.

El comentario fílmico de Gutiérrez Alea es demoledor. Viñas y sus interlocutores aparecen como parlanchines que viven ajenos a la realidad histórica que los rodea, y que hace caducas y sin sentido todas sus palabras casi en el mismo momento de pronunciarlas —«realidad histórica» que la película presenta mediante un *collage* de noticieros cinematográficos y televisados. El comentario parece apuntar a premisas aún más amplias sobre la crítica literaria: la crítica literaria como actividad está en bancarrota, y aun en medio de una revolución tan radical como la cubana, sigue organizando rituales sin vigencia alguna. En la película, la mesa redonda no es sólo sobre el subdesarrollo, sino que, de cierta manera, lo encarna —la palabrería, de lejana estirpe marxista, sigue sin sentido, mientras que el contraste entre los fogosos interlocutores y el camarero negro persiste en la memoria.

Viniendo de un cineasta, sea cual fuere su posición política, el comentario de Gutiérrez Alea es, en un cierto plano, previsible, y se basa en un prejuicio muy arraigado contra la literatura, que comparten muchos que se dedican a las artes plásticas o musicales (2). Pero la escena de *Memorias del subdesarrollo*

_____

(2) El prejuicio es, por cierto, parte de la literatura misma, sobre todo la moderna, en la que el desprecio de «lo literario» ha llegado a convertirse en un tópico. El tópico es uno de los fundamen-

alude más bien a la institución de la crítica literaria, institución social con sus rituales y ceremonias. Y en ese plano, el comentario de Gutiérrez Alea no deja de ser justo. La crítica latinoamericana es impotente y ritualista, si se la mira desde el punto de vista del impacto que tiene sobre la política o aun sobre el transcurso de la historia literaria misma: Florida contra Boedo puede muy bien ser un juego de fútbol (3). Viñas, por ejemplo, pertenece a una generación crítica de «parricidas» cuyos padres gozan hoy de mejor salud que los hijos, y algunos, como Borges, han alcanzado una edad y prestigio de patriarcas bíblicos. Hoy, visto con la perspectiva de más de veinte años, el episodio que provocó el agudo libro de Rodríguez Monegal sobre Viñas y sus coetáneos se nos revela como un incidente de menor importancia (4). No surgió de aquel encuentro una nueva literatura, ni mucho menos una nueva crítica. Todo se redujo a una querella local, cuyo recuento en *El juicio de los parricidas* ha venido a tener más valor narrativo que los acontecimientos mismos que describe. Martínez Estrada, Mallea y, sobre todo, Borges, siguen en el Olimpo de las letras hispanoamericanas, ni aumentados ni disminuidos por el juicio de los parricidas.

¿A qué se debe esa impotencia de la crítica? Hay, sin duda, razones históricas; o, mejor dicho, hábitos que tienen historia. La crítica literaria latinoamericana sufre de dos: es mimética

---

tos de la literatura contemporánea, como ha argüido De Man: «No true account of literary language can bypass this persistent temptation of literature to fulfill itself in a single moment. The temptation of immediacy is constitutive of a literary conciousness and has to be included in a definition of the specificity of literature.» *Blindness and Insight: Essays in the Rhetoric of Contemporary Criticism* (Nueva York: Oxford University Press, 1971), pág. 152.

(3) Una situación parecida es la existente hoy en México entre los grupos asociados con las revistas *Plural* y *Vuelta*. Podría escribirse toda una historia de la actividad literaria hispanoamericana a base de rivalidades de esta índole.

(4) Emir Rodríguez Monegal, *El juicio de los parricidas: la nueva generación argentina y sus maestros* (Buenos Aires: Editorial Deucalión, 1956). He tenido acceso a una versión «xerográfica» de este libro, gracias a la generosidad de su autor, antiguo maestro y ahora colega, a quien también agradezco el acceso a notas añadidas a mano que formarán parte de una edición futura.

y periodística. Es decir, imita modelos extranjeros, y los imita con una rapidez que, paradójicamente, nunca es suficiente para mantenerse al día, pero que es demasiado fugaz para producir «frutos maduros», como se diría apelando a una terminología ya pasada de moda. La escasez, por conocidas razones económicas y políticas, de instituciones académicas estables contribuye a ese estado de cosas; y la urgencia de lo político le da justificación, fomentando el espejismo de que la crítica puede tener un impacto inmediato sobre la realidad social (5). El resultado es claro: no ha dado Latinoamérica una crítica a la altura de su literatura, y es sólo en la literatura donde se encuentra una crítica de altura (pienso en Borges, Lezama Lima, Paz y tantos otros). Este fenómeno, como veremos en lo que sigue, puede muy bien marcar un rumbo nuevo que nos permita ver desde otra perspectiva la crítica latinoamericana.

Los «malos hábitos» a que he aludido están presentes en la obra crítica de los parricidas, y muy en particular en la de Viñas. La crítica de éste «suena» a marxista, pero, sin embargo, no analiza con detenimiento ni las bases económicas ni las políticas de las obras que estudia. Es una crítica que también manifiesta obvios roces con el existencialismo sartreano, pero que no evidencia sino lo más estridente y efímero de ese sistema. Es, sobre todo, una crítica narrativa, que intenta describir el proceso de las letras argentinas como si éste fuera autónomo —una especie de galería de patriarcas malévolos, una teogonía cuyos vínculos no son de sangre, sino de tinta—. El título del libro de crítica más reciente de Viñas, *De Sarmiento a Cortázar* —que comentaré con más detalle más adelante—, es prueba fehaciente de esa visión. Es, en fin, una crítica contingente, que analiza la política del momento, no los condicionamientos so-

_____

(5) Las excepciones son tan notables como honrosas en lo que respecta a las instituciones: el Instituto de Filología en Buenos Aires, el Colegio de México, el Instituto Caro y Cuervo en Colombia y, más recientemente, Casa de las Américas en Cuba y el Instituto Rómulo Gallegos en Venezuela. Para un análisis acucioso de la crítica latinoamericana contemporánea, ver Guillermo Sucre, «La nueva crítica», en *América Latina en su literatura,* coordinación e introducción de César Fernández Moreno (México: UNESCO-Siglo Veintiuno Editores, 1972), págs. 259-275.

cio-políticos más amplios y determinantes, que cae en consignas y depende de la situación en que surge.

En vista de lo dicho, podría parecer inútil intentar un análisis de la crítica literaria de Viñas. Pero quisiera postular que es posible hallar el valor del tipo de crítica que Viñas practica demostrando su filiación con lo literario. Es decir, y como vimos hace un momento, lo más valioso de la crítica latinoamericana se encuentra en la literatura, a saber: la ensayística de figuras como Amado Alonso, Alfonso Reyes, Pedro Henríquez Ureña, que parten de una base crítica; o la de literatos como Jorge Luis Borges, José Lezama Lima, Octavio Paz, Cintio Vitier, Alejo Carpentier, Eduardo Mallea y tantos otros. El ensayo, pues, vienes a ser el terreno común que comparten tanto críticos como escritores; y ese espacio compartido se caracteriza no por los resultados de las investigaciones que practica, sino por su *representatividad,* en el sentido dramático del término. El ensayo es como una función dramática, un acto, en el que un yo representa la actividad de la indagación y moviliza para ello una serie de recursos para hacer pasar por verídico y comprobable lo que es sólo indiscutible en el ámbito de su propia representación (6). El análisis detenido de esos recursos

---

(6) Desde luego, una de las estrategias del ensayo es hacer plausible su modo de representación, y para ello acude a una serie de recursos retóricos, tales como el «tono» conversacional o epistolar, en que remeda al diálogo o, a veces, toma la apariencia del diálogo mismo. En el caso del *Ariel* de Rodó, tenemos la charla de final de año de un maestro a sus alumnos; los ensayos de Martí a veces remedan la oratoria que le hizo tan célebre en su tiempo. En todo caso, no hay que dejarse persuadir por la presunta ausencia de mediación que estos recursos retóricos pretenden crear. Es por ello por lo que me permito estar en desacuerdo con mi buen amigo Peter G. Earle, para quien el ensayo ha perdido vigencia, como resultado de la tendencia cientificista del reciente estructuralismo, la disolución del individuo y la ausencia de referencialidad. Dice Earle, en parte: «The semiotic theory is certainly coherent. But if the power of the imagination is more than a game and reality truly transcends language, the structuralists had from the beginning embarked on a course that was arbitrary and suicidal; it required a progressive elimination of individuality (and personality) and led to a truncated cosmology. The essay has been unable to assimilate these restrictions. It has not made, together with the major genres, the conceptual leap from language as a manifestation of reality to reality as a

nos permite comprobar la ficcionalidad del ensayo, no sólo por el hecho de que lo que ofrece como conclusiones rara vez resiste un análisis riguroso de cotejo con la realidad, sino porque la manera misma en que temas, razones, pruebas, etc., se aducen es análoga a la de la ficción narrativa, y entronca con las corrientes más importantes de la narrativa a la que es coetáneo.

---

manifestation of language. Ironically, this failure of accomodation may be the essay's hidden strength. Or, to put it another way, in its resistance to structural change it has preserved —openly or in disguise— its essential character. One might add that the structuralist is seldom an essayist because his theoretic zeal has necessitated a sacrifice of the essayist's inherent artistic and intellectual freedom.» «On the Contemporary Displacement of the Hispanic American Essay», en *Hispanic Review*, 46 (1978), pág. 330. Aunque hablar del «estructuralismo» o «los estructuralistas» es siempre impreciso, de todos modos opino lo contrario a lo dicho por Earle. Quien lea *Tristes Tropiques* o la «overtura» de *Le cru et le cuit* no podrá dejar de reconocer que Lévi-Strauss (como su reconocido maestro J.-J. Rousseau) es un magistral ensayista. Lo mismo puede decirse sobre Barthes, cuyos *Essais critiques*, *Mythologiques* y, sobre todo, *Barthes par lui même*, contienen ensayos ejemplares. Otro tanto podría decirse de los *Ecrits* de Lacan o sus «seminarios», de lo más personal que se ha escrito sobre psicoanálisis en la época presente. Derrida, a quien Earle usa como ejemplo, también acude a toda suerte de recursos ensayísticos en *La dissémination*, para no hablar de *Glas*. En vez de abolir al individuo o al yo, lo que estos «estructuralistas» han conseguido es ponerle en juego ostensiblemente, como elemento constituyente de la problemática del texto. Todos ellos reconocen que la dualidad antropólogo-nativo, escritor-lector, analista-paciente, filósofo-pensamiento, es parte de la representación, pero no base o fundamento esencial y primario del discurso. No hay ensayística en la que el yo no sea más visible —ya sea mediante su «tematización», ya sea mediante la función de virtuosismo que da— que la creada por el estructuralismo y sus derivados. No creo, como Earle, que los géneros posean esencias que resistan el cambio. Creo precisamente que las rígidas distinciones genéricas que cuadriculan su mirada no le permiten ver que el ensayo está gozando de un renacimiento notable. Si nos fijamos, por ejemplo, en un típico producto latinoamericano del estructuralismo, *Barroco* (Buenos Aires: Sudamericana, 1974), de Severo Sarduy, notaremos inmediatamente que, a pesar de su cientificismo aparente, el libro parte de un capítulo, *0*, que se nos presenta como «cámara de ecos», de resonancia, que no representa sino a ese yo que para anularse tiene que dar un *show* al principio que recuerde su relevancia como figura en la constitución del texto: cero, cámara de ecos, portada, comienzo, círculo. Para una análisis de la función de ese yo en Cortázar, ver mi «*Los reyes*: Cortázar's Mythology of Writing», en *The Final Island*, ed. Jaime Alazraki e Ivar Ivask (Norman: University of Oklahoma Press, 1978), págs. 63-72.

Quisiera, por lo tanto, demostrar cómo *De Sarmiento a Cortázar* se yergue sobre contradicciones básicas que hacen que su factura —aunque en intención y apariencia la de un libro de crítica— sea análoga a la de uno de ficción. En otras palabras, lo que me gustaría demostrar, utilizando como objeto el libro de Viñas, es que la crítica, que el discurso crítico latinoamericano, se apoya en un autoengaño congénito; que hay, si se quiere, una ideología común tanto a la literatura de ficción como a la crítica. En ese plano de ficción —casi diría de metaficción—, *De Sarmiento a Cortázar* sí es importante; en este plano sí entra en una trama literaria densa, rica y llena de un dramatismo que le es muy peculiar. Empecemos por dar las reglas del juego del tipo de crítica que pretendo poner en movimiento aquí hoy, y que a falta de mejor terminó llamaré, traduciendo del francés y del inglés, *crítica deconstructiva* (7).

La crítica deconstructiva es, ante todo, una crítica indiscreta, en el sentido fuerte de la palabra; es decir, que no respeta las limitaciones que su objeto se adjudica, que las transgrede y que busca el sentido mismo de las limitaciones. Busca, en otras palabras, no sólo lo que dice un texto, sino, sobre todo,

---

(7) Hay una interesante polémica sobre la «deconstrucción» en el contexto de la crítica norteamericana en los trabajos de Wayne C. Booth, M. H. Abrams y J. Hillis Miller publicados en *Critical Inquiry*, 3 (1977), págs. 407-424, 425-438 y 439-448, respectivamente. Lo que ofrezco aquí es mi propia versión de la crítica deconstructiva, que he practicado en ensayos sobre Cortázar y especialmente en «Isla a su vuelo fugitiva: Carpentier y el realismo mágico», incluido parcialmente en este libro en las págs. 145-178, donde enfrento *El reino de este mundo* con su prólogo. Concuerdo con Miller cuando dice: «This complexity and equivocal richness my discussion of 'parasite' implies, resides in part in the fact that there is no conceptual expression without figure, and no intertwining of concept and figure without an implied story, narrative, or myth, in this case the story of the alien guest in the home. Deconstruction is an investigation of what is implied by this inherence of figure, concept and narrative in one another. Deconstruction is, therefore, a rhetorical discipline.» *Op. cit.*, pág. 443. La historia o mito a que alude Miller es la «mitología de la escritura» de que hablo en mi ensayo sobre Cortázar. Ahora bien: más que investigación, yo llamaría a la deconstrucción un activar ritualista de esa historia filigranada en el texto, según se verá en el presente ensayo. En español, la obra de Borges, que contamina el ensayo con la ficción, y viceversa, es un caso ejemplar de deconstrucción que se anticipa a Derrida, De Man y otros.

lo que no dice; da tanta importancia a las ausencias como a las comparecencias, o a la relación que se establece entre ambas. Los orígenes de esta actitud y esta práctica son evidentes: el marxismo y el psicoanálisis. Como en el estudio de las ideologías, la crítica deconstructiva quiere dar en el texto con esa *camera obscura* de que habla Marx, donde se invierten (o pervierten) todas las percepciones; y, como en el psicoanálisis, busca, tras los síntomas evidentes y manifiestos, el móvil reprimido (8). Claro, que en el estudio de los textos no es necesario, hablando en sentido estricto, ir más allá de éstos mismos, ni a la ideología del autor, ni a su psicología. La deconstrucción no es una crítica desmitificadora; al contrario, lo que pretende demostrar es la presencia constante de lo que en otra ocasión, con referencia a Cortázar, he llamado una mitología de la escritura (9). La desmitificación suponía la existencia de una escritura desmitificante y desmitificadora, la de la crítica, capaz de juzgar y analizar un texto desde ella y revelar su verdad. La deconstrucción, y por eso se ha ocupado tanto de estudiar el discurso crítico, no supone tal posibilidad, sino que, por el contrario, parte del conocimiento de su propia limitación: la de entrar en el juego del texto una vez que se pone a desmontarlo. En otras palabras, y por eso me parece que es particularmente iluminadora para estudiar el ensayo, lo que la crítica deconstructiva intenta es poner de manifiesto las reglas de una mistificación radical, pasando por ella. La indiscreción de la crítica deconstructiva, como la caridad, empieza por casa, ya

---

(8) En *Revolution and Repetition: Marx/Hugo/Balzac* (Los Angeles: University of California Press, 1977), Jeffrey Mehlman practica una crítica que pone en movimiento principios derivados de Marx y Freud para leer al propio Marx. En español sólo hay un libro que «lea» toda una tradición cultural atento a sus texturas más ricas por complejas y contradictorias. Me refiero a *El ingenio: complejo económico social cubano del azúcar*, 3 vols., 2.ª ed. (La Habana: Editorial de Ciencias Sociales, 1978), del historiador y sociólogo cubano Manuel Moreno Fraginals. El libro de Moreno Fraginals, no por ensayístico menos riguroso y científico, es tal vez el modelo actual de lo que en otra etapa fue el ensayo encaminado a investigar la identidad latinoamericana. Mi nota sobre el libro de Mehlman está incluida en este libro, en las págs. 234-241.

(9) *The Final Island*, op. cit.

que en la práctica sólo puede deconstruir deconstruyéndose. Si en esto se parece a la ficción —que no sólo narra, sino que dice cómo—, el parecido no es accidental.

Un corolario básico de la indiscreción de la crítica deconstructiva es que *todo* tiene significado, una vez que se han roto las barreras retóricas, sociales e ideológicas tras las cuales generalmente se lee. Por ejemplo, no se toma como un dato nimio de información bibliográfica el que Viñas inserte y refunda un libro anterior suyo, *Literatura argentina y realidad política,* en *De Sarmiento a Cortázar.* No se trata del lugar común de disolver la noción de libro, sino de ver cómo ésta opera, cómo ésta pliega a sus moldes los diversos aspectos y componentes de un texto, aun de aquel texto que la niega o sobre todo de aquel texto que la niega. Esta apertura, que permite, por así decirlo, practicar una lectura al aire libre o, mejor, una lectura en que se han hecho transparentes las paredes del estudio y la biblioteca, tiene su origen en la antropología, y más específicamente en la antropología estructural (por mucho que hoy critiquemos a Lévi-Strauss). El antropólogo hace al nativo las preguntas en apariencia más triviales y también las más embarazosas: no sólo con qué mano come las frutas de color amarillo en días nones, sino con quién tiene relaciones sexuales y con quién quisiera tenerlas. De la misma manera, el crítico deconstructivo le pregunta al texto el porqué de cierto recurso retórico en apariencia inocuo, y luego insiste en darle un significado que no sea jerárquicamente inferior al de otros elementos más ostensiblemente significativos. Pero, a la vez, no se permite caer en la tentación de convertir ese hallazgo en «clave» para dar con el significado «más profundo» o «global» del texto.

La crítica deconstructiva practica, por lo tanto, una desmitificación (en esto caso, sí) de la noción de inteligibilidad que depende de la suposición de una intencionalidad o autoridad apoyada en la presencia de un autor o la coherencia de una obra. Así, por ejemplo, Derrida, al hacer la crítica de la semiología y de la lingüística, lo hace a partir del hecho de que éstas necesitan, para constituirse, de una noción de inteligibilidad que es de origen teológico:

La «ciencia» semiológica o, más limitadamente,

lingüística, no puede mantener la diferencia entre
significante y significado —la idea misma del signo— sin la diferencia entre lo sensible y lo inteligible, por cierto, pero tampoco sin conservar al
mismo tiempo, más profunda e implícitamente, la
referencia a un significado que pudo «tener lugar»,
en su inteligibilidad, antes de toda expulsión hacia
la exterioridad del aquí abajo sensible. En tanto
cara de inteligibilidad pura aquél remite a un logos
absoluto al cual está inmediatamente unido. Ese logos absoluto era en la teología medieval una subjetividad creadora infinita: la cara inteligible del signo
permanece dada vuelta hacia el lado del verbo y de
la cara de Dios (10).

Remitir a una subjetividad *finita* el acopio de elementos de un
texto, desde la disposición de las figuras retóricas hasta los
tics de estilo, es igualmente teológico; y mucho más la suma
de toda una serie de textos para constituir una *obra* (11). La
crítica deconstructiva niega la posibilidad de dar con la poética
de un autor, ya sea derivándola de sus textos «creativos» como
(pero aún) de sus textos «críticos». El autor no es la suma, sino
la resta de sus partes; el sistema de contradicciones y negaciones de que surgen sus textos, y que suman sus textos, no la
acumulación de reiteraciones, coincidencias y afirmaciones; no
una intencionalidad global, sino el residuo de una intencionalidad histórica e ilusa. No se puede, por lo tanto, «completar»
una obra dando su último fragmento, como hacía la crítica
positivista, inspirada por la reconstrucción de fósiles. No se
puede «completar» un texto dando una versión más reciente;
cuando más, la posterior será un comentario de la anterior,
pero, sobre todo, serán dos instancias textuales distintas (12).

---

(10) Jacques Derrida, *De la grammatologie* (París: Editions de
Minuit, 1967), pág. 25.
(11) En *Alejo Carpentier: The Pilgrim at Home* (Ithaca-Londres:
Cornell University Press, 1977) he intentado dar una lectura de la
obra de Carpentier haciendo formar parte activa del texto las diferencias y contradicciones en la misma, junto con las varias versiones que da tanto de sí mismo como del autor.
(12) Tenemos una lúcida, si bien delirante exposición de esto en
el conocido texto de Borges «Pierre Menard, autor del Quijote», hoy

Como podrá observarse, la crítica deconstructiva no es humanista, por cuanto no remite en su desbroce de un texto a un autor criticable o laudable, cuyos preceptos morales, estéticos o políticos se intenta promover. No se trata de una crítica bien avenida a los usos de la crítica académica convencional, aunque no deja por ello de practicar la erudición, la glosa de textos, el análisis detenido. Por ello, la crítica deconstructiva puede enfrentarse a dos objeciones evidentes: que su grado de *comprobabilidad,* en términos de la crítica generalmente aceptada, es bajo, ya que se aferra a lo marginal u oblicuo y lo pone a la par de lo corrientemente considerado digno de estudio, pero sin llegar a formular una interpretación que pretenda traducir el significado del texto. Más bien apunta, en el sentido gestual, hacia una interpretación global para luego revelar su deficiencia o el hecho de que ésta depende de una serie de omisiones y supresiones; que su resultado no es metatextual, sino intratextual; que no es síntesis, sino sin tesis; que se deja contaminar por su objeto, que parece jugar con él. No se trata de un lector hembra ni de un lector macho (las conocidas categorías de Cortázar), ya que ni deja el texto como estaba ni lo rehace, sino que lo pone en movimiento, genera roces entre partes distintas, sugiere significados sin llegar a afirmar su dominio del texto. La validez de tal tipo de crítica depende, entonces, de una coherencia interna análoga a la de la ficción. No es un irracionalismo, sino un racionalismo llevado al delirio: todo significa, pero Todo no quiere decir nada.

Ahora bien: en rigor, la crítica deconstructiva parte de una actitud ante la retórica (en su origen más remoto, el tropo retórico es una actitud, una pose, un ademán), por lo que pudiera decirse que la deconstrucción es una «retórica de la retórica». Lo que persigue la deconstrucción es el momento o lugar en cada texto en que éste niega su sentido, o en el que, como resultado de esa negación, nos encontramos ante el bascular de lo «indecidible»; es decir, en términos retóricos, una aporía (13).

asequible en *Jorge Luis Borges: Obras completas* (Buenos Aires: Emecé Editores, 1974), págs. 444-450.
(13) Gayatri Chakravorti Spivak escribe en el prólogo a su traducción inglesa de *De la grammatologie:* «The deconstructive reader

— 113 —

En última instancia, la deconstrucción opta por considerar la retórica como epistemología, no como modo de persuasión; como «conocimiento», pero concebido éste como actividad o actuación. Quien mejor ha definido y practicado este aspecto fundamental de la deconstrucción es Paul De Man, quien afirma:

> El discernimiento final de Nietzsche puede muy bien haber sido sobre la retórica misma, el hallazgo de que lo que se llama retórica es precisamente el espacio que se abre en la historia filosófica y pedagógica del término. Considerada como persuasión, la retórica es una forma de actuación, pero cuando se considera como sistema de tropos, deconstruye su propia actuación. La retórica es un *texto* porque permite que dos puntos de vista incompatibles y mutuamente destructivos coexistan, poniendo así un obstáculo insalvable a la posibilidad de todo tipo de lectura o entendimiento. La aporía entre lenguaje como actuación y lenguaje como declaración es apenas una versión de la aporía entre tropo y persuasión que simultáneamente genera la retórica y la paraliza, y de esa manera tiene una apariencia histórica (14).

La parálisis generadora de que habla De Man concita una terminología gnóstica o cabalística a la que, por cierto, Derrida no ha dejado de apelar. Según el sagaz comentario de Harold Bloom: «La *aporía* demaniana, a pesar de su origen nietzschea-

---

exposes the grammatological structure of the text, that its 'origin' and its 'end' are given over to language in general (what Freud would call 'the unknown world of thought'), by locating the moment in the text which harbors the unbalancing of the equation, the sleight of hand at the limit of a text which cannot be dismissed as a simple contradiction.» *Of Grammatology*, trad. Gayatri Chakravorti Spivak (Baltimore-Londres: The Johns Hopkins University Press, 1976), pág. xlix.

(14) «Action and Identity in Nietzsche», en *Yale French Studies*, número 52 (1975), pág. 29. Hay otros dos trabajos de De Man sobre este tema: «Nietzsche's Theory of Rhetoric», en *Symposium* (Spring, 1974), págs. 33-51, y «Semiology and Rhetoric», de próxima aparición en *Textual Strategies: Criticism in the Wake of Structuralism*, edición de Josué V. Harari (Cornell University Press).

no, es indistinguible de una formulación gnóstica, como la luriá-
nica o valentiniana, acerca de la Ruptura de los Vasos. Como la
visión de la Gnosis, esta *aporía* es una transgresión que conduce del tabú a la trascendencia, o, para decirlo en una imagine-
ría románica, la *aporía* funciona como umbral entre el templo
y el laberinto» (15). La deconstrucción es, como bien apunta
también Bloom, un acto de voluntad de poder por parte de un
discurso crítico que pretende ejercer dominio absoluto sobre su
objeto, pero basándose justamente en su conocimiento de la
naturaleza «apórica» del propio discurso. La crítica deconstructiva es un ademán que responde al del texto; ambos son gestos
enderezados hacia un significado cuya duración es el de la lectura, el de la *performance* o función.

Interrogar *De Sarmiento a Cortázar* como obra de ficción
es, en términos no muy rigurosos, relativamente fácil. El libro,
a veces, parece ser el relato de un paseo que Viñas da por entre las estatuas y las tumbas de los héroes de la tradición literaria argentina para mancillarlos y rendirles culto. O, mejor, el
libro es como un recorrido por un museo imaginario en el que

---

(15) Harold Bloom, «Poetic Crossing: Rhetoric and Psychology»,
en *The Georgia Review*, 30 (1976), pág. 511. Es imprescindible la lectura de este rico ensayo, que somete la deconstrucción a una pro-
ductiva crítica, de la que citaré sólo dos sugestivos fragmentos: «If
the *aporia* is the only *logos* that modern poetry possesses, then the
negative moment in any poem, the moment that locates the *aporia*,
is neccessarily an epistemological moment, with the authority to
deconstruct its own text, that is, to indicate the text's cognitive
awareness of its own limit as text, its own status as rhetoricity, its
own demystification of the fiction of closure» (pág. 511); «What is
a trope? It is one of two possibilities only —either the will trans-
lating itself into a verbal act or figure of *ethos*, or else the will fail-
ing to translate itself, and so abiding as a verbal desire or figure
of pathos. But either way, the *trope* is a cut or gap made in or into
the anteriority of language, itself an anteriority in which 'language'
acts as a figurative substitution for time» (pág. 512). Una vez que
ha traspuesto al plano del tiempo y la voluntad el problema de la
(mala) interpretación, Bloom puede montar su sugestivo sistema de
lucha textual entre poetas débiles y fuertes, que así constituyen una
historia de la poesía. Estoy de acuerdo con Bloom en lo referente
al tropo como figura de voluntad, más que de conocimiento. La función crítica, escritural, es un ritual, una «guerra florida» que pone
en movimiento una cierta mitología, según espero que pueda observarse en este ensayo.

están alineados los retratos de los escritores mayores de la tradición argentina, recorrido en que el autor hace, primero, una genuflexión ante cada retrato y, después, escupe sobre ellos (hablo de genuflexión a propósito, ya que *flexión* es un comodín a lo largo del libro). Porque es evidente que lo que Viñas quiere es hacer que le den un lugar en esa galería de héroes; declarar que ha llegado una nueva era, la era que él va a presidir porque el sistema socio-económico que servía de pedestal a los demás se ha venido abajo o está a punto de hacerlo. *De Sarmiento a Cortázar* se yergue sobre un argumento milenarista, que da al libro la cohesión interna de una novela, porque la procesión de figuras literarias está animada por una relación causa-efecto cuya base es el silogismo *post hoc, ergo propter hoc*. *De Sarmiento a Cortázar* es la historia de esa era anterior a Viñas que se cierra con su libro —de Sarmiento a Cortázar, principio y fin de la literatura burguesa argentina—, historia que al ser escrita la entierra para siempre en un túmulo de palabras —el libro como monumento funerario—. Borges, con todos sus antepasados militares, ingresa por fin en la biblioteca-museo, en el panteón que siempre ha querido ocupar. Los hombres de a caballo son también, o sobre todo, aquellos que encontramos en los parques enarbolando espadas de piedra.

Si no tomamos en cuenta la factura novelística del libro de Viñas, el nivel de análisis que revela en lo que acabamos de describir es muy superficial: Viñas hace el papel de crítico de izquierda que, con gesto mecánico, condena a sus mayores. Pero, después de todo, esa misma tradición argentina denostada por Viñas ha sido la primera en someterse a severos análisis, mucho más crueles y con un sentido de autodestrucción mucho más fuerte que el que Viñas pueda conjurar. Lo importante, sin embargo, es ver cómo, a pesar y en contra del tono marxista de la crítica, la visión que se da de la literatura argentina es más la de un *romance familiar* (en términos freudianos) que la de una lucha de clases. Ha habido un desplazamiento de la intencionalidad analítica del libro a su expresión, desplazamiento mediante el cual el análisis de Viñas imita aquello mismo que quiere demoler (16). Es decir, en vez de oponerse

_____

(16) Ver «Relaciones patriarcales y panteón: Mansilla», en *De*

a la versión patriarcal de la sociedad argentina que dan Mallea, Sarmiento o el mismo Borges —lo cual representa la distorsión ideológica digna de revelarse—, Viñas la refleja en su propio libro (17). No se trata aquí simplemente de que Viñas no haya sido fiel al tono marxista de su crítica en términos técnicos; que no haya hecho un análisis serio de las bases socio-económicas de los fenómenos que estudia; que no despliegue un conocimiento detallado de la misma realidad literaria que estudia (males que aquejan a casi toda la crítica latinoamericana que se cree marxista). Se trata de que el texto de Viñas traiciona, invierte, la intencionalidad visible, poniendo así de manifiesto también los efectos de esa visión familiar de la literatura argentina que da el libro. El dramatismo de *De Sarmiento a Cortázar,* su función en términos teatrales, reside en este conflicto concreto, que se hace evidente al practicar una lectura detenida del libro, que ponga entre paréntesis el papel que él mismo se asigna como obra crítica.

Conviene recapitular lo que *De Sarmiento a Cortázar* tiene de obra de ficción en este plano amplio de lo que pudiéramos llamar las figuras que lo constituyen. En primer lugar, su narratividad está basada en una alegoría que salva o recubre el espacio abierto por el silogismo *post hoc, ergo propter hoc.* Tenemos que aceptar, en otras palabras, que la literatura argentina es un proceso autónomo y continuo, cuyos nexos son *como* los genealógicos. Hay además un narrador no desinteresado, y que, por lo tanto, promete un tipo de análisis; pero es llevado, por estar implicado en la trama misma que narra, a dar una versión opuesta a la que se proponía. Sin proponérselo —y precisamente por ello—, *De Sarmiento a Cortázar* se convierte en un remedo de *Sobre héroes y tumbas* o de *Todo verdor perecerá,* novelas dominadas por una concepción genealógica de la historia y sociedad argentinas que el libro de Viñas

Sarmiento a Cortázar (Buenos Aires: Siglo Veinte, 1971), págs. 222-223).

(17) Sobre todo, en Borges predomina esa visión patriarcal de la historia argentina, que ha sido impugnada, pero también reafirmada, por Sábato. Carecemos de un estudio minucioso sobre esta novelación de la historia socio-política que dé cuenta de su riqueza y complejidad.

transpone a la historia literaria. En este sentido es comprobable la agudeza del ensayo de Rodríguez Monegal (18).

Pero este drama del narrador, cogido en su propia red, se despliega de forma aún más manifiesta si observamos algunos de los recursos retóricos más socorridos de *De Sarmiento a Cortázar.*

Recordemos la imagen que Gutiérrez Alea nos da de Viñas —en medio de una actuación—, y veamos la primera página de *De Sarmiento a Cortázar.* Allí encontramos un epígrafe tomado de Mao Tse-Tung que termina con estas palabras: «Los libros son necesarios, pero debemos criticar enérgicamente su santificación si nos aleja de nuestra realidad concreta» (pág. 9). Acto seguido, pasamos al principio del texto de Viñas, que anuncia: «El sistema burgués se viene abajo. No se necesita tener un oído muy alerta para advertir ese estrépito ni se trata de adoptar elocuentes ademanes proféticos para señalarlo. Se consigna un hecho. Eso es todo. Lo único nuevo es que ese proceso ya no se sitúa a lo largo de las borrosas avenidas de Petrogrado ni entre las orillas del Yantsé o por los alrededores del Caribe. Es aquí donde acontece, en el Río de la Plata, entre nosotros» (pág. 9). Ya desde el mismo inicio del libro de Viñas salta a la vista otra contradicción que lo atraviesa: los libros no serán sagrados, y el sistema que los desacralice se avecina, pero esto se anuncia mediante la escritura de otro libro cuyo tema obsesivo son los libros y sus productores. Esta negación del libro va igualmente implícita en la retórica de *De Sarmiento a Cortázar;* ya el tono de ese primer párrafo es claramente oral, y se pide excusas por «elocuentes ademanes proféticos», es decir, por los gestos, los ademanes, los tropos de una actuación. *De Sarmiento a Cortázar* será, así, un libro que pretenda no serlo, remedando el estilo oral de la conversación, de la disputa. Esta oralidad ficticia permite someter la tradición argentina, que en el libro se enreda y desenreda como un hilo negro de Sarmiento a Cortázar, al contraste del verbo vivo de la elocuencia, de la retórica, para demostrar su inanición, para hacer ver que es letra muerta. La oralidad, además, lo permite todo —es contingente y, por lo tanto, estratégica—:

---

(18) *El juicio de los parricidas,* op. cit.

oímos, creemos entender, nos sentimos persuadidos. Es libro, pero no suena a libro, o pretende no sonar como libro. Si nos dejamos llevar por la fugacidad del estilo oral, la contradicción no perdura suficientemente en la memoria, nos entregamos a una *suspension of disbelief* como cuando leemos el monólogo de un protagonista novelesco. La aporía es contingente, teatral, no encaminada a motivar una verdadera selección; nos balanceamos precariamente en lo indecidible.

Hay una aporía más radical que en gran medida contiene las que hemos visto antes. La crítica que Viñas hace de la tradición de la literatura argentina se basa en una (presunta) desmitificación del individualismo burgués y, por lo tanto, de la autoridad del autor: «... el liberalismo argentino en sus formulaciones iniciales es eminentemente libresco por tradición iluminista, sobre la figura del escritor del 37 se condensan los signos que como grupo proyecta en ideales de vida: no sólo internaliza un modelo de universalidad elaborado por otros (imposible para él —además— por el desajuste entre los países centrales que admira y el país dependiente en que vive), sino que sus carencias se convierten en programa. El libro, idealizado, se hace Biblia y el escritor se propone como 'elegido' un reemplazo del sacerdote en una sociedad que se quiere laica» (página 17). Desde luego, hacer este análisis sin tomar conciencia de la contradicción implícita en la escritura del libro sería una ingenuidad a la que no llega Viñas. En el capítulo intitulado «Propuesta: hacia una literatura socialista con fronteras», dice, haciendo un balance de lo que ha venido proponiendo sobre la tradición argentina: «Y si una literatura, tal cual fue practicada en nuestro país desde sus formulaciones de 1837 en adelante, exaltó el individualismo del 'creador' cuyo soporte era el libro burgués subrayado con todas las características de una propiedad privada, habrá que disolver ese 'heroísmo creador' sobre la base de la disolución de sus productos entendidos como productos privados. (Es este aspecto, yo y este libro somos los primeros en quedar en contradicción. Me lo han señalado y lo acepto: mi firma es un valor de mercado. Por ahora, sólo me cabe denunciarlo y trabajar para que desaparezca)» (págs. 134-135). Es en este momento de liquidación y balance cuando hace crisis cierto dramatismo que se ha ido fraguando a lo largo del libro en la conjunción y disyunción de ese yo que se exculpa ante el lector. Porque esta *excusatio* hay que verla en relación a otras aventuras de ese yo narrador.

Ese yo, que con tanta modestia denuncia el lugar privilegiado que ocupa y promete hacer que tal privilegio desaparezca, ha ido poniéndose, a todo lo largo del libro, una serie de máscaras que se llaman Lugones, Mallea, Borges, Martínez Estrada, Marechal, Cortázar... En cada uno de los capítulos dedicados a esos escritores, llega un momento en que Viñas abandona la tercera persona para hablar por el autor que estudia. El recurso a ese giro —técnicamente una prosopeya— empieza, al parecer, inocentemente en el capítulo sobre el escritor modernista: «... el arte con los modernistas vuelve a ser sagrado; 'oficiantes' de su soledad declaran escribir para sí mismos, aunque con la coartada de la 'gloria póstuma' pretendan instaurar en algún cielo futuro la reconciliación con un público 'mucho más exigente que el de ahora'; un público venidero que sería yo mismo multiplicado por varios miles» (pág. 43). Ese mismo yo aparece en el capítulo sobre Quiroga: «La *frontera* donde se sitúa y ubica su figura resulta una metáfora: yo me voy, pero no me paso...» (pág. 57). Reaparece en «El escritor vanguardista»: «En el olimpo de las letras hay espacio para todos: no empujen más, no me codeen ni me silben...» (pág. 63). Vuelve al primer plano en el capítulo sobre Borges: «Y si su escepticismo involucra a los demás, ¿por qué iba a excluirlo cuando en su soledad —como nunca— comprueba el mito lamentable de su excepcional condición de 'elegido' y de Poeta? Si ya no hay nadie, ¿con qué parámetro verifico mis dimensiones heroicas, ya que el espejo sólo sirve para comprobarme en la antesala del teatro?» (pág. 79). Se apodera también de Martínez Estrada: «Un Profeta en medio de la pampa es un fracaso; no conmueve a nadie. Yo soy un fracaso, por lo tanto. Pero ese fracaso está determinado por la geología...» (pág. 99). Los ejemplos, en fin, pudieran multiplicarse mucho más. Pero cerremos este muestrario citando la aparición de ese yo móvil en el capítulo sobre Cortázar, a quien Viñas ha llamado antes su «hermano mayor»:

¿Qué hacer? [dice el supuesto Cortázar] ¿Empiezo a reeditar con distintos nombres y tamaños lo ya escrito? ¿O a publicar mis borradores con el pretexto del procedimiento del «collage» o del género de la miscelánea? Su «revolución de las palabras» ¿como apresurado «pegote» de dos novelas muy tradicionales? Oblicuos desquites del sistema: yo que había escindido mi espíritu del cuerpo (que históricamente se llamaba peronismo), reaparece en lo menos artesanal y refinado del mercado: la consumición acelerada, *encadenada*. Yo que me fui para eludir, entre otras cosas, que mis productos se convirtiesen en mercancía o se desespiritualizaran en esa materialidad, soy devuelto al pasarme por París en mercancía. Mis productos y yo mismo: mi cara en posters, en discos mi voz (pág. 127).

Este monólogo lo pronuncia «Cortázar» en el libro de Viñas después de darse cuenta de que, a pesar de haberse ido a París, su público sigue en Buenos Aires (lo cual parece dudoso). En todo caso, dado el carácter mordente de la crítica a Cortázar que se desprende del pasaje, habría que incluir la relación entre éste y Viñas, en el romance familiar descrito más arriba; más que un hermano menor, un Abel, el tono de Viñas es el de un hermano mayor, un Caín.

Para ser un libro que critica al «escritor individualista burgués» (pág. 85), *De Sarmiento a Cortázar* está presidido por un yo prometeico y sediento de poder, que no sólo «habla» a través de Borges, Lugones, Sábato, Marechal, etc., sino que los fuerza a hablar como él. Ese Yo Argentino —ese Carlos Argentino— que habita y mueve a las marionetas de un teatro que se llama la literatura argentina, es el mismo que pretende negarse, que emerge supuestamente incorpóreo en la nueva era que anuncian las palabras iniciales del libro. El gesto retórico es ambivalente: no soy nada, sólo voz, quiere decir también soy todo, todos. Y también, los poseo a todos, los invado, los hago hablar no el lenguaje acicalado de escritores burgueses, sino el mío, entre periodístico y tecnocrático, pero populista, en fin, de «flexiones», de «núcleo», de «niveles englobantes», «ángulos de toma», «síntoma lateral», «simétricos cuchillos», «globalizar», «constantes longitudinales», «inserción en las tensiones», etcétera.

La escena de *Memorias del subdesarrollo* a que aludí al principio de este trabajo no está exenta de un cierto grado de penetración crítica. Creo que el análisis que nos ha sugerido sobre el carácter retórico, es decir, gestual, teatral, ficticio, de cierta crítica ensayística latinoamericana, puede contener algún aspecto útil para el estudio más general de este tipo de producción literaria en la América Latina. Creo que el estudio de la actuación de la crítica, de su *performance,* puede revelar con mayor claridad que los más llamados estudios de contenido tanto la ideología de los textos analizados como su inserción en el campo más vasto de lo literario. En el caso de Viñas, no podemos evitar percibir, en el drama que se despliega en el choque de «voces» y en el control que ejerce ese yo prometeico narrativo, un claro eco del peronismo en el que surgió el tipo de literatura que practica este autor específico. Más que un fallido marxismo, que es lo que a primera vista podría sugerir *De Sarmiento a Cortázar,* un solapado peronismo —es decir, una ideología más específicamente americana y de una época determinada— es lo que emerge de nuestro análisis. Pero también, al apelar a ese romance familiar y a ese concepto genealógico de la literatura, de la Historia, la crítica de Viñas se vincula con la preocupación del origen que ha determinado tanta narrativa latinoamericana; origen que se persigue en un pasado remoto y mítico, presidido por patriarcas, por dictadores que son la fuente de autoridad, el origen de la voz. En este sentido, *De Sarmiento a Cortázar* forma parte de configuraciones temático-narrativas mucho más amplias que esa ideología específica a que aludía, configuraciones que habría que ver en relación (de la forma apuntada arriba) a otros libros de Viñas, como su novela *Hombres de a caballo.* Tal vez el ritualismo, la impotencia inmediata de la crítica latinoamericana, sea una lección, no sobre subdesarrollo, sino sobre la crítica en general; en una era en que la investigación revela cada vez más el rol de la escritura como actividad, no como reflejo o comentario, quizá la crítica y la ensayística latinoamericana se hayan anticipado poniéndolo de manifiesto en su propia práctica. La realidad de la crítica es su función, ya sea mediante el despliegue de su actividad textual o en sus rituales.

EL PRIMER RELATO DE SEVERO SARDUY

Es curioso notar cómo conviven en un mismo escritor, en un mismo momento de su carrera, las tendencias más diversas y hasta contrarias. Y no menos curioso resulta leer la obra más temprana de un escritor y descubrir allí lo que parecen ser premoniciones muy específicas de lo que será su obra madura. No me refiero a la calidad de ésta, sino a estructuras, giros, personajes y obsesiones, que sugieren la presencia de un hilo continuo, que se pega obstinadamente a las suelas del escritor, por muy lejos que le lleven sus pasos. Este es, al parecer, el caso de «El seguro», el primer relato publicado por Severo Sarduy, que salió en el semanario ilustrado cubano *Carteles,* el 18 de agosto de 1957 (1). El relieve alcanzado por Sarduy posteriormente autoriza el rescate de este relato olvidado, que nos per-

---

(1) En «Son de La Habana: la ruta de Severo Sarduy», en *Revista Iberoamericana,* núms. 76-77 (1971), escribía yo que los únicos relatos de Sarduy antes de *Gestos* eran «Las bombas», «El general» y el «cuento cubano» «El torturador», todos publicados en «Nueva Generación», página del periódico *Revolución,* a principios de 1959 (página 729). A manera de corrección, el profesor Seymour Menton, de la Universidad de California, Irvine, me envió un recorte de «El seguro», sin indicación de su procedencia. Quiero expresar aquí mi agradecimiento al profesor Menton y hacer constar que fue él quien dio con «El seguro». La información bibliográfica completa de «El seguro» es: sección «Cuentistas Cubanos», «Ilustraciones de R. Fornés», en *Carteles,* núm. 33 (18 de agosto de 1957), págs. 66-67 y 107. Dada la brevedad del cuento, me permito no indicar la página cuando lo cito en este trabajo; pero, evidentemente, toda cita proviene de las páginas de *Carteles* indicadas.

mitirá especular sobre las cuestiones planteadas acerca de la continuidad de una obra, y sobre la obra de Sarduy en general, muy en particular su relación con las tendencias literarias de la Cuba de fines de los cincuenta y principios de los sesenta.

Ya de por sí, la aparición del relato en *Carteles* es un dato de interés histórico, dado que el redactor de esa revista, que en sus inicios había sido nada menos que Alejo Carpentier, lo es Guillermo Cabrera Infante cuando Sarduy publica «El seguro». Es muy probable, por lo tanto, que la siguiente nota biográfico-crítica que acompaña el cuento haya sido redactada por el autor de *Tres tristes tigres:*

> Severo Sarduy es muy joven: nació en 1937; lo que nos hace afiliarle a la última de las generaciones literarias cubanas —a la misma del malogrado Leslie Fajardo, por ejemplo—. Actualmente alterna sus estudios de medicina con la composición de una novela, *El hombre que amaba su reloj,* que Sarduy ha calificado momentáneamente de surrealista. «Aunque no es exactamente surrealista, pues esta palabra puede originar un malentendido anacrónico», explica Sarduy, rápido. Es probable que su novela tenga muchas de las virtudes de «El seguro» y alguno de sus defectos (verbigracia: la influencia, tardía de Kafka; cierta complejidad gratuita y la aparente falta de necesidad del lector). Pero esto, a los veinte años de Sarduy, no son defectos: son excesos (2).

---

(2) *Ibíd.*, pág. 66. En carta del 22 de septiembre de 1979, Guillermo Cabrera Infante tuvo la gentileza de disipar mis dudas sobre el autor de la nota y sobre Leslie Fajardo, cuyo nombre no me había sido posible ubicar. Cito *in extenso* de su carta, no sólo por lo que revela sobre Sarduy, sino también sobre Cabrera Infante: «En 1957 yo era el jefe de redacción de *Carteles,* que era un nombre demasiado grande para designar mis labores: leer literatura, inédita y édita, pues había una sección de cuentos extranjeros. En los cuentos cubanos publiqué el cuento de Severo y la nota, como todas ellas entonces, la escribí yo. Como habrás visto no siempre daba la nota. Leslie Fajardo (para más datos puedes leer mis *Exorcismos de esti[l]o*) fue un pobre muchacho, estudiante junto con mi hermano de la Escuela de Periodismo. Estaba lleno de contradicciones, algunas literarias. Admiraba a Hemingway, por ejemplo, pero sus cuen-

Poco tendría de surrealista la proyectada novela, si en algo se parecía a «El seguro», pero quién sabe, tomando en consideración las varias alternativas que barajaba Sarduy entonces. En 1957 era un escritor desconocido para los escritores y artistas cubanos del momento. No sabemos si *El hombre que amaba su reloj* pasó jamás de ser un mero proyecto, y siempre podremos conjeturar si habría sido terminada de no haber venido la Revolución y reorientado toda la historia de Cuba y, con ella, los proyectos de todos los escritores cubanos. Pero, evidentemente, el redactor evoca ese título para llenar un poco el *curriculum* de un principante que con «El seguro» se daba a conocer al público cubano en general.

En 1957, Sarduy había publicado ya poemas en periódicos de su nativa Camagüey, y sus versos de adolescente llegarían a ser recogidos en una antología local (3). La larga tradición literaria camagüeyana —desde Silvestre de Balboa hasta Nicolás Guillén, pasando por Gertrudis Gómez de Avellaneda— da más peso a estos inicios y primicias de lo que pudiera pensarse. Camagüey tenía una larga y viva tradición de actividad literaria que el propio Guillén recuerda con afecto (4). Pero, sobre todo,

---

tos eran absolutamente Kafkianos, a quien no conocía. No lo conocí. Solamente me sometió a través de mi hermano dos cuentos y se fue por el verano — y nunca volvió. Su padre era policía y una noche en que se quedó en su cuarto a leer hasta tarde, como acostumbraba, robó el revólver y se dio un tiro en la sien. Por la mañana lo encontró su madre. Nunca se supo por qué se mató. Pero lo que conozco los dobles gajes de la adolescencia y del suicidio sospecho que fue un acto gratuito. Siempre me sentí culpable con él porque pude haber leído esos cuentos antes de que se fuera al Mariel. Los publiqué los dos, uno en *Carteles* y el otro en la revista *Ciclón*, de Rodríguez Feo. Como ves, las publicaciones, las notas y la viñeta en *Exorcismos* fueron un pobre rescate de entre los muertos».

(3) *Colección de poetas de la ciudad de Camagüey*, ed. de Samuel Feijó (La Habana: Ediciones del Grupo Yarabey, 1958). Para más detalles sobre la obra temprana de Sarduy, ver mi citado «Son de La Habana» y también «Para una bibliografía de y sobre Severo Sarduy (1955-1971)», en *Revista Iberoamericana*, núm. 79 (1972), páginas 333-343. Con ligeras enmiendas, esta bibliografía ha sido recogida en *Severo Sarduy*, selección y montaje de Julián Ríos (Madrid: Editorial Fundamentos, 1976), págs. 177-192.

(4) «Por esos años [1918-1920], me reunía con un grupo de poetas en la puerta de la administración de correos de Camagüey, un edificio grande situado entonces donde está todavía, es decir, frente a

para 1957 Sarduy había publicado ya poemas y prosa en *Ciclón,* revista que, dirigida por José Rodríguez Feo, logró retener algo del prestigio literario de *Orígenes,* que había cesado su publicación en 1956 y de la que pretendía ser una prolongación. Como ya he indicado en otra ocasión, estos primeros poemas de Sarduy manifiestan el impacto de Lezama, a quien había leído Sarduy, desde Camagüey, en ejemplares de *Orígenes* que le suministrara Rolando Escardó (5). Lo mismo ocurre con un poema como «Cautelas», publicado pocos meses después del triunfo de la Revolución, en la *Nueva Revista Cubana,* dirigida entonces por Cintio Vitier, una de las figuras más importantes del grupo *Orígenes* y amigo personal de Lezama (6). El propio Vitier, en el prólogo a su programática antología *Diez poetas cubanos: 1937-1947,* ha caracterizado así la poesía del grupo, cuyo eco percibimos en «Cautelas»:

> Y, en efecto, a las bellas variaciones en torno a la elegía, la rosa, la estatua (típicas de la generación anterior, y persistentes aún en otros países hispanoamericanos), sucede entre nosotros un salto, que diríamos en ocasiones sombrío de voracidad, hacia más dramáticas variaciones en torno a la fábula, el

---

la iglesia de las Mercedes. Allí discutíamos las últimas noticias literarias y esperábamos las diez de la noche, en que nos dispersábamos por los cuatro vientos de la ciudad. Entre esos poetas y escritores recuerdo a Arturo Doreste —hoy académico de la Española—, mucho mayor que yo —todos lo eran—, César Luis León, cuyo nombre verdadero era Eugenio Sánchez Pérez, Julio Milla Chapellí, que se ahorcó, Vicente Menéndez Roque, que se hizo médico y dentista y era a mi juicio el más fino de todos, pero abandonó la poesía. Murió hace unos años. Había un español que era algo así como el animador del grupo, se llamaba Medardo Lafuente, y su voz era obligatoria en cuanto acto cultural había en Camagüey, y desde luego en los entierros de importancia». «Conversación con Nicolás Guillén», en *Casa de las Américas,* núm. 73 (1972), pág. 123.

(5) Fueron Escardó y Virgilio Piñera quienes introdujeron a Sarduy en el ámbito poético de Lezama. También influyó en Sarduy en esos años de adolescencia camagüeyana la poetisa Clara Niggeman. Fue ella quien le reveló los misterios de la teosofía, lo introdujo también a la obra de Krishnamurti (su primer contacto con el mundo indio) y le ayudó a publicar algunos poemas en *El Camagüeyano.*

(6) *Nueva Revista Cubana,* año 1, núm. 1 (1959), págs. 110-111.

destino, la sustancia; el justo y transparente endecasílabo es abandonado por un verso imperioso e
imprevisible; una poesía de penetración. Comprobamos así cómo el intimismo esteticista (usadas estas
palabras en un sentido estrictamente descriptivo)
se abre a la aventura metafísica o mística, y por
lo tanto muchas veces hermética. El poema, de más
compleja melodía o alterado contrapunto, crece y
se rompe por todas partes bajo la presión de ese
universo desconocido y ambulante que de pronto ha
querido habitarlo, y cada poeta inicia, estremecido
por la señal de José Lezama Lima en 'Muerte de
Narciso' (1937), la búsqueda de su propio canon, de
su propia y distinta perfección (7).

Me temo que «Cautelas» no alcanza el fulgor poético de
Lezama. Pero es en este poema de 1959 donde más se aproxima Sarduy a la voz del maestro (a quien mucho más adelante
reescribirá con mejor pulso). Cito el tercer fragmento de los
cuatro que componen el poema:

Del verdadero Paraíso hablo:
Con qué furia los ángeles golpean
el cuerpo luminoso de las aves.
Quiebran sus alas, sexos y cabezas,
Oyen sus textos en pasión, buscando .
el verdadero centro del lenguaje:
«No es lo hablado en sí mismo, sino el habla.
El cuerpo es de su voz indivisible
y la palabra ángel no es un ángel».
No es la luz de sus ojos lo que mira;
sino el aire por ellas no volado.
Sino el aire por ellas no volado (pág. 111).

La temática de la inadecuación del lenguaje, tan explícitamente
formulada, anuncia más al Sarduy futuro que al joven devoto de
Lezama; pero las reiteraciones, el ritmo y, sobre todo, el fervor

---

(7) *Diez poetas cubanos*, antología y notas de Cintio Vitier (La
Habana: Ediciones Orígenes, 1948), pág. 10.

teológico del poema, es típico de lo expuesto por Vitier. Hasta mediados de los sesenta, cuando ya el impacto de *Tel Quel* y cierta temática parisiense invaden su obra, hay en la poesía de Sarduy claros ecos de un Lezama no reescrito, sino repetido. Quizá esa dificultad de escribir poemas sin repetir a Lezama haya llevado a Sarduy, paulatinamente, hacia la narrativa; aunque en realidad su obra madura es de tal complejidad que difícil sería aceptar determinaciones de esta índole.

Ahora bien: si en poesía Sarduy manifiesta una afinidad evidente con Lezama y el grupo *Orígenes,* muy otra es su orientación en cuanto a prosa narrativa, según revela de inmediato «El seguro» y como se reitera en «El torturador», «Las bombas», otros textos de 1959, y hasta en su primera novela publicada, *Gestos* (1963). Todas estas obras, aunque ya en menor grado *Gestos,* se inscriben dentro de la tendencia realista, de narrativa de protesta social, que tiene una larga tradición en Cuba, desde *Cecilia Valdés* y la novela antiesclavista hasta las obras de Carlos Loveira, Carlos Montenegro, Félix Pita Rodríguez, Lino Novás Calvo, Enrique Serpa y otros (8). Quien sólo tenga presente al Sarduy de *De donde son los cantantes* (1967), *Cobra* (1972) y *Maitreya* (1979), apenas podría imaginar que haya vínculo alguno entre éste y los autores mencionados. Pero lo cierto es que, en prosa narrativa, el Sarduy de los cincuenta tiene más en común con *Marcos Antilla,* de Luis Felipe Rodríguez, que con tendencias más vanguardistas de narrativa. Hasta *Gestos* —en que, como he argüido en otra parte, hay una parodia de la narrativa realístico-histórica pre y postrevolucionaria y una apertura hacia un texto mixto y complejo, como *De donde son los cantantes*—, el Sarduy poeta y el Sarduy narrador son aparentemente tan distintos el uno del otro como dos autores diferentes (9). Ello a pesar de declaraciones como la siguiente, hecha un mes después del triunfo de la Revolución: «Sí, queremos arte nacional, pues puede hacerse pintura nacional sin llenar los cuadros de guajiros y palmas, puede hacerse

---

(8) Hoy, Sarduy recuerda la influencia de Piñeira como la más decisiva, aun en «El seguro». Ver nota 13, más abajo.
(9) «Son de la loma», en *op. cit.*

teatro nacional donde no aparezcan gallegos y negritos, puede hacerse poesía nacional que no cante a los turistas y los soldados...» (10). No cabe duda que esta dualidad en Sarduy refleja un desajuste similar en la historia de las letras cubanas, producido, en parte, por circunstancias políticas muy concretas. Me refiero a que, si bien la poesía había seguido un desarrollo rápido a partir de la vanguardia, en parte porque su propia marginalidad y limitada circulación la hacía inocua a los gobernantes de turno y las vicisitudes de la sociedad, la novela no se había desarrollado con igual ímpetu, por falta de público y por ser más susceptible a la censura. Aunque de 1953, *Los pasos perdidos* se publicó en México, en edición sufragada por Carpentier; y *El acoso,* del que había salido un fragmento en *Orígenes,* se publica en 1956, pero en Buenos Aires; cuando, en 1952, *Carteles,* con motivo del cincuentenario de la República, hace un recuento de la novela cubana hasta ese año, Carpentier no figura todavía (11). La renovación de la novela cubana, inclusive la llevada a cabo antes de 1959, sólo se conoce en amplitud después del triunfo de la Revolución.

---

(10) «Pintura y revolución», en *Revolución,* 31 de enero de 1959, página 14 (citado en «Son», *op. cit.,* pág. 730). Sin embargo, en «Grabados/esculturas», Sarduy escribe: «En un momento, un cuadro abstracto puede funcionar tan bien como uno figurativo; un poema intimista tan bien como uno social, tengamos en cuenta ahora que estamos en un momento determinante de la historia de Cuba. Quien ya disfrutando del triunfo absoluto de la Revolución, examine dentro de algunos años el resultado intelectual de esta etapa de fervor y júbilo, quizás pueda decir que la cautela de nuestros artistas les impidió panfletar y comprometerse hasta saciedad con el presente histórico, del cual no quedaron más poemas que el escrito por las manos hinchadas y poderosas del pueblo, ni más murales que la imagen, en el recuerdo, de los machetes que se alzan y chocan en el aire produciendo la más conmovedora de todas las músicas, que toca las manos del obrero, de las cuales, intacta, blanca, tierna y poderosa, brota, rebelde, la nueva paloma de la Paz», en *Artes Plásticas,* núm. 1 (1960-1961), pág. 34. En este mismo número, Sarduy también publica «De la pintura en Cuba», pág. 16. Estos trabajos no figuraban ni en «Para una bibliografía», *op. cit.,* ni tampoco fueron tomados en cuenta al redactar «Son de La Habana».

(11) «El ensayo, la novela y el cuento en la literatura cubana», en *Carteles,* núm. 20 (18 de mayo de 1952), págs. 138-141. Carpentier le reveló al autor, en 1979, que había pagado la edición de *El reino de este mundo* y *Los pasos perdidos.*

También hay que tener presentes dos factores externos más. El primero y más evidente es que *Carteles* era una revista de amplia circulación, no una revista literaria, donde aun «El seguro», que, según veremos, es de escasa densidad, puede parecerle al editor «de una complejidad gratuita». Pero también hay que recordar que 1957 es un año de recrudecidas luchas contra la dictadura de Batista; 1957 es el año del ataque al Palacio Presidencial por parte del Directorio Revolucionario, y ya se han afianzado en la Sierra Maestra las fuerzas de Fidel Castro. Sarduy, estudiante universitario y, además, de familia proletaria, no podía sustraerse al compromiso político que el momento exigía (12). Si bien hay rasgos en «El seguro» que podrían referirse a Cuba en cualquier momento de la era republicana, dada la ocasión en que se publica, hay que verlo como reacción a los acontecimientos políticos de que surge. Junto con las «Décimas revolucionarias» hay que ver, por ello, «El seguro» como parte de un momento de literatura comprometida en la obra de Sarduy; pero habría que añadir que el compromiso es mucho más evidente y conlleva muchos más riesgos concretos en el caso de «El seguro», publicado en una revista de amplia difusión y en una época de extraordinarias tensiones políticas.

En todo caso, «El seguro» se inscribe cómodamente en la tradición realista, de narrativa de protesta, al estilo de Félix Pita Rodríguez, Luis Felipe Rodríguez, ciertas obras de Lino Novás Calvo y Enrique Serpa, y hasta del Carpentier temprano de *¡Écue-Yamba-Ó!* e «Histoire de Lunes». La anécdota es la siguiente: a un cortador de caña le ofrecen un seguro contra accidentes de trabajo. Aunque apenas entiende los términos de la póliza, que le venden representantes de una agencia norteamericana, el campesino se entusiasma pensando que tal vez, con el dinero que algún día cobre, logrará educar a su hijo. Con grades sacrificios, el cortador paga las cuotas. Pero un día su

---

(12) Las mejores fuentes publicadas sobre la biografía de Sarduy se encuentran en *Severo Sarduy*, op. cit., en particular el fragmento redactado aparentemente por la madre del escritor, y en la «Cronología» escrita por el mismo Sarduy. El padre de Sarduy era empleado ferroviario.

hijo enferma de gravedad y, sin fondos para atenderle, toma una decisión drástica. Hace que su amigo Basilio le corte varios dedos de una mano con un machete, y se presenta en las oficinas de la compañía de seguros a cobrar la indemnización. Pero el médico de la compañía descubre la artimaña, al revelarle el cortador que es derecho, ya que la mano mutilada es la derecha. Se le niega el pago, y el obrero sale corriendo, desesperado, hacia su casa, donde se encuentra a Basilio, quien le ayuda a construir, con unos cajones, un ataúd para su hijo, que ha muerto de la enfermedad (13).

El tono de protesta es evidente en «El seguro», no sólo por el drama de su anécdota, sino, sobre todo, por los detalles específicos de la historia político-social que evoca. Al principio, cuando llegan los vendedores de seguros, el campesino cree que éstos son americanos, pero resultan ser cubanos. La mayor aspiración del cortador es que su hijo «hablara en inglés, como el hijo del jefe de estación, con los americanos y 'jamaiquinos'». El nombre de la compañía de seguros está en inglés: «Comenzaron hablando del tiempo hasta que uno de ellos, señalando un letrero en dorado que había en el frente de una de las carpetas de cuero que traían, le dijo que pertenecían a una nueva compañía de seguros y pronunció un nombre en inglés que parecía ser el mismo que estaba en la carpeta». El tipo de engaño a que es sometido el campesino es también de una especificidad histórico-social que subraya el carácter acusatorio concreto del

---

(13) Sobre «El seguro», Sarduy dice lo siguiente, en carta del 23 de julio de 1979: «Hay algo, sin embargo, que por honestidad intelectual no puedo ocultar: 1) el cuento, tal y como está, no es más que una versión incompleta, sea porque no cupo en la revista o porque yo mismo lo alteré antes de la publicación: en realidad, el esquema narrativo era menos ingenuo, y que constaba de una especie de anti-clímax: el seguro se concedía cuando ya era tarde, venían a avisar que se otorgaba y se encontraban con el cadáver, o algo así; 2) hay que reconocer, aparte de la constancia de mis temas, de mis figuras y retóricas, que hacen de mí no un escritor, sino un obsesional —la venta apócrifa de seguros y casi el mismo maletín están en *Maitreya*—, la influencia enorme que en ese momento tuvo en mí Virgilio Piñera, el Quevedo cubano del Góngora que es Lezama, hoy marginado y olvidado. No sólo el *mood* general del cuento, sino hasta frases como 'discreta pero burlona', etc., vienen de él. Eran, si mal no recuerdo, los tiempos de *Ciclón*».

texto. En una obra como *¡Écue-Yamba-Ó!,* los campesinos son víctimas del desalojo gradual de sus tierras, desalojo del que son víctimas por el expansionismo de las compañías azucareras norteamericanas. Se trata de un proceso histórico-social típico de zona rural. Pero, una vez enajenados de sus tierras, los campesinos se convierten en obreros y pasan a formar lo que Sidney Mintz ha llamado un proletariado rural (14). El campesino de Sarduy es un proletario rural, y la venta de un seguro contra accidente, una especie de relación económica de tipo urbano, trasplantada al campo. Es decir, aunque «El seguro» entronca con la tradición de un Luis Felipe Rodríguez o un Carpentier temprano, no narra conflictos de tipo «feudal», que ya han caducado en la propia realidad social de la isla. No se trata de las pugnas por un pedazo concreto de tierra, sino de relaciones ya más abstractas, de intercambio de valores menos tangibles aún que el mismo dinero. Al campesino ya le han robado el pasado y el presente: en el seguro le roban lo más abstracto que le queda, el porvenir. El cuento de Sarduy, por lo tanto, protesta contra las condiciones concretas de la industria azucarera del momento: la industria azucarera de la segunda postguerra. Por arcaico que nos parezca en principio «El seguro», su temática socio-política no es tan retrasada, sino que, por el contrario, estaba muy al día entonces.

De este tipo de explotación más moderna, Sarduy ofrece aún más detalles en el cuento, ya que por esas fechas él mismo trabajaba en una agencia publicitaria y seguramente habría visto por dentro el manejo de ese tipo de manipulación comercial. Otros escritores e intelectuales cubanos —Manuel Moreno Fraginals, Alejo Carpentier y Guillermo Cabrera Infante— también se ganan la vida en la publicidad, y muchos otros lo hicieron en la radio. La publicidad suscita todos los debates sobre la retórica que surgieron alrededor de los sofistas; debates de los que se nutre la propia literatura. No es por mero azar ni por un simple determinismo económico-social por lo que los

---

(14) Sidney Mintz, «Foreword», en Ramiro Guerra Sánchez, *Sugar and Society in the Caribbean* (New Haven: Yale University Press, 1964), págs. xi-xiv.

escritores gravitan hacia la publicidad y el mundillo de la farándula que Cabrera Infante (en *Tres tristes tigres*), César Leante (en *Muelle de caballerías*) y Carpentier (en *La consagración de la primavera*) evocan (15). La publicidad, la radio, la televisión, son actividades perversamente paralelas a la literatura (o a la pintura, la música, etc.), con la atracción de que en ellas se puede ganar la vida el artista. Hay que tener presente, además, que Cuba fue la cabeza de playa de la avanzada de la televisión norteamericana hacia América Latina, y con ésta surgieron las compañías publicitarias de alto vuelo (16). La televisión tuvo tal impacto en la historia de Cuba, que hay quienes han sostenido que sin ella la Revolución no se habría podido solidificar en el poder. En cuanto a la literatura cubana, habrá que hacer algún día un estudio pormenorizado de las relaciones de ésta con la radio, la televisión y la publicidad. Significativamente, quien más ha especulado, de forma irónica, sobre el asunto ha sido Carpentier, primero en *Los pasos perdidos,* pero más explícitamente en *La consagración de la primavera,* donde se lee:

> Si Miguel Angel hubiese nacido en Cuba, en vez de pintar la Capilla Sixtina, habría embadurnado vallas anunciadoras para la pasta Colgate o el jabón Palmolive. Por lo mismo, a tiempo me pasé del campo de Leonardo o del Tintoretto al campo de César Biroteau —pregonero genial del *Aceite Cefálico,* del *Agua Carminativa,* de la *Doblecrema de las sultanas,* «invento de un médico árabe, muy usada en los surallos»—, antecesor y santo patrón de todos los publicitarios del mundo, por obra y gracia de Honorato de Balzac.
>   —La facilidad de palabras debe serle muy útil en sus actividades —dije.

---

(15) Sobre César Leante y sus contactos con la radio, así como las relaciones de otros artistas de su generación con los medios de comunicación masiva, véase William Luis, «César Leante: The Politics of Fiction», Ph. D. Dissertation, Cornell University, 1980.

(16) Ver la «Introducción» a Azriel Bibliowicz, «Lo público es privado: un análisis de la televisión colombiana», Ph. D. Dissertation, Cornell University, 1979.

—Está usted en lo cierto, porque mi profesión es la más hamlética de todas: *Words, words, words* —lo que equivale a decir: *slogans, slogans, slogans...* No los hay mejores que: *To be or not to be, alas, poor Yorick,* que se mantienen frescos y activos desde hace cuatro siglos y servirían maravillosamente hoy, para inducir al poseedor de un Morris a cambiarlo por un Lincoln o un Cadillac... *Al comienzo fue el verbo,* dijo San Juan. Y el Verbo engendró la primera Agencia de Publicidad. *¡Fiat lux!,* dijo Dios. Y al punto se encendió el primer anuncio lumínico (17).

Más adelante, Carpentier hace leer a uno de sus personajes el siguiente pasaje de Marx:

Todo hombre se afana en crear para otro una necesidad nueva para inducirlo a hacer un nuevo sacrificio, colocarlo en una dependencia nueva y llevarlo hacia nuevas modalidades de goce... La multiplicación de productos es el cebo con el cual se trata de atraer al otro, sacándole su dinero, ya que toda necesidad real o posible es una debilidad que atraerá a la víctima con la sonrisa más amable, diciéndole: «Querido amigo: Yo te daré lo que necesitas»... El eunuco industrial se inclina ante los más infames caprichos del hombre, oficia de alcahuete entre sus necesidades y él mismo, atento a sus muchas debilidades para exigirle, luego, el salario correspondiente a sus buenos oficios... (18).

En «El seguro» hay muchos detalles significativos que provienen del ámbito de la publicidad, es decir, de aquella práctica del signo encaminada a persuadir y engañar al consumidor: «Le hablaron de la compañía con muchas palabras largas y difíciles que él no entendió muy bien, no sabe si porque no las había oído antes, o por lo rápido que las dijeron, como si no quisie-

---

(17) (México: Siglo Veintiuno Editores, 1979), págs. 334-335.
(18) *Ibíd.,* pág. 345.

ran disimular que se las sabían de memoria». Ya desde la misma apertura del cuento, el uso del lenguaje había sido causa de un equívoco: «Como creía, por su indumentaria, que los vendedores eran americanos, se quedó asombrado de que dieran los buenos días en perfecto castellano y entonces comprendió que se había equivocado». Ahora, frente al campesino, los vendedores hablan de memoria —repiten palabras que no expresan «espontáneamente»— e invocan trucos típicos de la publicidad de la época: «Le hablaron de una casa y terreno que podía obtener pagándolos en cómodos pagos, si antes su número no resultaba premiado en un sorteo que la compañía celebraba mensualmente». Después del «accidente», cuando el campesino acude a las oficinas de la compañía de seguros, hay una reaparición irónica de estas promesas: «Llegó pronto al pueblo y encontró la casa de la compañía de seguros. El salón principal era espacioso y muy limpio, aunque quizás algo oscuro. En una de las paredes estaba incrustado, con grandes letras doradas, el nombre de la compañía. En las otras tres había colgados varios cuadros con los reglamentos, y las gráficas del número de asociados, así como enormes fotos de dos de éstos, cuyos números habían sido premiados con una casa, en el momento de recibir las llaves». No hay más que ojear la misma revista en que aparece el cuento de Sarduy para percatarse de la presencia, en la Cuba de la época, de la propaganda comercial a gran escala. «El seguro» es una denuncia de la falsedad sistemática, del engaño institucionalizado que representa la publicidad. Los mensajes que rodean y atolondran al campesino le impulsan a vender su propia carne, literalmente; lo cual indica de por sí hasta qué punto ha llegado la mixtificación, ya que lo que le interesa a la compañía es el valor de esa carne como instrumento de trabajo durante un período de tiempo lo más largo posible. No es por azar por lo que tanto el Cabrera Infante de *Tres tristes tigres* como el Sarduy de estas primicias evoquen ese mundo quevediano de la publicidad, en el cual vivían inmersos y del cual tenían a veces que vivir. El mismo Sarduy que escribe «El seguro» es el autor de la letra de un jingle anunciando una marca de zapatos, que se cantaba con la música del himno de los U. S. Marines. «From the Halls of Moctezuma, to the shores of Tripoli» se convierte en «California, California, California a los pies de Ud» (19). No sabemos si la parodia inspiró a Sarduy o si tuvo él algo que ver en la selección de la música; pero, en todo caso, lo que caracteriza el lenguaje publicitario es la ausencia de jerarquías, o su confusión deliberada para persuadir, a ultranza, al consumidor. La preocupación —política, social— por el lenguaje que se manifiesta en «El seguro» no está lejos, aunque allá sea una preocupación más trascendental, de «Cautelas» —«... y sus textos con pasión, buscando / el verdadero centro del lenguaje...»—. El campesino de «El seguro» es víctima de un lenguaje que no logra descifrar, que le aparta sistemáticamente del sentido, que explota su incomprensión. Las confusiones —desde la inicial sobre la nacionalidad de los agentes— plagan el mundo textual del cuento. Sólo que el campesino, cuando quiere él engañar, convirtiendo su cuerpo en signo, sufre una especie de metalepsis, una sustitución que le descubre: la escritura lo traiciona. Si los agentes manipulan unos códigos que lo engañan, el campesino no puede manipularlos para engañarlos él a ellos. Los vendedores mismos hablan «de memoria», son meros conductores de esos códigos; el engaño inherente al código publicitario no da lugar a la intencionalidad individual. El ámbito de las mutaciones del lenguaje es tan violento como el evocado en «Cautelas»: «Con qué furia los ángeles golpean / el cuerpo luminoso de las aves. / Quiebran sus alas, sexos y cabeza...».

¿No habrá, debajo de las evidentes discrepancias, un nódulo de actitudes ante el lenguaje que aproximen «El seguro» y «Cautelas»? ¿Serán sólo superficiales las diferencias entre estos textos? ¿Habrá un centro formado de temas y obsesiones que marquen, desde el inicio, la obra de Sarduy? ¿Será la evolución posterior de Sarduy una simple ampliación de lo que es ya, desde los cincuenta, una obra?

No cabe duda de que hay en «El seguro» una serie de rasgos que nos es lícito proyectar hacia el futuro de la obra sarduyana. Por ejemplo, la problemática del lenguaje que hemos venido observando es una constante en la obra de Sarduy, y no

---

(19) Información suministrada al autor por Sarduy en París, en 1973.

simplemente en este sentido vago y abstracto. Hay detalles, como la fijeza del texto en el rótulo de la carpeta o en las paredes de la compañía de seguros, que se repetirán en todas las obras de Sarduy: es el tópico que pudiésemos denominar del texto fijo en su inscripción, pero paradójicamente móvil en su significado. Hay, hasta en las letras doradas de la inscripción, un adelanto del neobarroco que caracterizará más adelante la obra de Sarduy. Es más, tal vez no sea aventurado decir que «El seguro» gira en torno a un texto: la misma póliza, cuya (falsa) promesa es, en términos mallarmeanos, abolir el azar. En cierta medida, todos los engaños promovidos por el lenguaje en el cuento se encarnan en este texto, que puede verse como una especie de figuración del lenguaje literario mismo. Por último, el gesto mismo de mutilación, con el propósito de engañar por parte del protagonista, puede verse como un acto de escritura corporal, similar al de otros personajes sarduyanos; la cifra última de un lenguaje cuya única confiabilidad es su inscripción, es el cuerpo mismo, cuyo postrer mensaje es una autorreferencialidad radical. Visto desde esta perspectiva, «El seguro» empieza a manifestar características que lo alejan considerablemente de la tradición cuentística cubana de que hablamos antes, y que anuncia, si bien de forma incipiente e indecisa, algunos de los rasgos sobresalientes de la novelística hispanoamericana de los sesenta y los setenta.

Hay elementos aún más concretos en «El seguro» que reaparecerán en obras más maduras de Sarduy. A pesar de las radicales divergencias entre este cuento y *Cobra,* por ejemplo, no podemos pasar por alto que en ambos textos la acción gira alrededor de una automutilación, de una ablación premeditada a la que se somete el personaje principal. Desde luego, en *Cobra,* la operación que sufre el protagonista forma parte de una compleja red de alusiones al pensamiento francés postestructuralista, más concretamente a las teorías de Derrida sobre la escritura y el suplemento. *Cobra* es el mundo de la escritura, de la suplementariedad, del falo cercenado, superfluo, vuelto a injertar. No sería difícil, ateniéndonos a un freudianismo un poco burdo, ver en la mutilación de los dedos del campesino una especie de castración simbólica. Pero más interesante sería lograr ver la violencia contra su propio cuerpo, el marcarlo de tal manera, como una especie de escritura corporal, según vimos anteriormente, que entra en juego con el texto (ausente) de la póliza de seguros —la inseguridad de la póliza, si se me permite, va a ser suplida por la falta de los dedos—. La escritura hace presente lo ausente; pero la escritura es aquí también una ausencia, un corte. Hay, además, un personaje —el médico— que parece repetirse en «El seguro» y *Cobra*. En «El seguro»: «En ella [la sala de consultas] había solamente un sofá larguísimo y una mesa, detrás de la cual apareció un médico de pequeñísima estatura, rechoncho, de enorme cabeza calva, que soportaba unos lentes muy gruesos detrás de los cuales brillaban unos ojos pequeños, diminutos. Tenía una vocecilla desagradable, extraordinariamente fina, femenina si se quiere. Se paró pesadamente con aire de indiferencia. Tomó la mano ensangrentada y la vendó. Entonces comenzaron las interrogaciones». En *Cobra*, el doctor Ktazob aparece dibujado con rasgos mucho más precisos, pero que conservan tanto la femineidad como la indiferencia imperiosa del médico de «El seguro»:

> Lo más difícil —Ktazob tenía el pelo plateado, era adicto a las viñetas villaclareñas de Partagás y a los árboles de subordinadas. Una tosecita, o más bien un pujito [s]eco, como de quien tiene que disimular, en el testículo derecho, un aguijonazo de jején culminaba las vaharadas vueltabajeras y las frondas sintácticas. Un suéter negro apretado no afinaba ya la cupoleta ventral ni los caudales hemisferios, rotundos. De ademanes: parsimonioso despótico de tono; lentes; pupilas de palomo—, lo más difícil no es la formalidad final, cuestión de minutos, sino el aprendizaje previo para transferir el dolor, y subsiguiente, para eliminar la sensación de carencia (20).

La figura del médico, junto con la automutilación y la presencia del lenguaje de la publicidad, son los recuerdos del porvenir más concretos en «El seguro», pero hay otros rasgos generales que conviene mencionar.

---

(20) (Buenos Aires: Editorial Sudamericana, 1972), pág. 105.

Lo voluptuoso, tanto del lenguaje de Sarduy como de los escenarios de sus obras maduras, hace pasar por alto que la inmensa mayoría de los personajes de su obra, como los de «El seguro», provienen de las clases pobres. En *Gestos,* este aspecto es de suma importancia, y es lo que en cierta medida determina el desarrollo del argumento. La cantante-lavandera traduce al lenguaje de la novela radial su propia acción revolucionaria, y su relación con el amante blanco, que es de una clase superior a la suya. El lenguaje de la publicidad y los *mass-media* han invadido el cerebro de la cantante-lavandera hasta el punto de que ella aparece como inscrita en una serie de textos que no comprende. Auxilio, Socorro, Cobra, la Cadillac, las Tremendas y otros personajes sarduyanos llegan a celebrar, por el uso que hacen de ellas, la ausencia de jerarquías, la ausencia de moral y veracidad del lenguaje de los *mass-media.* Todos estos personajes son de origen humilde, y su empleo del lenguaje publicitario es una irrisión, tanto de los valores que promueve como de la cultura en general. Si bien la evidente intencionalidad política de «El seguro» se ha perdido después de *Gestos,* los textos de Sarduy continúan haciendo resaltar la falsedad sistemática y la pluralidad crítica de la comunicación en el mundo moderno. Y lo hacen a través de personajes —criaditas, prostitutas caras y baratas, travestis, proxenetas, etc.— que, en los márgenes, de la sociedad, aprovechan la ausencia de jerarquías, la explosión de los códigos en los medios de comunicación. En «El seguro», la póliza misma es el anuncio de esa textualidad ebria de las ciudades modernas que la obra más reciente de Sarduy despliega. En este sentido la obra de Sarduy es más «realista» que el realismo que cierta crítica anacrónica exige todavía a la literatura latinoamericana. Quien conozca las capitales de lo que hoy se llama el Tercer Mundo, verá que en el neobarroco de Sarduy hay un elemento de realismo casi documental (a veces estrictamente documental, ya que el texto de la obra incorpora literalmente los recursos de los textos que se ven como grafitos o anuncios publicitarios). La lectura que hace Sarduy de la India o de Marruecos —figuras de América, por la historia común, elemento arábico de la cultura hispana o, por error histórico, Indias occidentales— es una especie de reflejo de las ciudades hispanoamericanas, a contrapelo de la lectura más convencional que hacen, por ejemplo, un Octavio Paz o un Cortázar. En Paz y en el Cortázar de *Prosa del observatorio,* la India es un lugar de origen: fuente de la cultura, origen vivo de la tradición, inicio recuperable del inicio. En Sarduy, por el contrario, esa India es la del American Express, cachivaches fabricados para turistas, chucherías en tableros de vendedores ambulantes; es decir, el mundo de los residuos de la cultura india, fragmentada, dispersa, y de los escombros del mundo postindustrial, con sus propios residuos. Lo más «universal» es una chapa de Coca-Cola. En «El seguro», la invasión del ámbito campesino, receptáculo de la tradición autóctona del país, prefigura ese mundo de ruinas y desechos, de *bricolage:* «Entre los dos, con sólo dos cajones viejos y algunas telas, prepararon la caja». En *Cobra:* «Dando vueltas alrededor del cadáver —le pegó la cabeza a las rodillas, los calcañares a las nalgas—, a partir de los pies lo fue envolviendo con esparatrapos, fajándolo, inocente en barro vidriado. Entre las bandas blancas, en los muslos, le quedaban adherencias acuosas, huesos paralelos, finísimos, que se partían: un ribete rojo, como de párpado; bajo la piel transparente se abrían minúsculas flores capilares, negras. Así empaquetado —embrión y momia—, lo dejó en una esquina, recostado al refrigerador y contemplando un lavaplatos eléctrico» (21).

La diferencia entre «El seguro» y la obra más reciente de Sarduy es, de todos modos, notable. En «El seguro» hay una intencionalidad visible en la «voz» centralizadora del narrador, que se supone que no forma parte de ese lenguaje desasido, fragmentado, de textos como *Cobra* o *Maitreya.* En la obra madura de Sarduy se ha superado ese dualismo, que en «El seguro» escinde el lenguaje entre un sujeto supuestamente libre de los condicionamientos del objeto que describe y representa. En la obra madura de Sarduy, todo es representación: el lenguaje es como las cosas en el mundo moderno, que fueron alguna vez significativas, pero habitan hoy una especie de rastro de la comunicación, desde donde proyectan a veces destellos accidentales; reflejos de un sol unánime, imparcial, sin tiempo, que, indiferente, las ilumina en un mediodía cósmico.

---

(21) *Ibíd.,* pág. 191.

Pero podemos, no obstante, ver en «El seguro» rasgos que anuncian elementos de obras futuras de Sarduy, y otros que llegan a convertirse en constantes de su obra. También podemos descubrir que algunos elementos de su obra madura que parecen responder, sobre todo, al impacto de *Tel-Quel,* y la ideología estructuralista y postestructuralista, constituyen más bien el desarrollo de intereses que surgen en la época habanera de Sarduy. Por ejemplo, la preocupación por lo cubano en una obra como *De donde son los cantantes* ha de verse como reflejo de una temática muy del grupo *Orígenes,* que cristaliza en el célebre libro *Lo cubano en la poesía,* de Cintio Vitier, y la temática, constante en Sarduy, de la relación entre la pintura y la literatura es también producto de preocupaciones muy típicas del grupo *Orígenes,* que fue tanto un movimiento poético como pictórico. Además, una de las características más sobresalientes de la poética de Lezama es su insistencia en la imagen. También vimos, por supuesto, que la temática del lenguaje, que luego va a aparecer con tanta insistencia en la obra madura de Sarduy, aflora ya en «El seguro». Pero es precisamente allí donde Sarduy, sin duda, rompe con Lezama y el grupo *Orígenes* para insinuar rasgos esenciales de su obra reciente. La temática del lenguaje acerca y aleja a la vez «El seguro» de «Cautelas» y de Lezama.

«El seguro» sugiere ya una noción del signo que va a fundamentar obras como *De donde son los cantantes* y *Cobra;* la sugerencia es, desde luego, temática, ya que no constituye parte misma de la elaboración del texto, pero, aun así, su efecto es apuntar a un vacío allí donde había de constituirse el texto. La póliza de seguros es un texto presente por sus efectos putativos o por su ausencia; está sin estar; es pura autoreferencialidad. Anticipando el impacto de Derrida en su obra, la póliza de seguro en el cuento de Sarduy es pura suplementariedad; el corte de los «dedos/falo» del protagonista vienen a ser la hipóstasis de esa suplementariedad. La literatura de Sarduy va a girar en torno a esa noción de escritura que va a encontrar apoyo teórico en la obra de estructuralistas y postestructuralistas. Claro, la relación de los textos de Sarduy con esa ideología no es inocente, y *Cobra* viene a ser una alegoría irrisoria del «pensamiento» postestructuralista, según he apuntado alguna vez antes. No obstante, aun cuando lo que queda de esa escritura es la positividad de unos signos, por variados o ausentes que quieran ser, lo cierto es que una suerte de teología negativa, perversamente similar a la cábala, es lo que rige ese mundo. En Lezama, por el contrario, hay un intento serio, intenso, hasta solemne, por fundar una teología positiva: por fundar una imagen presente y plena, concebible en un mundo tan arcano hoy para nosotros como la patrística. Lezama es un escritor premoderno que pretende fundar su sistema poético en un materialismo espiritual o un idealismo encarnado que sólo podemos pensar en términos cristianos. En Sarduy, el mundo es de residuos; en Lezama, palabras y cosas están imantadas por la fe. A pesar del enorme impacto que Lezama tiene sobre él, el Sarduy maduro no remeda a Lezama, sino que lo reescribe desde el lado de acá de la modernidad, apuntando al escándalo de incoherencias lezamianas, que sólo lo son en el ámbito donde la cosa y lo que significa ya han dejado de ser uno.

En sendos ensayos recientes de enorme poder sugestivo, Michel Foucault y Roland Barthes han meditado sobre el sentido del concepto de obra —grupos de textos cuya filiación establece la crítica y cuya coherencia garantiza la noción de autor (22)—. Para Barthes, la obra es institucional, salvaguarda del sentido de lo escrito, mientras que el texto transgrede constantemente todas las reglas, aun las de su propia producción. Foucault ve en la noción de autor un mecanismo ideológico que *a posteriori* limita las posibilidades de significación de un texto. La lectura que acabo de hacer de «El seguro», lo más saturada posible de información relativa al autor y afiliada de forma rigurosa a una tradición, nos permite sopesar el asunto. Es evidente que si la noción de autor significa coherencia ideológica, tanto en momentos aislados como en una evolución, «El seguro» nos demuestra lo contrario: los textos de Sarduy en un mismo momento de su carrera son, con frecuencia, contradictorios, irreductibles a una síntesis racional coherente, a un discurso que no

---

(22) Ambos ensayos han sido recogidos en traducción inglesa (Barthes, «From Work to Text»; Foucault, «What is an Author»), en Josué V. Harari editor, *Textual Strategies. Perspectives in Post-Structuralist Criticism* (Ithaca: Cornell University Press, 1979).

esté dispuesto a contener las contradicciones. Hay que admitir, además, que la lectura más explosiva del cuento, la que relaciona la inseguridad constitutiva de la escritura con la «seguridad» prometida de la póliza, no depende del contexto biobibliográfico del que ha partido aquí. Habría sido posible relacionar la póliza con la marca/ausencia de los dedos del campesino sin recurrir a *Cobra;* o la inseguridad de la póliza y el letrero en la pared, sin tener que recordar ningún otro texto de Sarduy.

A un nivel más práctico, sin embargo, el no saber que «El seguro» es de Sarduy nos habría llevado, probablemente, a leerlo como un cuento más de la tradición cubana que evoca la vida de privaciones y abusos sufrida por los campesinos. El nombre del autor sirve para alertarnos de las posibilidades de que el cuento sea distinto, promoviendo, en contra de lo que dicen Foucault y Barthes, una lectura más rica en recursos; la noción de autor o el concepto de obra no pueden ocupar ya el lugar determinante que la crítica le asignaba; pero ambos son elementos constitutivos de todo texto «literario», que tampoco podemos suprimir o ignorar. Queda, además, el hecho difícilmente discutible de las constantes que ya aparecen en «El seguro», que tienden no sólo a confirmar la validez de la noción de autor, sino que, evidentemente, encauzan la lectura hacia una reducción. La respuesta a estas paradojas creo que es que tanto Barthes como Foucault manejan nociones demasiado estrechas de autor y obra. La obra/autor que la crítica debe incorporar está hecha de contradicciones, atravesada por varias formas de producción, hecha de elementos inherentemente opuestos; no basada en una noción simplista, ni de vida ni de conciencia creadora, que excluya lo irreductible al discurso racional, o a una noción teológica o evolutiva de la carrera del escritor.

ISLA A SU VUELO FUGITIVA

Como la mayoría de sus personajes, Carpentier llevó una vida de viajes incesantes. Hijo de padre francés y madre de ascendencia rusa, Carpentier nació en La Habana el 26 de diciembre de 1904. Su condición de hijo de inmigrantes, su bilingüismo y las largas temporadas que pasa en París, lo convierten en una de las figuras más importantes en la asimilación de la vanguardia en el Nuevo Continente. Su conocimiento de la música lo convierte en uno de los pioneros del movimiento Afrocubano, cuyos comienzos se manifiestan antes en ese arte que en la literatura. Además de sus actividades como literato y musicólogo, Carpentier despliega a lo largo de toda su carrera una amplia labor periodística, en la cual su íntimo conocimiento de Europa y del francés le permiten servir de mediador entre las corrientes culturales del viejo y el nuevo mundo. Todas las ventajas que su doble origen le brindan las paga Carpentier con la ambigüedad cultural que sus críticos le achacan, y que él proyecta, tanto en sus múltiples viajes como en la temática del desarraigo que atraviesa toda su obra. La búsqueda de la identidad americana, que tanto habrá de ocupar a la vanguardia latinoamericana, se manifiesta con particular insistencia en la obra de Carpentier y alcanza en ella una complejidad sin paralelo en las letras del Nuevo Mundo. En esencia, podría decirse que toda la obra de Carpentier es una búsqueda de vínculo entre la escritura y la condición americana, sea ésta concebida como conciencia autónoma, producto de diferencias étnicas y culturas, como conciencia resultante de la fusión de diversas culturas en un medio ambiente peculiar y determinante, o como conciencia producto de unos orígenes políticos y sociales peculiares y también determinantes. Las metáforas centrales que sirven para establecer ese vínculo entre escritura y conciencia americana jalonan el itinerario de la obra carpenteriana, que corre paralela a sus propios viajes.

Carpentier inicia su carrera en la Cuba de los años veinte, que pronto habría de ser dominada por dos movimientos que surgen paralelos para luego unirse: la lucha contra la política intervencionista de los Estados Unidos y el movimiento Afrocubano. Carpentier participa en los inicios de ambos movimientos. En 1928 colabora con el compositor cubano Alejandro García Caturla en la producción de ballets de tema negro, y una vez iniciado el movimiento literario negrista, escribe varios poemas inspirados por la liturgia afrocubana. El movimiento Afrocubano había surgido en Cuba por impulso del movimiento negrista europeo y del primitivismo que imperaba en las manifestaciones artísticas de la vanguardia. Los jóvenes artistas cubanos oponían al europeísmo de la generación anterior el deseo de una fusión con un modo de sentir más apegado a los ritmos naturales del Nuevo Continente. Contribuye a este culto al irracionalismo la labor llevada a cabo por José Ortega y Gasset a través de la *Revista de Occidente,* que a partir de 1923 comenzó a publicar la obra de filósofos, como Spengler, que predicaban la decadencia de Europa y el futuro auge de regiones de cultura más «espontánea». En el auge del Afrocubanismo se pensó que el futuro de Cuba dependía del negro, que era el sector de la sociedad de la isla menos afectado por la cultura europea y que podría, por lo tanto, oponerse con mayor vigor a ella.

En medio del escándalo artístico que el Afrocubanismo suscitó en medios intelectuales cubanos, escritores como el ejemplar Rubén Martínez Villena, optaron por abandonar la literatura para dedicarse a la actividad política. Otros, como Juan Marinello y el gran poeta afrocubano Nicolás Guillén, combinarían ambas actividades, y a la larga verían que en política el Afrocubanismo sufría graves limitaciones. Carpentier vivió los momentos iniciales del recrudecimiento de la lucha contra Machado, y en 1928 estuvo encarcelado durante cuarenta días por sus actividades. Ese mismo año logró marcharse a Europa, donde habría de permanecer hasta 1939.

Carpentier se radicó en París, donde se dedicó a la radiodifusión y a escribir crónicas periodísticas para el semanario ilustrado habanero *Carteles*. Allí se vinculó con el grupo surrealista,con el que rompe en 1930, a raíz de las pugnas que surgen en 1929 y 1930; pero el surrealismo habría de dejar una huella indeleble en Carpentier. Carpentier confirma en Europa un americanismo militante que lo lleva a leer todo cuanto cae en sus manos sobre la historia y literatura hispanoamericanas.

La obra producida por Carpentier durante este primer período se reduce, sobre todo, a una novela, *¡Écue-Yamba-Ó!*, que había comenzado en Cuba durante su período en la cárcel, y reescrito en Europa. Es una obra desigual, llena de reflejos de la más extrema vanguardia y, a la vez, de recursos más tradicionales del realismo y de la novela «clásica» latinoamericana. Ahora bien: lo significativo de esa novela es su fidelidad a la tesis de la superioridad del negro. El mundo negro es un mundo regido por fuerzas ocultas, en las que el hombre vive en comunión directa con las fuerzas naturales. Por contraste, el mundo blanco es un mundo caduco, en el que el hombre vive una existencia refleja y mediatizada. El negro vive una existencia trágica, pero fecunda —Menegildo muere al final, pero su hijo nace para repetir el ciclo de su existencia—. Los blancos se desenvuelven en medio de una situación política corrompida, y de anuncios comerciales de productos norteamericanos. En «El milagro de Anaquillé», escenario para ballet, Carpentier proyecta aún con más fuerza esta tesis: allí es el negro «santero» quien logra ahuyentar al industrialista norteamericano que ha logrado amedrentar al campesino cubano blanco. El fallo de *¡Écue-Yamba-Ó!* surge de la inadecuación de esa tesis y la factura misma de la obra, ya que la injerencia del narrador y la falta de continuidad de las escenas (que aparecen dadas a veces como estampas barajadas al azar) demuestran la imposibilidad de narrar *desde* el negro. La metáfora de la fusión de la escritura con la conciencia negra falla por el lastre europeo que la escritura misma arrastra. Llevado a sus últimas consecuencias, el Afrocubanismo desemboca en la inconsecuencia. Pero el experimento fue valioso para Carpentier y para la vanguardia cubana, y todo el período en Francia habría de servir a Carpentier como preparación para los años cuarenta y la producción de sus obras más importantes.

Carpentier permanecerá en La Habana sólo hasta 1945, después de su regreso de Europa, en 1939, y los años en Cuba, antes de su partida rumbo a Caracas, serán interrumpidos por dos viajes; uno a Haití, en 1943, y otro a México, en 1944. Su lugar de residencia fija —La Habana, Caracas— no marca tanto su obra como los viajes. De éstos hay que destacar cuatro: los dos mencionados y los viajes al interior de Venezuela, en los veranos de 1947 y 1948. De estos últimos surgirán, primero, el inconcluso *Libro de la Gran Sabana,* y, luego, *Los pasos perdidos* (1953), textos que señalan la primera y tal vez única ruptura radical en la trayectoria de la obra de Carpentier. Por lo tanto, me parece apropiado pensar en el tramo de 1939, regreso a La Habana, y 1948, regreso a Caracas, después de su segundo viaje a la selva, como una unidad; aunque, a pesar de ser significativas, las diferencias entre la literatura carpenteriana de los treinta y la de los cuarenta no son radicales. Durante la década de los cuarenta, Carpentier redacta dos libros: *La música en Cuba* y *El reino de este mundo,* que se publican en 1946 y 1949, respectivamente, y todos los relatos (con la excepción de *El acoso*) que más tarde incluirá en la primera edición de *Guerra del tiempo* (1958): «Viaje a la semilla», «El camino de Santiago» y «Semejante a la noche», además de otros dos que no recogerá en volumen: «Los fugitivos» y «Oficio de tinieblas». Con estas narraciones empezará Carpentier a ser reconocido en Hispanoamérica y el extranjero como escritor de relieve, no simplemente como uno más de tantos autores de un libro oscuro. La década de los cuarenta es la más prolífica de Carpentier hasta la fecha y, en más de un sentido, la más importante. En ella nos concentraremos aquí.

Si bien los relatos y *El reino de este mundo* son las obras de este período que mayor interés encierran para la crítica, el libro que da tono a esos años, y el que los distingue de los años de la vanguardia y el Afrocubanismo, es *La música en Cuba,* obra en que traza la evolución histórica del arte musical cubano —tanto popular como de minorías— desde la colonia hasta el presente. Este período incluye, además, los únicos experimentos de Carpentier con la literatura fantástica, y será asociado con lo que la crítica alternativamente ha llamado «realismo mágico» o «lo real maravilloso americano». Los viajes de 1947 y 1948 por la selva venezolana y el fallido intento de escribir un libro de viajes a raíz del primero —*Libro de la Gran Sabana*— cerrarán el período, al llevar hasta sus límites posibilidades que la vanguardia había abierto a un tipo de narración en Hispanoamérica. Los textos del período guardan las huellas de esa ruptura.

La Hispanoamérica de los años cuarenta en la que ingresa Carpentier es, para los intelectuales y artistas que como él habían vivido la vanguardia europea, ya sea en Europa misma o desde el Nuevo Mundo, la Hispanoamérica del regreso y la reinmersión. Con Carpentier regresan de Europa —sobre todo de Francia y España—, después de la caída de la República española, y con el comienzo de la Segunda Guerra Mundial, gran número de artistas e intelectuales hispanoamericanos, y numerosos artistas e intelectuales europeos. Las consecuencias de este regreso, alrededor de 1940, y de la emigración de intelectuales europeos a América (sobre todo, españoles republicanos exiliados) ya han sido esbozadas por Emir Rodríguez Monegal: se crean casas editoras, se fundan revistas, surgen nuevos grupos de intelectuales en las grandes capitales del continente. El fenómeno, uno de los más significativos en la historia cultural hispanoamericana en lo que va de siglo, tiene otras consecuencias importantes. Rodríguez Monegal escribe: «Al mismo tiempo surge un crecimiento de la conciencia nacional —que había tenido sus manifestaciones más notables en México después de la Revolución, para poner un ejemplo conocido— que estimula la obra de ensayistas que se vuelcan cada vez con más ahínco en una doble indagación: del ser del país y del ser latinoamericano» (1). Al quedar relativamente desvinculada América de Europa y tener que reconcentrarse sobre sí misma, las tendencias autonomistas en el plano de la cultura, que se habían in-

_____

(1) «La nueva novela latinoamericana», en *Actas del III Congreso Internacional de Hispanistas* (México: Colegio de México, 1970), páginas 47-48.

tensificado durante los años de la vanguardia, se agudizan aún más —la historia provee el corte deseado—. Los años cuarenta son el período de la búsqueda de la conciencia americana, del esfuerzo por desentrañar los orígenes de la historia y del ser hispanoamericanos para fundar sobre ellos una literatura propia, distinta de la europea —el porvenir no se verá ya como el patrimonio de una sola raza, que por su espontaneidad primitiva es detentadora del poder y la fuerza, tesis de «El milagro de Anaquillé», sino como la fusión de todas las razas y culturas del continente en una nueva entidad histórica.

Las investigaciones sobre la historia de la música cubana habían empezado años antes, desde la llegada de Carpentier a La Habana, en 1939, y habían continuado con motivo del viaje a Haití, en 1943. Esas investigaciones surgen del deseo de descubrir y preservar la tradición hispanoamericana, específicamente la cubana, y fijar su particularidad. Carpentier se ve forzado a rescatar esa historia de viejas crónicas y compendios, de manuscritos y papeles olvidados. Con las investigaciones y redacción de *La música en Cuba* irrumpe la historia en la narrativa carpenteriana —*¡Écue-Yamba-Ó!*, «El milagro de Anaquillé» reflejaban, sin precisión histórica, hechos contemporáneos o relativamente próximos al autor—. *La música en Cuba* le proporciona a Carpentier un método de trabajo, que consiste en la investigación, en la creación a partir de una tradición que él va rehaciendo con la ayuda de textos de diversa índole. Más específicamente, le da un nuevo cauce a su ficción, que será la búsqueda, en esos textos olvidados, de personajes oscuros, de biografías incompletas, que él completará en sus relatos con sólida documentación y rigurosa cronología. Todos los relatos que Carpentier escribe en los años cuarenta parten de investigaciones históricas llevadas a cabo con motivo de *La música en Cuba,* y de ahora en adelante (1946), toda ficción carpenteriana va a girar en torno a la biografía imaginaria (o seudohistórica) de un personaje que Carpentier rescata del olvido (con la excepción de *Los pasos perdidos,* en que el biografiado es significativamente el propio Carpentier): sus vidas serán notas escritas en el margen de todos esos tomos que Carpentier maneja en tan diversos lugares.

Otro cambio significativo durante los cuarenta en la narrativa de Carpentier, que tiene relación directa con las investigaciones realizadas para la redacción de *La música en Cuba,* es el estilo. En *¡Écue-Yamba-Ó!,* la prosa de Carpentier está llena de reflejos estilísticos de la extrema vanguardia. En los años cuarenta, su prosa se va despojando de esos recursos (aunque, desde luego, nunca llega a perder algunos de ellos), hasta convertirse en esa prosa añeja, arcaizante, recargada y barroca que lo distingue desde entonces. La transformación estilística no podía ser más notable, ni su relación con la lectura de tantos textos coloniales más evidente. La ficción carpenteriana no será mera evocación de un pasado, sino que querrá ser *pastiche* de esos textos en que se encierra la memoria hispanoamericana, repetición, reelaboración textual, en el sentido más concreto y tangible. De la labor de esos años queda un texto teórico que resume otros menores publicados a lo largo de la década. Es necesario considerar en toda su complejidad las reverberaciones históricas del prólogo a *El reino de este mundo* —es decir, del «realismo mágico».

El realismo mágico, o lo real maravilloso, aflora en tres momentos del siglo XX. El primero es europeo; los dos últimos, hispanoamericanos (simplifico, por supuesto, ya que hay ramificaciones en los Estados Unidos e Italia que no caen de lleno en estos tres momentos). El primer momento es el de la vanguardia europea, cuando surge el término en el libro de Franz Roh *Nach-Expressionismus (Magischer Realismus)* (1925), y cuando los surrealistas, específicamente Breton en el primer *Manifeste* (1924), proclaman lo maravilloso como categoría estética y hasta como modo de vida. De este primer momento sólo queda en Hispanoamérica la brillante exposición de Borges en su ensayo «El arte narrativo y la magia» (1932) (2). El segundo momento pertenece a la Hispanoamérica de los años cuarenta, cuando el término ya había pasado de moda en Europa y había encontrado acogida tardía entre críticos de arte norteamericanos. Este brote ocurre, en Hispanoamérica, alrededor de 1948, cuando Uslar Pietri y Carpentier, casi simultáneamente, desempolvan el viejo cartel de los años de la vanguardia.

---

(2) *Discusión* (Buenos Aires: Emecé, 1966), págs. 81-92.

Uslar Pietri adopta la fórmula de Roh, aunque sólo de pasada, en un ensayo de escaso interés hoy, salvo para aquellos que se ocupen de la historia del cuento venezolano (3); Carpentier, por su parte, adopta la versión surrealista para crear el trinomio, lo «real maravilloso americano». Lo que provoca en los años cuarenta la resurrección del venerable oxímoron es: 1. Por una parte, el impulso mundonovista, que lleva al intento de formular las bases de una literatura que sea auténticamente hispanoamericana, y 2. El deseo, por parte de escritores vanguardistas y a la vez de izquierda, de preservar el legado de la vanguardia contra los embates de otro binomio que había alcanzado vigencia en los años treinta y que las corrientes neoexistencialistas, enroladas, de la segunda postguerra de nuevo esgrimían: el realismo socialista. José Antonio Portuondo tuvo el gran acierto de mostrar la oposición entre realismo mágico y realismo socialista, en un artículo suyo publicado en 1952 y apenas citado hoy (4). El tercer momento del realismo mágico, que pudiera denominarse crítico-académico, parte de un artículo de Angel Flores, pero alcanza vigor y difusión en los sesenta, cuando la crítica busca las raíces hispanoamericanas de algunas novelas del *Boom* y anteriores a éste, y trata de explicarse y justificar el carácter experimental de las mismas (5).

La continuidad o la cohesión entre estos momentos no hay que buscarla en una secuencia histórica, pues ésta no existe, sino en ciertas coordenadas de pensamiento que subyacen a toda manifestación del realismo mágico como programa para la literatura hispanoamericana o como intento de explicar la literatura no-realista en la Hispanoamérica del siglo xx. Hay dos vertientes del realismo mágico, a veces distinguibles, por las dos rúbricas mencionadas. La primera, realismo mágico, que surge del libro de Roh, es la fenomenológica; la segunda, lo real maravilloso, de ascendencia surrealista, la ontológica.

---

(3) *Letras y hombres de Venezuela* (México: Fondo de Cultura, 1948), pág. 161.

(4) «La realidad americana y la literatura», en *El heroísmo intelectual* (México: Tezontle, 1955), págs. 125-136.

(5) «Magical Realism in Spanish American Fiction», en *Hispania,* 38 (1955), págs. 187-192.

Roh basa su libro en una de esas oposiciones binarias que con frecuencia se desprenden de la crítica histórica como explicación global de la trayectoria del arte en Occidente (las más notorias son clasicismo-barroco y romanticismo-clasicismo). En Roh, la oposición consta de los siguientes polos: el impresionismo, que respeta el mundo real y reproduce fielmente sus formas, y el expresionismo, en el que las formas del mundo real son sometidas a las categorías del espíritu. En el primero, el objeto se impone al observador, al artista; en el segundo, el artista impone su propia subjetividad al objeto observado. Toda la historia del arte consiste, para Roh, en un movimiento pendular entre esas dos tendencias. Pero al llegar al postexpresionismo, que es el período que a Roh le interesa y que denomina mágico-realista, la dialéctica antes operante desemboca en una síntesis. La magia reside, para Roh, en el asombro ante la percepción del objeto simultáneamente en su devenir y sustraído de él: «... en el postexpresionismo se nos ofrece el milagro de que las vibraciones de las moléculas —eterna movilidad—, de que el constante aparecer y desaparecer de lo existente, segregue, sin embargo, objetos permanentes. Este milagro, de una aparente persistencia y duración, en medio del general devenir, de la universal disolución, es lo que el postexpresionismo quiere admirar y destacar» (6). La minuciosa descripción de lo real para minar la familiaridad de la percepción habitual es característica de la estética de principios de siglo, desde un Azorín hasta los formalistas rusos, quienes sostenían, por ejemplo, que la metáfora chocante del poeta futurista forzaba al lector a percibir con mayor nitidez los objetos dispares que ésta aproximaba. Lo que varía en todos estos casos es el acto de percepción, que, al asumir una perspectiva inusitada, proyecta sobre la realidad un asombro o una devoción que hacen del gesto y del objeto un milagro (7).

Aunque se le debe a Roh el haber acuñado el término realismo mágico, así como el haber logrado aislar una característica

_____
(6) Cito de la traducción de un fragmento del libro de Roh aparecido en la _Revista de Occidente_, 5 (1927), pág. 281.
(7) _Ibíd._, págs. 112-113.

saliente de la vanguardia, la estética de lo minúsculo, su versión del concepto no es la que mayor fortuna tiene entre los escritores del Nuevo Mundo, a pesar de que su libro fue leído ávidamente en Hispanoamérica en la traducción diseminada por la *Revista de Occidente.* Carpentier recuerda el libro de Roh en su pronunciamiento de 1948 únicamente para crear el oxímoron «real maravilloso» (lo maravilloso venía de los surrealistas) y en algunos detalles marginales.

La estética que define Roh, observa Antonio Espina en una reseña, es «Una estética media, en suma, situada resueltamente entre el sensualismo informe y el esquematismo superestructurado. Se trata de un realismo idealista [...] Mágico en cuanto crea un nuevo espíritu que tiene su *forma* en lo sobrenatural, en lo superreal. Y se llama precisamente mágico para evitar que salga nunca de la esfera neutra de la idealidad y el subjetivismo y caiga y pueda confundirse con el realismo religioso». Las teorías de Roh no tienen mayor impacto sobre el escritor hispanoamericano porque el milagro que éste persigue no es neutro, sino que aspira, mediante él, a fundirse en un orden trascendente —sólo que ese orden no es ya el provisto por la tradición occidental—. El escritor hispanoamericano prefiere instalarse del lado de allá de esa estética media o fronteriza que describe Roh; del lado del salvaje, del creyente, no en ese punto ambiguo donde el milagro se justifica por un acto de percepción reflexivo, en que la conciencia de la distancia entre el observador y lo observado, entre el sujeto y ese otro exótico, genera la extrañeza y el asombro. En el prólogo de *El reino de este mundo,* Carpentier afirma que: «Para empezar, la sensación de lo maravilloso presupone una fe». La tendencia hacia esa fe, hacia lo trascendente que Roh intenta esquivar con el adjetivo *mágico,* se encuentra en la otra vertiente, la ontológica, que es la que mayor fortuna ha gozado en Hispanoamérica.

Es notorio que el Modernismo europeo (es decir, lo que vino a ser la vanguardia) constituye la búsqueda de una visión del mundo diferente u opuesta a la de la cultura occidental. Las manifestaciones de esa búsqueda son bien conocidas: el Negrismo, el interés por la subconsciencia, la reacción contra el positivismo y el neokantismo, el auge del vitalismo bergsoniano, el irracionalismo tanto en filosofía (piénsese en Unamuno) como en las artes, el redescubrimiento de Nietzsche, etc. Todas esas manifestaciones van acompañadas de un fenómeno muy significativo: el inusitado desarrollo de la etnología, que tiende a descentrar el pensamiento, la historia y la estética de Europa, al describir por vez primera, con lujo de detalles, la riqueza de culturas hasta entonces vistas como bárbaras. Todas esas tendencias tuvieron una difusión en extremo amplia en el mundo de habla española a partir de 1923, gracias a la *Revista de Occidente* y a la labor de su director José Ortega y Gasset. En *Las Atlántidas,* en 1924, Ortega hacía las siguientes observaciones y vaticinios: «Si hasta el presente la «historia universal» había sufrido un exceso de concentración en un punto de gravitación único, hacia el cual se hacían converger todos los procesos de la existencia humana —el punto de vista europeo—, durante una generación, cuando menos, se elaborará una historia universal policéntrica, y el horizonte total se obtendrá por mera yuxtaposición de horizontes parciales, con radios heterogéneos que hacinados formarán un panorama de los destinos humanos bastante parecido a un cuadro cubista» (8). El artista europeo quiere ser otro, quiere ver el mundo desde otro modo de ser. Los hispanoamericanos, que desde el Romanticismo querían afirmar la diferencia y autonomía de su cultura con respecto a la europea, se suman a esta tendencia de la vanguardia (Asturias redacta en París sus *Leyendas de Guatemala,* que publicaría en 1930 y que se desprenden de sus estudios de etnología con Georges Raynuad). Mientras que en pintura y escultura se rompe con lo que se considera el legado europeo mediante la estilización y la reducción a formas y colores primarios, en la literatura narartiva el descentramiento ocurre en el plano de la causalidad —la relación causa-efecto por la cual se articula el argumento, que desde Aristóteles había sido la piedra angular de todo proyecto narrativo.

En *El arte narrativo y la magia,* Borges propone que todo proceso narrativo es mágico, y alude al conocido libro de Frazer *The Golden Bough.* Borges no niega la causalidad en la narrativa ni ofrece otra causalidad extravagante o insólita, como

---

(8) Madrid: Revista de Occidente, 1924; pág. 31.

harán muchos escritores europeos e hispanoamericanos en pugna contra lo que consideran moldes de arte y pensamiento occidentales, sino que destaca el parentesco de ésta con la magia, con el proceso de la cura homeopática del primitivo. La causalidad en la ficción no es determinada por una ley natural ni por el reflejo del orden del mundo físico, sino por una ley de simpatía o atracción que es arbitraria, ya que para Borges el mundo real es el que carece de concierto: «He distinguido dos procesos causales: el natural, que es el resultado de infinitas operaciones; el mágico, donde profetizan los pormenores, lúcido y limitado. En la novela, pienso que la única honradez está con el segundo» (9). La *Poética,* de Aristóteles, formulaba, como es sabido, una teleología narrativa análoga a la de Borges: el argumento es un todo coherente, con principio, medio y fin, en el que nada puede preceder al principio ni nada exceder al final, y en el que todo incidente surge de los anteriores por una ley de necesidad. No es puramente estética esa disposición, sin embargo. La clave de ese principio fundamental de la *Poética,* que rigió durante siglos en la literatura, es la base misma de la filosofía aristotélica: el argumento cosmológico. Así como el cosmos está ordenado en su movimiento por una serie de actospotencias que remiten al inmóvil primer motor —a ese indiferente e hierático Dios—, la trama de una obra, que es imitación de acciones, debe reflejar el mismo principio de composición. Toda versión del realismo supone esta relación especulativa entre la realidad y el arte —contra ella se dirige toda la vanguardia—. En vez de quebrar el espejo para crear una serie de imágenes discontinuas, Borges, en cambio, lo pule para que muestre con mayor nitidez una imagen completa y ordenada, pero que no es reflejo de un orden real, sino completa en sí.

El término magia ya no neutraliza como en Roh el trascendentalismo implícito a esa visión, sino que subraya, no sin cierta ironía, muy propia de Borges, su carácter religioso. Aceptamos la causalidad en el orden narrativo sin reparos, con fe ciega, de la misma manera que el primitivo acepta la eficacia de la cura homeopática. En ambos casos se salta sobre el vacío

---

(9) *El arte narrativo y la magia,* pág. 91.

del caos y la arbitrariedad mediante un acto de fe. De ahí que para Borges la teología sea una forma, tal vez la más elevada, de la literatura fantástica, porque en ésta se supone la existencia de un principio ordenador que da coherencia al universo y concierto a sus fenómenos.

A pesar de tener una clara relación con el auge de la etnología, el ensayo (y la obra) de Borges no conduce al policentrismo que vaticinó Ortega, sino a una ausencia de centro. Si la magia del primitivo es homóloga en su funcionamiento al proceso narrativo en la cultura occidental, lo que se supone que es una estructura de base que subyace en todas las culturas, no una diferencia entre ellas, esto lleva igualmente implícito que el orden visible de la cultura europea enmascara otro, en el que no se diferencia ni es superior a otras culturas; en Borges, no sólo no hay primitivismo, sino que se niega la posibilidad del primitivismo. En Borges y el surrealismo, lo que se sugiere es la existencia de una especie de superlógica, o supralógica universal. La magia, el sueño, la alucinación, el orden narrativo, no son propiedad exclusiva de esta o aquella cultura, sino manifestaciones superficialmente disímiles, pero homólogas, del ser: Breton y Borges no proponen sino una suerte de ontoteología.

El surrealismo, sin embargo, aspiraba a una especie de monismo que borrara la separación entre el hombre y el mundo. En Borges, cuyas raíces se hunden en la transparencia del idealismo, persiste la dualidad entre espíritu y el turbio y accidentado universo. Pero tanto en Borges como en el surrealismo se persiguen formas definitorias del hombre en un sentido universal, en contra de una visión centrada de la historia de orientación hegeliana.

No así en Carpentier y la mayoría de los artistas e intelectuales hispanoamericanos, que optan por el policentrismo anunciado por Ortega —policentrismo que era apoyado por libros como *La decadencia de Occidente* con persuasivas teorías—, dando así una versión distinta del realismo mágico, aunque desde la misma vertiente ontológica.

A pesar de su documentable fascinación por el surrealismo en un momento de su vida, Carpentier nunca se deja seducir del todo por Breton y sus teorías; por el contrario, Carpentier se afana por aislar en su concepto de lo maravilloso algo que sea exclusivamente hispanoamericano. Si Borges y Breton suponen un modo de ser en que el salvaje y el hombre civilizado se despojan de sus diferencias, Carpentier persigue lo maravilloso en las capas soterradas del ser hispanoamericano, donde todavía percuten tambores africanos y rigen hoscos amuletos indígenas; profundidades donde lo europeo es un vago recuerdo del porvenir: «Y es que, por la virginidad del paisaje, por la formación, por la ontología, por la presencia fáustica del indio y del negro, por la Revelación que constituyó su reciente descubrimiento, por los fecundos mestizajes que propició, América está muy lejos de haber agotado su caudal de mitologías». Aparte de ataques contra determinados surrealistas, resabio de pugnas de los años treinta, el prólogo a *El reino de este mundo* se resume en que lo maravilloso existe *todavía* en América, y que éste se revela a los que creen en él; no por un acto reflexivo o autoconsciente.

La base filosófica de los pronunciamientos de Carpentier es, sin duda, Spengler, quien, a diferencia y en contra de Hegel, mantenía que la decadencia de una cultura empezaba a manifestarse precisamente cuando surgía la reflexividad. Para Spengler, el Nuevo Mundo se encontraba en un momento de su ciclo cultural —momento de fe— anterior al de la reflexividad; mientras que Europa se sentía extraña ante las formas de su propia cultura y buscaba en leyes y códigos de pretensiones universalistas, como el surrealismo, el misterio de la creación, irremediablemente perdido. La oposición entre lo europeo y lo primitivo que establecía Spengler —y su correlato: incredulidad/fe— es la misma que el filósofo alemán erigía entre civilización y cultura: «La esencia de toda cultura es religión, la esencia de toda civilización es irreligión [...]. Irreligiosas, inánimes, son, pues, también esas emociones éticas universales que pertenecen al idioma de formas de las grandes urbes» (10). Son precisamente estos razonamientos los que utiliza Carpentier para atacar el surrealismo, que, según él, se ha convertido en un

---

(10) *La decadencia de Occidente* (Madrid: Espasa-Calpe, 1923), vol. I, pág. 448.

«código de lo fantástico» y que se erige como una nueva ética (además de estética) universal; que se ha convertido en algo inánime, muerto.

Fernando Alegría tuvo el gran acierto de notar el aspecto onto-teológico de lo propuesto por Carpentier en su prólogo a *El reino de este mundo:* «La magia de Carpentier y Asturias puede ser genuina experiencia metafísica, es decir, compromiso personal no sólo en el reino de éste, sino también del otro mundo» (11). En efecto, lo maravilloso en Carpentier responde a una presunta ontología, a una peculiar forma de ser del hispanoamericano, que excluye la reflexibilidad para dar paso a la fe, y que le permite vivir inmerso en la cultura y sentir la historia como sino, no como un proceso causal analizable intelectual y racionalmente —Ti Noel, al final de *El reino de este mundo,* estupefacto, anonadado por la creación de varios estados que se han ido implantando a su alrededor como nuevos órdenes sociales y políticos, destruyendo su mundo de mitos y de leyendas—. Desde la perspectiva a que ese modo de ser aspira, la fantasía deja de ser incongruente con respecto al mundo real, para convertirse ambos en un mundo cerrado y completo, esférico, sin fisuras ni desdoblamientos irónicos, que se percibe «en virtud de una exaltación del espíritu que lo conduce a un modo de 'estado límite'». Pero si llevamos a sus últimas consecuencias el sistema spengleriano que maneja Carpentier, el problema de la reflexividad queda abierto, ya que disertar «fuera del libro» sobre la fe que propone es un acto reflejo: las maravillas quedan del lado de allá, del lado de los afroantillanos, de los negros, a quienes Carpentier supone creyentes, y que pueblan sus ficciones. Pero, ¿dónde queda Carpentier? No digamos ya el Carpentier que viaja por Haití, sino el Carpentier implícito en sus relatos. Justo es decir que, al llegar a este punto, la tentativa de Carpentier tropieza contra la problemática de la literatura hispanoamericana desde sus orígenes (desde Garcilaso el Inca): ¿pierde su autenticidad el hispanoamericano al poner

---

(11) «Alejo Carpentier: realismo mágico», en *Humanitas,* 1 (1960), página 356.

pluma sobre papel y dejar correr la tinta? Ya se ha visto que tanto la vertiente fenomenológica que parte de Roh como la ontológica spengleriana y surrealista (estas dos facetas, unidas por un mismo trasfondo romántico-naturalista) ofrecen un claro aspecto trascendental —velado en la primera por el término magia, subrayado en la segunda—. Pero el deseo de abolir la diferencia entre el yo y el otro, entre el observador y el cosmos, es socavado en ambos casos precisamente por el empleo de términos como magia y maravilloso. Toda magia, toda maravilla, supone una alteración del orden, una alteridad —supone al otro, al mundo, que nos mira desde la orilla opuesta—. Pero no es sólo esa característica distanciadora de la magia la que mina el impulso de Carpentier, sino, además, su declaración de que lo maravilloso se encuentra en América, por oposición a Europa.

Tal vez lo que sea característico sea precisamente que escritores como Carpentier, Asturias o Uslar Pietri hayan declarado que la magia estaba aquí, para evadir la alienación del europeo, para quien la magia siempre está allá. Pero en esa tentativa hay una doble o meta-alienación; la magia puede que esté en esta orilla, pero tenemos que verla desde la otra para verla como tal. La peculiaridad hispanoamericana será entonces ese doblez, esa utopía suspendida entre un aquí y un allá —viaje perpetuo, ruta en busca de una Antilla siempre elusiva—. El error será el errar. La pregunta será entonces no si el hispanoamericano pierde su autenticidad al poner pluma sobre papel, sino cuestionar la base misma de esa pregunta.

El «error» de Carpentier es sólo en el plano teórico de su ensayo, donde sus postulados aspiran a un estatuto de veracidad comprobable, no en el plano literario. Si podemos pedir coherencia a los razonamientos de Carpentier en su ensayo, no podemos hacer lo mismo con sus relatos: nos es lícito asumir que no puede existir ese nexo concreto, mágico, entre la escritura y el cosmos; pero no podemos negar a la literatura el deseo de establecer ese nexo, porque en ese plano lo que en el ensayístico son pérdidas, en éste pueden ser ganancias, ya que los relatos surgen en ese margen de error conceptual. Esto es lo que parece sugerir Borges en su obra: que el texto literario se desplaza en el espacio entre un sí y un no, entre un orden que se vislumbra y una dispersión que se anuncia.

Los relatos carpenterianos de los años cuarenta se distinguen, como ya se ha dicho, por su historicidad, por desarrollarse su acción en una época pasada, que se señala por trajes, costumbres, objetos, o a veces por incidentes pretéritos conocidos, cuando no por alusión directa a personajes históricos reconocibles: «Oficio de tinieblas», «Los fugitivos» y «Viaje a la semilla» se ubican en la Cuba de la aristocracia azucarera del siglo XIX (Santiago de Cuba y los alrededores de La Habana); *El reino de este mundo,* en Santo Domingo y Santiago de Cuba, a finales del siglo XVIII y principios del XIX; «Semejante a la noche», que es una especie de *mise en problème* de la narrativa y la historia, en seis momentos distintos, que abarcan desde la Grecia homérica hasta el presente siglo, y «El camino de Santiago», en Flandes, Francia, España y Cuba durante el siglo XVI. En «Semejante a la noche», la historia se ficcionaliza (a pesar y a causa de su precisión), se literaturiza, por un lado mediante la repetición de lo mismo y, por otro, mediante la asimilación de textos históricos de diversas épocas que se «citan» unos a otros, se funden en un mismo plano horizontal, anulando así su valor referencial. Ahora bien: si extendemos el problema de la escritura histórica a la problemática de la Historia (como acontecimientos reales), vemos que «Semejante a la noche» no representa más que la ideología spengleriana llevada a su conclusión más radical.

Lo que une a todos esos ciclos dispersos y aparentemente disconexos, sin embargo, es la naturaleza, que es la única permanencia que queda del torbellino histórico spengleriano. Es ese estatismo histórico, no obstante, lo que caracteriza la narrativa carpenteriana de los años cuarenta. No se trata simplemente de que Carpentier ofrezca una visión descentrada, antihegeliana de la Historia, sino que el proceso histórico aparece como un ciclo dinámico de repeticiones que desemboca en lo estático y permanente, como los idénticos rayos de una rueda en movimiento proyectan una imagen fija. Por ello, el mundo histórico que presenta Carpentier en sus relatos es siempre un mundo de imponentes edificios y de ruinas —un mundo de palacios y mansiones desmanteladas—. Pero, ¿dónde se ubica esa permanencia, esa acrónica y ucrónica isla siempre vista entre dos aguas que corren en direcciones opuestas? Si el resultado de la historicidad que ofrece Carpentier es la ahistoricidad, ¿en qué queda el proyecto de rescatar los orígenes de la historia americana? Y si esta última es esa permanente isla en medio de las corrientes de la historia, ¿cómo cifra su imagen en los textos históricos que Carpentier rescata y en los de su propia narrativa?

Para comprender más íntimamente y poder observar más de cerca toda esta problemática, conviene regresar al prólogo de *El reino de este mundo,* a la parte en que Carpentier se refiere directamente a la composición de ese relato:

> Sin habérmelo propuesto de modo sistemático, el texto que sigue ha respondido a este orden de preocupaciones [las vistas más arriba sobre «lo real maravilloso americano»]. En él se narra una sucesión de hechos extraordinarios, ocurridos en la isla de Santo Domingo, en determinada época que no alcanza el lapso de una vida humana, *dejando que lo maravilloso fluya libremente de una realidad estrictamente seguida en todos sus detalles.* Porque es menester advertir que el relato que va a leerse ha sido establecido *sobre una documentación extremadamente rigurosa que no solamente respeta la verdad histórica de los acontecimientos, los nombres de personajes —incluso secundarios—, de lugares y hasta de calles, sino que oculta, bajo su aparente intemporalidad, un minucioso cotejo de fechas y cronologías.* (El subrayado es mío).

Quien haya leído a Carpentier con algún detenimiento, no vacilará en tomar en serio sus palabras. Porque, en efecto, un conocimiento sumario de los hechos narrados en *El reino de este mundo* parece confirmarlas. El relato narra acontecimientos conocidos: la revuelta de Mackandal, la rebelión de Bouckman, la llegada de colonos franceses a Santiago de Cuba a raíz de las convulsiones políticas de la isla vecina, las campañas del general Leclerc, el reinado de Henri Christophe, etc. Aun una investigación preliminar más minuciosa revelará que M. Lenormand de Mezy fue un colono rico de la región norteña de Limbé, en cuya hacienda, en efecto, ocurrió la primera revuelta de esclavos narrada en *El reino de este mundo,* la de Mackandal; que Rochambeau fue quien sucedió a Leclerc en la isla; que Labat y Moreau de Saint Mery fueron, en efecto, historiadores de los sucesos; que Cornejo Brelle fue Corneille Breille; que Esteban Salas fue un compositor santiaguero que Carpentier descubrió en sus investigaciones para *La música en Cuba;* que hubo un esclavo llamado Noel... Pero Carpentier reclama mucho más. Carpentier habla de no haberse propuesto de modo sistemático alcanzar lo real maravilloso, que éste fluye «libremente de una realidad seguida en todos sus detalles» y de un minucioso cotejo de fechas y cronologías. Lo que reclama Carpentier, en otras palabras, es perfectamente consecuente con el resto de su teoría; que lo maravilloso surge espontáneamente de la realidad histórica americana y se cifra en su texto.

Si tomamos algunos de los acontecimientos más memorables del relato, pronto nos damos cuenta de que el procedimiento utilizado por Carpentier en la composición de *El reino de este mundo* —que no varía en lo más mínimo del utilizado en «Semejante a la noche» y otras narraciones— es el *collage,* la superposición *de textos históricos.* Prácticamente, todas las escenas capitales del relato están tomadas de textos históricos: la escena de la misa de la Asunción en que Cornejo Brelle se le aparece al atormentado Christophe, la escena del entierro del rey negro en el cemento húmedo, etc. Pero, evidentemente, no es esto lo que Carpentier quiere decir cuando habla del fluir libre de lo real maravilloso. La historia que nos relata es constatable, documentable; podríamos hasta aceptar que ésta simplemente se copia, se *repite* en su texto. Pero, ¿quién establece el vínculo? ¿Quién selecciona? No se trata simplemente aquí, por cierto, del elemental problema estético de la selección, ya que Carpentier nos habla de un fluir libre, sino de la *relación,* de la concatenación de incidentes en el relato. Carpentier habla en su prólogo, sin embargo, de una «sucesión de hechos extraordinarios» *(op. cit.)* —¿pero qué principio, que razón, da lugar a esa sucesión? Si Carpentier afirma que la composición del relato surge de un fluir libre, la disposición de la historia, su concordancia (si ésta existe) no puede partir entonces de un proceso borgeano de selección—; la fuente, si creemos a Carpentier, tiene que ser otra.

Si la historicidad es una de las características más salientes de la narrativa carpenteriana de los años cuarenta, la complicidad entre la historia y la naturaleza es otra. En «Oficio de tinieblas» hay terremotos y epidemias que diezman la ciudad de Santiago de Cuba en fechas significativas; en «Los fugitivos», Perro y Cimarrón viven atentos a los ritmos naturales; en «El camino de Santiago», la constelación, las estrellas, guían al peregrino; en «Viaje a la semilla», la Marquesa muere ahogada en el río Almendares, a pesar de que una negra santera le ha dicho que se cuide de «lo verde que corre»; en «Semejante a la noche» se sugiere que la historia es una alternancia entre el día y la noche, reiteración de las tinieblas. En *El reino de este mundo,* esa complicidad entre la historia y la naturaleza atraviesa todo el relato: una gran tormenta acompaña la noche del «Pacto Mayor»; Mackandal se vale de venenos confeccionados con yerbas y hongos para matar animales y colonos, y dar comienzo a la primera rebelión de esclavos. En este nivel podríamos hablar de una especie de concordancia sinfónica (al estilo romántico) entre los grandes sucesos y la naturaleza, que se hace eco de ellos. Pero hay otro nivel en que esa complicidad se manifiesta: las profecías de Ti Noel. A propósito de los relatos de folklore y religión africanos que le hace Mackandal, Ti Noel afirma, en el capítulo VI de la primera parte: «Un día daría la señal del gran levantamiento [Mackandal], y los señores de Allá, encabezados por Damballah, por el Amo de los Caminos y por Ogún de los Hierros, traerían el rayo y el trueno, para desencadenar el ciclón que completaría la obra de los hombres. En esa gran hora —decía Ti Noel—, la sangre de los blancos correría hasta los arroyos, donde los Loas, ebrios de júbilo, la beberían de bruces, hasta llenarse los pulmones».

Estas profecías se cumplen, primero, cuando el «Pacto Mayor», donde el rayo y el trueno acompañan el ritual de conjuro, y en «La llamada de los caracoles», cuando los esclavos masacran a los colonos y corre la sangre; y al final, cuando el gran «viento verde» arrasa por completo y termina la destrucción que, en efecto, habían comenzado los hombres. La cohesión del relato no es causal, sino contrapuntística; no es lineal, sino reiterativa. La naturaleza, instada por los poderes de Mackandal y Bouckman, rige la historia y la disposición del relato, dándole unidad y coherencia, de la misma manera que en «Viaje a la semilla», el gesto ritual del batón del mago Melchor pone en movimiento la visión regresiva de la vida del Marqués de Capellanías. La complicidad, a este nivel, entre la naturaleza, el cosmos y la historia, es clara; pero éste es un nivel temático o, si se quiere, exclusivamente textual; además, como puede comprobarse al cotejar el texto de *El reino de este mundo* con textos históricos, hubo realmente una tormenta la noche del «Pacto Mayor», y si investigamos en otros textos históricos, veremos que el uso de venenos por Mackandal no responde simplemente a una necesidad textual, sino que fue un hecho histórico. ¿Será puramente textual, entonces, esa concordancia que se ha apuntado? ¿O será histórica? Si la historia y el texto se funden en una misma relación, si aquélla posee ya la disposición y concordancia que encontramos en éste, no se trata entonces, como en Borges, de una magia que relaciona simplemente al nivel textual, sino de un vínculo concreto y real entre el cosmos y la escritura. De ser así, la relación entre la historia y el relato no será simplemente la de la glosa o el suplemento que se ha visto al cotejar pasajes del relato con textos históricos, sino que deberá existir un riguroso ritmo cronológico concordante entre ambos —una sintaxis común.

Aunque el texto del relato no lo registra, la noche del «Pacto Mayor» fue la del 14 de agosto de 1791, y la de «La llamada de los caracoles», ocho días después, como sí consigna el relato, la del 22 de agosto del mismo año. La fecha es comprobable. Nada sorpresivo tiene la precisión de esas fechas hasta que no damos con que la única fecha mencionada en el relato es la del 15 de agosto (cap. V de la tercera parte, «Crónica del 15 de agosto»); el Domingo de la Asunción en que Henri Christophe, atormentado por su conciencia, cae fulminado durante la misa, ante la visión de Cornejo Brelle. La proximidad de las fechas es llamativa, más aún cuando nos damos cuenta de que el capítulo siguiente (VI de la tercera parte), cuando el rey se suicida, es también domingo («El domingo siguiente») —22 de agosto, por supuesto—. Puede comprobarse que, en efecto, Henri Christophe fue víctima de una especie de embolia un 15 de agosto de 1820. La coincidencia, desde luego, estribará en que la ceremonia que anuncia la caída del régimen blanco en Haití ocurre un domingo 14 de agosto, y el levantamiento que echa a andar la rebelión ocurre un lunes 22 de agosto; mientras que la ceremonia de la misa donde ocurre el incidente que anunciaba la caída del régimen negro ocurre un domingo 15 de agosto, y su muerte, el 22 del mismo mes. La coincidencia es notable, y vincula acontecimientos en un ritmo de repeticiones cíclicas, pero no del todo histórica, ya que Henri Christophe no murió un domingo 22 de agosto, sino un domingo 8 de octubre de 1820. Además, por un lado tenemos un domingo y un lunes, mientras que por el otro, dos domingos. La ruptura entre historia y relato se abre, pero hay más.

La sugerencia de un orden subyacente en estos esquemas cronológicos se hace más fuerte si nos damos cuenta de que el «Pacto Mayor», que es el capítulo II de la segunda parte, es el X del relato, si contamos consecutivamente, y, por lo tanto, «La llamada de los caracoles es el XI; mientras que —siempre contando consecutivamente— la «Crónica del 15 de agosto» es el XX, y la «Ultima Ratio Regum», el XXI. Si con esta sospecha de disposición numérica regresamos a la primera parte del relato, notamos que la ejecución de Mackandal —quien, como ya se ha visto, da comienzo a la serie de sucesos históricos que componen *El reino de este mundo*— fue, según reza el texto, «Un lunes de enero», o sea, primer día del primer mes... Sólo que si acudimos a la historia, veremos que Mackandal fue ejecutado un 20 de enero de 1758, viernes. Conviene, de todos modos, notar que el capítulo en que se narra la ejecución de Mackandal, «El gran vuelo», es el VIII de la primera parte y del relato, mientras que el anterior, cuando aparece Mackandal súbitamente durante una ceremonia *voudú,* tiene que caer, si la cronología no nos falla, un 25 de diciembre (Navidad, además) de 1757, domingo. Capítulo VIII, un lunes de enero de 1758; la revuelta de Bouckman se planea para ocho días más tarde, un lunes —el 8 tendrá siempre que ser un lunes, comienzo del ciclo, de la semana, de los acontecimientos—. El 7 será domingo; capítulo VII de la primera parte, 25 (2+5=7) de diciembre de 1757 (diciembre será el mes doce; enero, el trece; ceremonia, principio). En un brillante artículo sobre *Los pasos perdidos,* Eduardo G. González ha mostrado cómo funciona, con gran precisión, la Semana en esa novela, y cómo el domingo

es «Final y Principio, apertura hacia el ámbito creador» (12).
En *El reino de este mundo,* el domingo será el día de los grandes rituales anunciatorios; el lunes, el día de los grandes acontecimientos. El domingo que faltaba al esquema anterior era el de la aparición de Mackandal, un 25 de diciembre, durante una ceremonia *voudú;* escena cuyo paralelismo con la aparición de Brelle no podía ser más claro; el otro lunes sería entonces (aunque no se narra) el de la toma del Cabo y de Sans Souci por los rebeldes (que serían luego dominados por Boyer, el presidente mulato de la zona sur).

Lo significativo es que Carpentier ha sometido la historia a una alternancia ritual de domingos y lunes, y ha montado el texto del relato en una armazón numérica de extremada sutileza y complejidad. Por ejemplo, la novela tiene 26 capítulos, por lo tanto, el centro de la misma es el capítulo XIII, «Santiago de Cuba», donde llega M. Lenormand de Mezy con Ti Niel, a fines de 1791. Además del significado que Santiago de Cuba tiene, por otras razones que se verán en seguida, sospecho que no sólo es el centro matemático del relato, sino también el cronológico. Si atendemos a la cronología que se ha ido revelando, puede conjeturarse tal vez lo siguiente: sabemos que Mackandal fue ejecutado en enero de 1758; por lo tanto, como ya se dijo, el capítulo anterior, el VII, transcurre durante diciembre de 1757. Pero como en el capítulo VI se ha dicho que transcurren cuatro años desde las primeras aventuras del Mandinga, el relato debe comenzar entonces en 1753. De ser así, transcurren treinta y siete años antes de 1791 (que sería el año 38 de la acción), por lo cual me parece lícito conjeturar que otros treinta y siete años transcurren después de ese capítulo, con lo cual el relato terminaría en 1828, durante la presidencia de Boyer (termina, desde luego, durante su presidencia, pero me ha sido imposible determinar el año, aunque debe ser después de 1824, cuando las princesas llegan a Italia); la acción duraría entonces setenta y cinco años («época que no alcanza el lapso de una vida humana», dice Carpentier en el prólogo).

---

(12) «*Los pasos perdidos,* el azar y la aventura», en *Revista Iberoamericana,* 81 (1972), pág. 612.

La sugerente redondez de esos números es demasiado fuerte para no hacer conjeturas: $3+7=10$; $2+8=10$; $7+5=12$.

Hay, además, otras concordancias numéricas que tienden a corroborar esas conjeturas, y que son, además, reveladoras en sí. Acaba de decirse que el capítulo XIII es el centro del relato, dado que éste tiene 26, si contamos consecutivamente. Desde luego, podría argüirse, con toda lógica, que no puede ser así, ya que si el capítulo XIII es el centro matemático de la narración, quedan 12 capítulos de un lado y 13 del otro. Sin embargo, con un poco más de atención, pronto emerge lo siguiente: el capítulo XII (II, 4) y el XXV (IV, 3) cierran ciclos. En el XII aparece M. Lenormand de Mezy oculto en un pozo seco después de la sublevación del 22 de agosto de 1791, que ha arrasado su casa; en el XXV aparece Ti Noel refugiado, primero, en la chimenea y, luego, bajo una mesa, entre los escombros de la misma casa, después de la llegada de los agrimensores, que van a desmembrar y repartir la hacienda; el capítulo XIII (II, 5) será el último en que aparece vivo M. Lenormand de Mezy; el XXVI (IV, 4) marcará la muerte de Ti Noel y el final del relato. En el capítulo XIII (II, 5), M. Lenormand de Mezy aparece, después de la destrucción, en una urca, especie de Arca de Noé, que lo lleva a él y a otros colonos arruinados a Santiago de Cuba; en Santiago, ciudad famosa por sus carnavales, encontramos precisamente, en ese mismo capítulo, el carnaval, el teatro, la entrega a los rituales de la carne. En En el capítulo XXVI (IV, 4), tenemos el apocalipsis final, el «viento verde» que arrasa todo. ¿No será significativo que el capítulo XIII sea el quinto de la segunda parte $(5+2=7)$, y el XXVI $(2+6=8)$ sea el cuarto de la cuarta parte $(4+4=8)$? Ese 7 y ese 8, ese domingo y ese lunes —Carnaval y Apocalipsis— son los polos entre los cuales queda suspendida la acción; acción que se presenta en dos ciclos perfectos de 12 capítulos. Y, en vista de lo anterior, ¿podrá ser fortuito el que, contando consecutivamente, el domingo de la aparición de Mackandal sea el capítulo VII del primer ciclo, y la aparición de Brelle el domingo de la Asunción sea el VII del segundo, y que la muerte de Mackandal y la de Christophe ocurran también en capítulos paralelos?

El significado del sistema numérico-simbólico en que la acción de *El reino de este mundo* aparece montada no podía ser más claro ahora. Por un lado, es evidente que Carpentier presenta la historia como una serie de repeticiones cíclicas. Ti Noel, en el capítulo semifinal del relato, se percata de ello cuando, ya demente y senil, quiere escapar a un mundo de hormigas: «Transformado en hormiga por mala idea suya, fue obligado a llevar cargas enormes, en interminables caminos, bajo la vigilancia de unos cabezotas que demasiado le recordaban los mulatos de ahora». Hay, además, toda una serie de «ecos y afinidades», para emplear una terminología borgeana, a lo largo de la narración, algunas de las cuales ya se han visto. Existen, además, resonancias bíblicas y litúrgicas que van más allá del sistema numérico de la semana y del 12: el nombre de Ti Noel, que sugiere que nació un día de Navidad, más el hecho de que tenga 12 hijos, hace de él una especie de *figura Christi;* la Navidad en que aparece Mackandal, el Domingo de Pentecostés en que muere la primera esposa de M. Lenormand de Mezy, el Domingo de la Asunción en que aparece Brelle, la alusión al Domingo de Ramos casi al final. Y, sobre todo, el vaivén cósmico entre Carnaval y Apocalipsis. Todas estas repeticiones rituales, todo ese esfuerzo por aparejar la acción del relato al año litúrgico, son un intento de fundir el cosmos con la escritura. No hay que olvidar que Carpentier pretende insertar en todo este mecanismo la historia real, representada por esa rigurosa cronología y documentación de que habla en el prólogo, y cuyo perfil se ha visto más arriba. La concordancia numérica entre la historia y el cosmos representa —como en la literatura medieval, como en Dante— la fusión entre ésta y la naturaleza, entre la historia y la obra de una divinidad todopoderosa que ha creado el universo bajo medida, número y peso perfectos. La magia, la maravilla, será la concordancia entre la disposición numérica de la historia y la del texto: mediante ella se salvará la dualidad entre el ser y el cosmos; por ella también se manifestaría el milagro creíble, documentable, de esa fe a la que aspira Carpentier. Podría entonces hablar a través de él lo maravilloso, inscrito en el texto sin habérselo propuesto sistemáticamente; especie de escritura automática, en que un cosmos pitagórico y platónico dejase grabados sus armónicos guarismos, las estelas leves de sus giros. El Libro, del que el texto de Carpentier no sería más que una copia o un fragmento, incluiría en su inmensa y compleja concordancia el diseño total del universo. Pero la mano de Carpentier ha aparecido ya varias veces en el acto de añadir, en el acto de romper y violar ese supuesto orden naturaleza-historia para forzarlo a ceñirse a la ruta de su escritura: en la muerte de Henri Christophe, que no ocurrió un domingo 22 de agosto; en la de Mackandal, que no fue un lunes, sino un viernes de enero. Además, ¿hasta dónde es coherente esa numerología? Si aceptamos que sea consecuente que el capítulo XIII sea, en *El reino de este mundo*, el capítulo del Carnaval, dado que 13 sería enero, y ése es el mes en que, según la liturgia, da comienzo el Carnaval, ¿cómo es que Mackandal muere en enero? «Para percibir la distancia que hay entre lo divino y lo humano —dice Borges en «La biblioteca de Babel»—, basta comparar estos rudos símbolos trémulos que mi falible mano garabatea en la tapa de un libro, con las letras orgánicas del interior: puntuales, delicadas, negrísimas, inimitablemente simétricas» (13). La disposición numérica, la concordancia en el texto carpenteriano, no conduce a una fe, sino a formular la existencia de uno de esos dioses menores de Borges, que montan un complejo y preciso juego de afinidades para perecer en el reino de este mundo al completar su tarea. Y, en efecto, quien rige el reino de este mundo es precisamente el ángel caído, Satanás, a quien alude Carpentier en el epígrafe de su relato, el mismo que aparece al final de «El camino de Santiago»; el que preside, sin duda, en la disipada vida de M. Lenormand de Mezy, a quien rinde culto la sensual Paulina Bonaparte y el soberbio y ambicioso Christophe... Sólo que ese orden que el demonio logra urdir —recuérdese *El mágico prodigioso,* de Calderón—, como el del escritor, no es más que un simulacro, una impostura, un engaño. Creación de un ornado orden con pretensiones de permanencia, a sabiendas, y con la (mala) conciencia de su inminente disolución; apego a lo efímero tangible: litúrgico y grave —calderoniano—, Carpentier erige discretos monumentos para quedar atrapado en ellos, como Henri Christophe muerto en su laberinto.

---

(13) *Ficciones* (Buenos Aires: Emecé, 1956), pág. 87.

El prólogo-epílogo de *El reino de este mundo* es también parte del engaño, de la mascarada barroca; es la última/primera máscara de Carpentier en el relato, la afirmación de una presencia que se niega y afirma a la vez: es el Carnaval. El (falso) postulado de una ontología americana, de la presencia (apócrifa) de «lo real maravilloso».

Lo que caracteriza esa escena central y ese eje o centro sobre el cual gira el relato, es, como ya se ha dicho, el Carnaval, el teatro, la entrega a las llamadas de la carne; pero, además, la inversión de las jerarquías, la indeterminación. La escena es un momento barroco de frenesí y desenfreno sensual ante los avisos de muerte; afirmación de la vida en sus aspectos más tangibles ante la amenaza de aniquilación inminente. La saturnalia va acompañada de la devoción aparatosa, del *horror vacui* que lanza a los personajes hacia las formas más palpables del culto; a las devociones teatrales y a los templos ornados, a los signos y símbolos del barroco eclesiástico: «Masón en otros tiempos, desconfiaba [Lenormand de Mezy] ahora de los triángulos noveleros. Por ello, acompañado por Ti Noel, solía pasarse largas horas, gimiendo y sonándose jaculatorias, en la catedral de Santiago». «Los oros del barroco, las cabelleras humanas de los Cristos, el misterio de los confesionarios recargados de molduras, el can de los dominicos, los dragones aplastados por santos pies, el cerdo de San Antón...». Si, como ya se ha visto, la historia aparece como un ciclo de repeticiones inexorables, la escena-eje, el centro de la narración, es precisamente la celebración del paso de un ciclo a otro; celebración que anuncia el principio y marca el final, que suspende momentáneamente la disolución, que la enmascara y la anuncia, signo doble del barroco. Si fuese en *El reino de este mundo* únicamente donde aparece esta estructura litúrgica y ese centro carnavalesco y barroco, podría dudarse de las concordancias que hemos encontrado en la disposición del relato. Pero, por el contrario, los demás relatos de la época exhiben un arreglo similar.

«Oficio de tinieblas», como ha escrito Klaus Müller-Berg en un fino artículo, y como su título sugiere, fue compuesto por Carpentier «en estrecho paralelo a las nueve oraciones que comprenden el primer oficio del Viernes Santo». No sólo eso, sino que los acontecimientos narrados en el cuento abarcan un año, que se ofrece a modo de año litúrgico que concuerda con hechos históricos (el célebre terremoto de Santiago de Cuba). ¿Será fortuito que los capítulos intermedios traten del Carnaval, uno, y del teatro, el otro? En «Viaje a la semilla», la acción del relato, en que se narra retrospectivamente toda la vida de Marcial, el marqués de Capellanías, ocurre en doce horas y se divide en trece capítulos. ¿Será entonces fortuito que al final del capítulo VI se diga que «se estaba de Carnavales», y que sea justo en ese capítulo donde Carpentier presente una de sus escenas favoritas, la de los trajes, con sus claras resonancias calderonianas de *El gran teatro del mundo*? ¿Podrá pasarse por alto que se celebra en ese capítulo la mayoría de edad de Marcial, y que sea en el capítulo XII cuando complete su *regressus ad uterum*? ¿Y que sea en el capítulo VI donde Marcial, en su sueño, vea los muebles por el techo y los relojes marchando en sentido opuesto? En «Viaje a la semilla», la acción queda enmarcada por dos nadas, la prenatal y la muerte, con un centro, que es el Carnaval —el emblema del relato es esa Ceres que es diosa de la plenitud de las cosechas y de la región subterránea de los muertos—. ¿Y no es la Feria de Burgos el eje sobre el cual giran, como ha mostrado Sharon Magnarelli, los dos ciclos que componen «El camino de Santiago»? (14).

«Los fugitivos», el relato más «primitivo» de Carpentier en los años cuarenta, permite ver de manera aún más sinóptica y precisa la alternancia Carnaval-Apocalipsis que se ha venido observando en *El reino de este mundo* y otras narraciones de la época. El relato es una especie de parábola. El negro cimarrón (cuyo único nombre en el relato es Cimarrón) escapa de los barracones del central azucarero, pero cede a la tentación del alcohol y las mujeres, y es capturado; luego, cuando trata de escapar de nuevo, el perro (Perro, en el relato) que le había acompañado en su primera escapatoria es el que lo destroza. Lo que condena a Cimarrón es la superfluidad de sus deseos y acciones. Cuando vive en la manigua con Perro, a ambos los asedia el deseo sexual cuando llega la primavera; pero Cima-

---

(14) «'El camino de Santiago', de Alejo Carpentier, y la piscaresca», en *Revista Iberoamericana*, 40 (1974), págs. 65-86.

rrón continúa su disipación sexual después de cumplido el ciclo natural, mientras que Perro: «Pasada la crisis de primavera [...] se mostraba cada vez más reacio a acercarse a los pueblos». La causa de esa superfluidad se da en una escena casi alegórica. Perro, escarbando en la gruta en que vive con Cimarrón, desentierra unas reliquias: «Un día, Perro comenzó a escarbar al pie de una de las paredes. Pronto sus dientes sacaron un fémur y unas costillas, tan antiguas que ya no tenían sabor, rompiéndose sobre la lengua con desabrimiento de polvo amasado. Luego, llevó a Cimarrón, que se tallaba un cinto de piel de majá, un cráneo humano. A pesar de que quedasen en el hoyo unos restos de alfarería y unos rascadores de piedra que hubieran podido aprovecharse, Cimarrón, aterrorizado por la presencia de muertos en su casa, abandonó la caverna esa misma tarde, mascullando oraciones, sin pensar en la lluvia». El terror de la muerte se cierne sobre el negro ante los restos taínos; otros antes que él han vivido en la cueva, y han dejado sus ruinas —su destino será repetir el mismo destino, dejar sus huesos como signos de un pasado. Como un Hamlet con la calavera de Yorick, Cimarrón toma conciencia de su propia mortalidad, y ésta le saca de los ritmos naturales y le lanza al vicio y los excesos. No es fortuito entonces que ese mismo día —que bien puede ser el de la muerte de Marcial, pues el cura lleva el viático al central— sea el mismo en que aparece la escena carnavalesca y teatral de los trajes. Perro espanta el caballo de la calesa en que Gregorio lleva al cura, y ambos mueren cuando ésta se vuelca. Cimarrón «se apoderó de la estola y de las ropas del cura, de la chaqueta y de las altas botas del calesero. En bolsillos y bolsillos había casi cinco duros. Además, la campanilla de plata. Los ladrones regresaron al monte. Aquella noche, arropado en la sotana, Cimarrón se dio a soñar con placeres olvidados». Vuelco, inversión, muerte, disfraces, sensualidad, los signos de la escena carnavalesca, reducidos aquí al mínimo, pero todos presentes en su lugar asignado. La acción del relato abarca dos años y tres primaveras: en la primera aparece Perro persiguiendo a Cimarrón; en la tercera se repite la escena, pero esta vez Perro opta por matar al negro; es en la segunda primavera, la central, donde ocurre la escena carnavalesca antes vista. La repetición de la primera escena anula la necesidad de la voluta del argumento: es como si estuviésemos siempre al principio y se nos diese otro posible desenlace. Lo que queda entre ambas repeticiones es, así, superfluo, carnavalesco, barroco, como son las acciones del negro allí narradas, que lo llevan, a pesar de sus esfuerzos, a cumplir el destino que había intentado esquivar: «Durante muchos años —dice la última oración del relato— los monteros evitaron, de noche, aquel atajo dañado por huesos y cadenas». ¿Irán esos monteros, de noche, a visitar, como Cimarrón, a las prostitutas del pueblo?

Los huesos y cadenas que Cimarrón deja son los signos de su tránsito por el reino de este mundo; son sus ruinas, su Sans Souci, y son emblemáticos del aditamento que el hombre impone a la naturaleza. Desde la perspectiva de Perro: «Los hombres suelen dejar sus *huesos y desperdicios* por donde pasan, pero es mejor cuidarse de ellos, porque son los animales más peligrosos, por ese andar sobre las patas traseras que les permite *alargar* sus gestos con palos y objetos» (la cursiva es mía). Atrapado en el mecanismo de los ritmos inexorables de la vida y la muerte que la naturaleza impone al hombre —entre domingos y lunes—, el hombre deja con sus ruinas la huella de su paso. En *El reino de este mundo,* no son sólo las ruinas de esos excesos —palacios, fortalezas, mansiones, el Coliseo de Roma— lo que dejan los hombres, sino sus propios cuerpos como monumentos fríos: Christpohe deja su cadáver fundido con la argamasa de su fortaleza: «La montaña del Gorro del Obispo, toda entera, se había transformado en el mausoleo del primer rey de Haití»; las tibias y trémulas carnes de Paulina Bonaparte se metamorfosean en la fría estatua que Solimán soba en el Palacio Borghese; la imagen del Rey Mago Melchor se anuncia en las blancas córneas de Bouckman y de Solimán, y desde la primera escena, la aparición de las cabezas de cera anuncian el destino de M. Lenormand de Mezy. Las resonancias barrocas de esta petrificación somática son demasiado fuertes para no ser tomadas en cuenta.

En su rescate de la historia, en sus peregrinajes en busca del origen perdido, lo que encuentra Carpentier son las ruinas, los monumentos desmantelados, los epitafios: «Buscas en Roma a Roma, ¡oh peregrino!». La única presencia son las ruinas: hierática y monumental, artificiosa y arcaica, la prosa de Carpentier será la erección del nuevo monumento, la cifra, el epitafio inscrito entre un 7 y un 8, entre un domingo y un lunes.

Las contradicciones vistas desmoronan el centro teórico del ensayo-prólogo de *El reino de este mundo,* pero a ellas debemos la riqueza de ese relato, y además *Los pasos perdidos,* novela del desengaño, en que se ponen de manifiesto las falacias de lo «real maravilloso americano», y que lleva a Carpentier a abandonar la literatura fantástica; en que la reflexividad y el desdoblamiento agrietan la fe y muestran a través de las fisuras el vacío. En los relatos de los años cuarenta (Carpentier denomina así *El reino de este mundo,* a pesar de su longitud) serán esos seres despersonalizados, figuras de retablo, los que se verán atrapados en circulares viajes por las selvas del continente, saltando de isla en isla, desintegrándose en dobles y reflejos, gesticulando impotentes. En las novelas que siguen se asumirán las contradicciones. El tránsito de las teorías de «lo real maravilloso americano» a *Los pasos perdidos* no podía ser más significativo. Ante la patente contradicción implícita en el primero, la de no poder entablar entre la «cultura» y el escritor un diálogo que no implique la reificación, la distancia, la ruptura; al no poder convertirse en «autóctono y salvaje» en el momento de la escritura, la única posibilidad es el desdoblamiento del yo, de la máscara del prólogo. Porque al desdoblar a ese Autor (en el sentido calderoniano de *El gran teatro del mundo*), al objetivarlo, Carpentier lo pone en el mismo plano de ese otro que permanece impenetrable y ajeno. *El libro de la Gran Sabana,* crónica inconclusa de los peregrinajes de Carpentier por las selvas venezolanas, y *Los pasos perdidos,* novela autobiográfica, serán la respuesta a la interrogante que el prólogo de *El reino de este mundo* abre.

En *El Libro de la Gran Sabana,* Carpentier intentó escribir sobre sus experiencias personales durante un viaje, en el verano de 1947, a la Guayana. Pero lo que iba a ser testimonio personal de su deseado acoplamiento a una naturaleza virgen americana termina por convertirse en novela en la que el yo autobiográfico del libro de viajes se desplaza al yo ficcionalizado de un protagonista narrador, que es quien sufre el fracaso de esa empresa. *Los pasos perdidos* es la novela clave en la producción carpenteriana. Hasta 1953, Carpentier había denominado sus ficciones *relatos; Los pasos perdidos* será el primer texto que denomina *novela,* desde *¡Écue-Yamba-Ó!* La distinción es importante. En los textos de los años cuarenta, los personajes aparecen atrapados en las vueltas y revueltas de la historia, sin ser agentes activos de la misma. Son más bien personajes de retablo o alegorías de auto sacramental. En *Los pasos perdidos,* sin duda por la base autobiográfica en que se apoya, tenemos un verdadero desarrollo del personaje protagonista, no en una época remota de la historia, sino en nuestra propia época. Si el fallido intento de escribir un libro de viajes resuelve tal vez para Carpentier su problema vital de la identidad americana, la escritura de *Los pasos perdidos* echa abajo el mito de la historicidad en que se basaban sus relatos anteriores. En términos puramente ideológicos, el cambio se podría explicar como un desplazamiento del esencialismo spengleriano y surrealista de los años treinta y cuarenta hacia una postura existencialista. Al final de *Los pasos perdidos,* el narrador se ha dado cuenta de que, en efecto, los pasos que le han llevado a su condición presente se han perdido, y que sólo puede desarrollar su vida como proyecto, como futuro que se ha de ir rehaciendo constantemente.

Pero quedan, sin duda, en *Los pasos perdidos* aspectos de los relatos de los años cuarenta. Entre ellos, el más notable es el complejísimo sistema cronológico en que se basa la novela, que toma lugar, como ha señalado Eduardo G. González, en los últimos seis meses de un año que tiene que ser 1950, año que divide el siglo en dos mitades. Vuelve a repetirse en *Los pasos perdidos* la misma alternancia entre lunes y domingos, y vuelven a aparecer personajes que encarnan tipos o ideas, así como escenas de corte alegórico. Lo significativo, sin embargo, es que Carpentier ha sometido a prueba en esta novela todo su sistema anterior; la romántica fusión de la naturaleza y espíritu creador que el protagonista-narrador persigue en las profundidades de la selva se revela como una mistificación más, como ficción que a la larga el hombre ha de abandonar.

Después de *Los pasos perdidos,* Carpentier buscará los orígenes políticos, no naturales, de la América Latina. En *El acoso* (1956), relato de un estudiante universitario que pasa de revolucionario a delator, Carpentier emplaza los hechos en la fallida revolución cubana de los años treinta. A pesar del intrincado juego formal de esta novela, que contrapunta las perspectivas del acosado y el taquillero de una sala de conciertos, no encontramos ya en ella, como tampoco en *Los pasos perdidos,* elementos fantásticos como los que proliferaban en las ficciones de los años cuarenta. El acosado busca sentido a su vida en medio de una compleja red de acontecimientos que parecen conspirar contra él y que, a la larga, lo llevan a una muerte poco heroica. En *El siglo de las luces* (1962), Carpentier ha ampliado el campo de su investigación a todo el continente, ya que esta novela histórica muestra las repercusiones de la Revolución Francesa en América y termina en las calles de Madrid el 2 de mayo de 1808, con la profecía implícita de las guerras de independencia latinoamericanas y otras revoluciones por venir. A diferencia de *El acoso,* el personaje intelectual y sensible de *El siglo de las luces* —Esteban— se lanza a las calles de Madrid y se pierde en el tumulto de la rebelión contra los franceses. Si *El reino de este mundo* había terminado con un «viento verde» que lo arrasa todo e inscribe en un ciclo natural los acontecimientos, los finales de *Los pasos perdidos, El acoso* y *El siglo de las luces* tienen un sesgo más político. Lo cual no quiere decir que Carpentier haya abandonado otros recursos de índole más literaria —*El siglo de las luces,* por ejemplo, alude en su título no sólo a las luces de la razón instauradas por la Ilustración francesa, sino a las luces de la cábala. Esteban (*stephanus*-corona), primero de los *sephiroth* o emanaciones divinas, se une a la sabiduría (Sofía) al final de la novela. En todo caso, *El siglo de las luces* reemplaza con el mito del futuro el mito de la Edad de Oro perdida en el pasado que perseguía el personaje de *Los pasos perdidos.*

El recurso del método, que, a la manera de Valle-Inclán en *Tirano Banderas* y Asturias en *El señor presidente,* destaca la figura de un dictador latinoamericano, es ese futuro que la Revolución francesa anunciaba. El título de esta novela es, desde luego, una parodia del de Descartes; más que una parodia, es una mezcla de Vico y Descartes. Los recursos de la historia deben verse aquí como las recurvas de la misma. El dictador hispanoamericano regresa a Francia, de donde surgieron en principio las bases de su dudosa legalidad, para dedicarse desenfrenadamente a los placeres de la carne y a la labor de convertirse en una especie de déspota ilustrado, pero degradado: el dictador duerme en una hamaca en su suntuoso piso parisiense. *Concierto barroco,* la última novela de Carpentier, marca un retorno similar. Aquí vemos la influencia de América en Europa. El barroco será así el desquiciamiento del clasicismo europeo como resultado de lo heterogéneo latinoamericano: el *Moctezuma* de Vivaldi, emplasto de tradiciones y traiciones, anuncia el jazz y otras manifestaciones exógenas de lo típicamente nuevo del Nuevo Mundo. Este barroco es la nueva metáfora carpenteriana para lo americano, que será lo mixto, lo sin estilo, y sin método. En las dos últimas novelas surge un elemento nuevo en Carpentier: el humorismo.

García Márquez ha declarado que cuando leyó *El siglo de las luces* tiró a la basura lo que tenía escrito de *Cien años de soledad* y empezó de nuevo. La influencia de Carpentier sobre los nuevos novelistas ha sido enorme, a veces, como en el caso de García Márquez, por estímulo positivo, y otras, como en el de Severo Sarduy (quien parodia *El acoso* en *Gestos*), por estímulo negativo. En prosa-ficción, Borges y Carpentier son las figuras más importantes en la primera mitad del siglo XX en Hispanoamérica. Borges, por haber llevado siempre hasta sus consecuencias más radicales los problemas más difíciles del oficio; Carpentier, por haber moldeado en una temática latinoamericana experimentos novelísticos de alta envergadura y, sobre todo, por haber hecho de la historia latinoamericana su tema principal. Además, por esa «curiosa indefinición» que le achacara Marinello en 1937, Carpentier logró dar cauce a la más candente problemática hispanoamericana, la de la falta de identidad, y ha logrado probar que, por lo menos en literatura, esa indefinición es lo que define lo americano. Aunque tal vez sea precisamente la indefinición lo que defina la literatura, y, entonces, la ejemplaridad de Carpentier será mucho mayor.

CARPENTIER,
CRITICO DE LA LITERATURA HISPANOAMERICANA:
ASTURIAS Y BORGES

Para Lilia Esteban Hierro

1

Pocos lectores ha habido, en este siglo de lectores, con la amplitud de intereses y la capacidad de Alejo Carpentier (1). Los que tuvimos la suerte de conversar largo con él, sabemos que su conocimiento de las literaturas europeas era tan vasto como minucioso, producto de años de estudio ininterrumpido. Conocía a fondo toda la literatura francesa, y dominaba la española como pocos (2). Borges ha sido, entre los escritores hispanoamericanos, un lector asiduo, pero selectivo, con sorprendentes lagunas, debidas tal vez a su ceguera. Carpentier leyó con más amplitud que Borges no sólo literatura clásica, sino

---

(1) En lo que habría que llamar una entrevista holográfica —es decir, en la que el entrevistado contesta por escrito, a mano, y así se publica— con Samuel Feijoo, Carpentier responde lo siguiente a la pregunta «Alejo, ¿todavía lees?»:
«—Más que nunca... / —'Mientras más viejo, más bruto' —suelen decir los guajiros cubanos—. Y acaso esto sea cierto = me asusto, cada mañana, al pensar en todo lo que aún ignoro... / —Devoro unos dos libros al día... Y, cada vez, me parece que me faltan mayores conocimientos sobre esto o aquello... / —Entonces, cansado de leer letra impresa, descanso leyendo música...». «Carpentier momentáneo», en *Signos* (Santa Clara, Cuba), núm. 21 (1978), pág. 68.
(2) Sobre la presencia de la picaresca en la obra de Carpentier, ver Sharon Magnarelli, «'El camino de Santiago', de Alejo Carpentier, y la picaresca», en *Revista Iberoamericana*, núm. 86 (1974), páginas 65-86. Lope, Góngora, Calderón y Quevedo están presentes en toda la obra de Carpentier.

también la de sus contemporáneos. De Carpentier casi pudiera decirse que lo que no había leído no se había escrito aún; lo imaginamos hoy, sereno y seguro, en el centro de una biblioteca infinita, insensible al vértigo de las multiplicaciones innumerables de la letra impresa.

Toda la obra de Carpentier es un diálogo atento, pródigo y detallado con esas lecturas, y, en gran medida, su mejor crítica es la contenida en novelas y relatos. *El reino de este mundo*, un experimento narrativo marcado por el surrealismo, es además una reescritura crítica de algunas de las principales fuentes de la historia del Caribe (3). «El camino de Santiago» retoma la picaresca, el romancero, el teatro de Lope y hasta los censos de viajeros publicados por el Archivo de Indias (4). *Los pasos perdidos,* que tanto tiene de respuesta al existencialismo, también se apropia de los textos de exploradores decimonónicos que inscribieron una nueva imagen de Hispanoamérica en la literatura moderna: Koch-Grunberg, los hermanos Schomburgk, Von Humboldt y otros (5). En *El siglo de las luces* se entretejen textos tan diversos como los panfletos emitidos por la Revolución Francesa; el teatro francés dieciochesco; el *Ensayo político sobre la isla de Cuba,* de Von Humboldt; ciertos *Episodios nacionales,* de Galdós, y una multitud de documentos de la época y de otras anteriores y posteriores —desde el *Manifiesto comunista* hasta *El Zohar* (6). En *El recurso del método* se dan cita toda suerte de textos periodísticos sobre dictadores

---

(3) He estudiado la relación entre esas fuentes y la narrativa de Carpentier en «Isla a su vuelo fugitiva: Carpentier y el realismo mágico», reproducido en parte en este volumen, págs. 145-178.

(4) Magnarelli, *op. cit.* Carpentier leía con asiduidad las publicaciones del Archivo de Indias. De uno de esos cuentos de viajeros surge Juan, el protagonista de «El camino de Santiago».

(5) Hago un estudio de la presencia de la obra de Schomburgk en *Los pasos perdidos* en *Alejo Carpentier: The Pilgrim at Home*, que pienso ampliar a toda la narrativa hispanoamericana en un libro en preparación.

(6) Ya son varios los trabajos sobre las fuentes de *El siglo de las luces,* y recientemente se ha publicado una especie de entrevista pública de Carpentier en que da detalles muy precisos sobre el asunto: Alejo Carpentier, *Afirmación literaria americanista* (Caracas: Ediciones de la Facultad de Humanidades y Educación de la Universidad Central de Venezuela, 1978).

hispanoamericanos, para no hablar de Descartes, *Facundo,* la picaresca, Proust y, en general, el discurso literario inaugurado por el Modernismo (7).

Hay que insistir en que ese diálogo tan intenso con la literatura incluye la hispanoamericana, porque no han faltado los malos lectores (en todos los sentidos), que sólo han querido ver en la obra de Carpentier literatura europea. Quien desconozca la obra de Sarmiento, no sabrá ver el homenaje crítico al *Facundo* contenido en *El recurso del método.* Y quien no haya leído *Cecilia Valdés* no podrá percatarse de que la admirable novela de Villaverde aparece entre líneas en ciertos episodios de *El siglo de las luces.* Además, hay que no haber leído *El negrero. Vida novelada de Pedro Blanco Fernández de Trava,* de Lino Novás Calvo, para no notar su presencia también en *El siglo de las luces.* Y sólo quien no conozca del todo *Concierto barroco* ignorará que esa novela es, en muchos sentidos, el mejor estudio que hay de *Espejo de paciencia,* el poema épico del camagüeyano Silvestre de Balboa. Uno de los componentes básicos de la obra carpenteriana es la relectura de las letras cubanas. Carpentier conocía muy bien la narrativa abolicionista antes que ésta se convirtiera en objeto de interés especializado en años recientes. El conocimiento que tenía Carpentier de la literatura cubana con la que le tocó convivir era sorprendente, y no están ausentes de su obra hasta sus contemporáneos más jóvenes. ¿No hay un diálogo entre Carpentier, Sarduy, Barnet y Arenas en *Concierto barroco, El recurso del método, De donde son los cantantes, El mundo alucinante* y *Biografía de un cimarrón?* Está por hacerse un trabajo documentado sobre las relaciones entre la obra de Carpentier y la literatura francesa; pero alguien tendrá también que hacer, libre de partidismos empobrecedores, un estudio sobre la presencia de la literatura cubana en su narrativa (8).

---

(7) Ver mi «Modernidad, modernismo y nueva narrativa: *El recurso del método*», en *Revista Interamericana de Bibliografía/Inter-American Review of Bibliography,* 30 (1980), págs. 157-163.

(8) El impacto de la obra de Carpentier en Arenas, Barnet y Sarduy es muy visible, a veces a través de la parodia. Lo que es menos visible es la presencia de éstos en la obra del maestro. El

Cuando digo que la narrativa de Carpentier está concebida en diálogo con tantos otros textos, no doy al término el sentido un tanto vago de cierta crítica influida superficialmente por modas teóricas actuales. Me refiero muy específicamente a las diversas maneras en que los textos de las varias tradiciones citadas son reescritos en la obra de Carpentier. Más que diálogo —ya que éste conjura la voz y una noción un tanto dócil de intercambio—, aludo a lo que tal vez debía llamarse transacciones textuales; transacciones que son tan concretas y dinámicas, pongamos por caso, como las económicas, que documenta de forma tan brillante Manuel Moreno Fraginals en *El ingenio* (9). Carpentier, al barajar los textos de las tradiciones que se le presentan como origen y fundación de los suyos propios, abre de nuevo (una y otra vez) la pregunta de cómo significar, de cómo vincularse a diversos códigos que reclaman ser un todo envolvente y capaz, como el discurso de una cultura que habrá de darles sentido en una síntesis siempre superior al texto mismo. Pero las transacciones textuales presentes en la obra de Carpentier siempre impiden la posibilidad de esa síntesis, y ésa es la verdadera crítica implícita en la obra de Carpentier, como lo es en todo escritor mayor.

Al trabajo crítico contenido en la narrativa de Carpentier hay que añadir, pero no por simple adición, sino de forma dialéctica, la tarea de crítico que desempeñó a lo largo de toda su vida. Esa labor crítica, tan amplia como sus lecturas, es copiosa, y abarca años de colaboración en revistas y periódicos cubanos e hispanoamericanos, como *Discusión, Revista de Avance, Musicalia, Conservatorio, Gaceta del Caribe, Carteles, Información, Bohemia, El Nacional, Social, Revolución y Cultura, Casa de las Américas, Sur* y otras (10). Las colaboraciones de Car-

---

barroquismo extremo de obras como *El recurso del método* y *Concierto barroco* y el tono más ligero de ambas son indicios, me parece, de la influencia de Sarduy sobre Carpentier.

(9) *El ingenio. Complejo económico social cubano del azúcar,* 2.ª ed. (La Habana: Editorial de Ciencias Sociales, 1978). *El ingenio* es, por cierto, una obra literaria de muy considerable mérito.

(10) Sobre la labor periodística de Carpentier existen tres trabajos muy primerizos: Salvador Arias, «Carpentier periodista», en *Casa de las Américas,* núm. 95 (1976), págs. 128-130; Alexis Márquez Rodríguez, «La labor periodística de Alejo Carpentier en Venezuela», pró-

pentier en esas revistas son de diversas índole, como lo son las publicaciones mismas. Tanto en *Social* (1928-1933) como en *El Nacional* (1946-1960) —me refiero a las fechas de colaboración—, Carpentier sirvió de puente intelectual entre la literatura europea y la hispanoamericana. Las crónicas de *Social* introdujeron en Cuba el arte nuevo de las vanguardias, sobre todo del movimiento que más impacto tuvo sobre él: el surrealismo (11). En *El Nacional,* Carpentier también desarrolló una crítica sostenida del existencialismo, y muy en especial de Jean-Paul Sartre, con cuya obra parece haber tenido muy poca afinidad (12). Pero, además de esta labor de traducción —en el sentido más amplio posible—, Carpentier leyó y comentó con frecuencia la obra de escritores hispanoamericanos importantes o que empezaban a serlo. Carpentier leyó con seriedad ejemplar a sus colegas hispanoamericanos, atento a sus valores, a pesar del europeísmo que tantas veces se le ha achacado y de conocer íntimamente, en efecto, la literatura europea. En este sentido, Carpentier es también uno de los fundadores de la moderna tradición literaria hispanoamericana. De esas críticas, valiosas todas por quien las escribió, las que Carpentier dedicó a dos contemporáneos suyos, Asturias y Borges, son las más reveladoras para la lectura de su propia obra y para la mejor comprensión de la historia de la literatura hispanoamericana contemporánea. Asturias y Borges se le ofrecen a Carpentier como

---

logo a *Letra y Solfa* (Caracas: Síntesis Dosmil, 1975), págs. 5-14, y José Antonio Portuondo, «Prólogo», en *Crónicas* (La Habana: Instituto Cubano del Libro, 1976), págs. 7-17. Más interesante resulta leer la charla del propio Carpentier intitulada *El periodista: un cronista de su tiempo* (La Habana: Ediciones Granma, 1975).

(11) Después de la conocida crítica al surrealismo en el prólogo a *El reino de este mundo,* Carpentier hizo una revaloración del movimiento durante los años cincuenta, cuyas huellas se encuentran en *Letra y Solfa.* Por ejemplo, en «Renuevo de una escuela», del 21 de julio de 1954 (pág. 30).

(12) Hay un interesante trabajo de Ian R. Macdonald sobre *Los pasos perdidos* y Sartre, aunque el autor parece desconocer los muchos artículos de Carpentier sobre el existencialismo y sobre Sartre en particular. Ver «Magical Eclecticism: *Los pasos perdidos* and Jean-Paul Sartre», en *Contemporary Latin American Fiction: Carpentier, Donoso, Fuentes, García Márquez, Onetti, Roa, Sábato,* edición de Salvador Bacarisse (Edinburgo: Scottish Academic Press, 1980), págs. 1-17.

polos de un debate que se libra en el interior de su propia obra y de la literatura hispanoamericana de su tiempo.

Estos escritos sobre Asturias y Borges los publicó Carpentier en «Letra y Solfa», la columna que escribió en *El Nacional,* de Caracas, entre 1950 y 1960 (13). A pesar del título, Carpentier dedicó mucho más espacio a la literatura que a la música; pero no puede decirse por ello que practicara allí una crítica sistemática. En «Letra y Solfa» incluía todo tipo de comentario, desde reminiscencias de las peñas literarias del Madrid de principios de los años treinta hasta reflexiones sobre la naturaleza del cuento o divagaciones sobre la vigencia de algún clásico (14). A veces, las columnas son pequeños ejercicios narrativos; otras, un bosquejo de ensayo, cuando no son una nota crítica, una mera noticia, o la traducción de alguna reseña interesante de *Les Nouvelles Littéraires* o *Les Temps Modernes.* El carácter ecléctico y hasta efímero de estas crónicas puede, a veces, dejar mucho que desear como crítica, pero, en cierto modo, esa espontaneidad asistemática que las caracteriza nos permite sorprender a Carpentier en el acto mismo de elaborar su propia obra. «Letra y Solfa» es algo así como una serie de apuntes públicos sobre música y literatura, que van a reunirse y adquirir coherencia en las grandes obras narrativas de Carpentier; no constituyen un *corpus* crítico que tenga en sí mucho valor literario, aunque sí suman un gran acervo de documentación para la historia de las ideas y de la literatura hispanoamericanas. Por estas razones es tan grande el interés que encierran las crónicas sobre Asturias y Borges.

2

Carpentier escribió cuatro crónicas sobre Asturias. Las dos primeras, de 1952, surgen con motivo de la publicación, con

---

(13) La recopilación de Márquez Rodríguez en *Letra y Solfa,* aunque poco sabia y hecha sin rigor crítico, es útil, por el difícil acceso a *El Nacional.*

(14) Hay, sobre todo, innumerables reflexiones sobre la novela, de las cuales podría extraerse una especie de poética: aparte de numerosos comentarios sobre novelistas de la importancia de Flaubert, Proust y Joyce.

gran éxito, de *El señor presidente,* en traducción francesa. La tercera, de 1954, se escribe a raíz de la visita de Asturias a Venezuela como jefe de la delegación guatemalteca en la X Conferencia de Caracas. La última, de 1956, comenta la evocación que hace Asturias del escritor colombiano Porfirio Barba-Jacob (15). Las cuatro crónicas manifiestan el júbilo de Carpentier por la acogida que ha merecido la novela de su antiguo compañero de exilio parisiense precisamente en Francia. Debe recordarse que mientras Asturias era ya un literato de renombre a principios de los cincuenta, Carpentier apenas empezaba entonces a tener resonancia. *¡Écue-Yamba-Ó!* (1933), su primera novela, yacía sepultada en un olvido del que Carpentier no quería rescatarla, y si bien *El reino de este mundo* (1949) y *Los pasos perdidos* (1953) acababan de ser recibidos con entusiasmo, la melancólica verdad es que Carpentier había tenido que pagar de su propio bolsillo la edición de ambas obras (16). En 1954, cuando Carpentier recibe a Asturias al pie del monte Avila, el cubano iba a obtener un premio de la *Société des Lecteurs* por la traducción de *El reino de este mundo,* y dos años más tarde le iba a ser otorgado el *Prix du Meilleur Livre Etranger* por *Los pasos perdidos,* el mismo que en 1952 recibiera Asturias por *El señor presidente.* No cabe duda de que las crónicas sobre Asturias y Borges las escribe Carpentier en un momento decisivo de su carrera de escritor.

Carpentier compartió con Asturias algunos años de ese París de los veinte y los treinta que fue tan importante para la historia de la literatura hispanoamericana. Es muy probable

---

(15) «Un guatemalteco en París», en *El Nacional,* 25 de abril de 1952, pág. 16; «Miguel Angel Asturias», *ibíd.,* 2 de mayo de 1952, página 16; «Miguel Angel Asturias en Caracas», *ibíd.,* 27 de febrero de 1954, pág. 42, y «El hombre que parecía un caballo», *ibíd.,* 16 de marzo de 1956, pág. 16. Sobre Carpentier y Asturias hay un útil trabajo de Seymour Menton, «Asturias, Carpentier y Yáñez: paralelismos y divergencias», en *Revista Iberoamericana,* núm. 67 (1969), páginas 31-52.

(16) Revelado al autor en conversación sostenida en Yale University, durante la primavera de 1979. Carpentier también se había pagado la primera edición de *Viaje a la semilla* (La Habana: Ucar y García, 1944). En obra de ficción, la primera obra editada con éxito y difusión fue *El acoso* (Buenos Aires: Losada, 1956).

que Carpentier viajara a París en 1928 a bordo del mismo barco que Asturias, ya que éste va a La Habana en ese año para asistir al mismo congreso de prensa que Robert Desnos, y es anécdota conocida que Carpentier salió de Cuba huyendo de la policía de Machado, con el pasaporte del poeta francés (17). En todo caso, cuando Carpentier llega a París, en la primavera de 1928, Asturias residía ya en la capital francesa desde 1923. Son años de éxitos para Asturias, cuyas *Leyendas de Guatemala* se publica en 1930, con gran acogida de la prensa española; la traducción del mismo libro al francés apareció al año siguiente, con una elogiosa carta-prólogo nada menos que de Paul Valéry. En 1930, Carpentier y Asturias colaboraron en la edición de una revista, *Imán* —publicó sólo un número—, que pretendía interesar a los intelectuales europeos en las causas americanas, y dar cohesión política y artística al grupo latinoamericano de París. Cinco años más joven que Asturias, Carpentier sintió, sin duda, la atracción de la obra que elaboraba aquel guatemalteco en París. Arturo Uslar Pietri, otro de los latinoamericanos del grupo parisiense, ha recordado con ardiente precisión reuniones en el Café de la Coupole, a las que asistían Asturias y Carpentier:

> Cuando la bruma y las lámparas del atardecer convertían el boulevard en una asordinada feria pueblerina íbamos cayendo los contertulios a la terraza de la Coupole. A veces, todavía, veíamos pasar o sentarse en una mesa vecina a Picasso, rodeado de picadores y *marchands de tableaux,* a Foujita detrás de sus gruesos anteojos de miope, a Utrillo en su delirio alcohólico, al hirsuto y solitario Ilya Ehrenburg. Según los años y las estaciones, cambiaban los contertulios de la mesa. Casi nunca faltábamos Asturias, Alejo Carpentier y yo. [...] La noche se poblaba de súbitas e incongruentes evocaciones. Con frecuencia hablábamos del habla. Una palabra nos llevaba a otra y a otra. De «almendra» al mundo

---

(17) Ver «Confesiones sencillas de un escritor barroco», conversación con César Leante publicada en *Cuba* (La Habana), año 3, número 24 (1964), págs. 30-33.

árabe, al «güegüeche» centroamericano, o a las aliteraciones y contracciones para fabricar frases de ensalmo y adivinanza que nos metieran más en el misterio de las significaciones. Había pasado por sobre nosotros el cometa perturbador de James Joyce. Todavía era posible ir por los lados del Odéon y toparse con la librería de la flaca y hombruna Silvia Beach, que había hecho la primera edición de *Ulises,* y hasta con un poco de suerte mirar al rescoldo de los estantes a la menuda figura de barbita y gafas de ciego del mismo Joyce (18).

Fue en esa atmósfera donde —ahora, según el propio Asturias— surgió la figura que habría de servir de base a *El señor presidente,* y comenzó a narrar sus aventuras a sus contertulios:

Cada cual, en estas charlas [de la Coupole], contaba anécdotas pintorescas, picantes o trágicas de su país. Insensiblemente, como una reacción a esa América pintoresca que tanto gusta a los europeos, acentuábanse los tonos sombríos en tales relatos, llegándose a rivalizar en historias escalofriantes de cárceles, persecuciones, barbarie y vandalismo de los sistemas dictatoriales latinoamericanos. En este ejercicio macabro, a tiranos tan espectaculares como Juan Vicente Gómez yo tenía que oponer el mío y, como en una pizarra limpia sobre la negrura, fueron apareciendo, escritas con tiza de memoria blanca, historias que desde niño había vivido, en ese vivir que va dejando memoria de las cosas, relatos contados en voz baja, después de cerrar todas las puertas (19).

En este ambiente, Carpentier dio forma a sus primeras obras: *¡Écue-Yamba-Ó!,* sobre todo; pero también «Histoire de Lu-

(18) «Introducción», Miguel Angel Asturias, *Tres obras: Leyendas de Guatemala, El alhajadito, El señor presidente* (Caracas: Biblioteca Ayacucho, 1977), págs. x-xi.
(19) Citado por Giuseppe Bellini en la «Nota crítica» que precede a *El señor presidente* en la edición citada, pág. 225.

nes», así como a proyectos que habrían de fructificar años más tarde, a su regreso a Cuba (1939) (20).

En la primera crónica sobre Asturias, Carpentier evoca la figura del guatemalteco en un texto que tiene tanto de cuento como de nota crítica, y que por eso cito extensamente:

> Allá por el año 1928 vivía en París un guatemalteco de fisonomía tan extraordinariamente maya que cierta vez, al verlo entrar por vez primera en su clase de la Sorbona, el Profesor Rivet quedó con la palabra en suspenso, antes de señalarlo jubilosamente a sus oyentes como un heredero directo de los hombres de Chichen-Itzá y de Bonampak... Pero no por ser tan maya vivía este guatemalteco en la ignorancia de la literatura moderna de la Europa de entonces. Era gran lector de Joyce, cuya «Ana Livia Plurabel» lo fascinaba, por su música verbal. Era íntimo amigo de poetas surrealistas. Colaboraba en revistas tan francesas como *El Faro de Neuilly* de Lise Deharme y *Les Cahiers du Sud*. Había traducido poemas de Fargue al castellano. Era, pues, lo que podía llamarse un hombre enterado, enteradísimo; mucho más enterado de las cosas de París, en todo caso, que los que, desde nuestra América, contemplan el existencialismo a través de libros escritos hace quince años, que ya han dejado de ser «actualidad» en su lugar de origen.
>
> Sin embargo, luego de haber husmeado el aire del tiempo, este hombre enteradísimo volvía siempre a sus lecturas básicas. Y esas lecturas que lo nutrían eran el *Popol-Vuh* —el libro sagrado de los antiguos quitchés—, el *Libro de Chilam Balam*, la *Crónica de los Cachiqueles*, y las narraciones de una serie de cronistas coloniales a quienes conocía a fondo, y cuyas páginas antológicas leía a sus amigos con inagotable entusiasmo. A la vez, estudiaba un archivo

---

(20) Para más detalles sobre los primeros años de la obra de Carpentier, ver el segundo capítulo de mi *Alejo Carpentier: The Pilgrim at Home*. «Histoire de Lunes», por cierto, es el primer cuento de Carpentier, no «Oficio de tinieblas», como ha venido afirmando la crítica periodística hispanoamericana.

de documentos vivos, que se referían a la horrenda tiranía de Estrada Cabrera, a cuyo término le hubiera tocado asistir; informes confidenciales de sus agentes, sentencias expeditas, cartas, denuncias, recortes de periódicos, edictos... Sus lecturas, afincadas en lo más legítimo de la tradición americana, lo habían dotado de un estilo elíptico, singular, fuertemente expresivo, que no se parecía a ninguno de los que entonces estaban de moda, y a la vez, por rara paradoja, ese estilo resultaba más «moderno» que el de numerosos latinoamericanos que estaban en París, en aquellos días, recibiendo lecciones de «modernidad» en el ya pasado café de «La Rotonda». Por otra parte, la temática literaria de ese guatemalteco era tenazmente americana: acababa de terminar un tomo de *Leyendas de Guatemala*, esbozaba ya una novela futura que habría de titularse *Los hombres de maíz* [sic], y, en el momento, estaba dando los últimos toques a una novela titulada *El señor presidente*, cuyo escenario era la tierra de Guatemala en los días de Estrada Cabrera (21).

Carpentier recuerda de Asturias los dos rasgos esenciales de su obra: el fervoroso americanismo, que llega o parte tal vez hasta de su fisonomía, y la «modernidad» que le confería el contacto con las últimas corrientes estéticas de Europa. De la problemática y precaria síntesis de esas tendencias nace la obra de Carpentier. Pero veámoslo más despacio.

Cuando Carpentier llega a París, en 1928, trae en su equipaje un primer borrador de *¡Écue-Yamba-Ó!*, escrito en la antigua prisión de Prado 1, en La Habana (22). Esa primera versión ya contenía el «rompimiento ñáñigo» y otros elementos

(21) «Un guatemalteco en París», *op. cit.*, pág. 16.

(22) Para más detalles sobre la composición de la primera novela de Carpentier, ver el «Prólogo a la presente edición», *¡Ecué-Yamba-O!* [sic] (Madrid: Bruguera, 1979), págs. 5-10. Esta es la primera edición autorizada por Carpentier desde la aparición de la novela, en 1933, aunque ha habido varias piratas. Lamentablemente, la nueva edición prescinde de casi todo el material visual de la edición original, lo cual cambia significativamente el texto.

afrocubanos. Carpentier ya había publicado en *Social* varios artículos sobre el «arte nuevo», y otro sobre Diego de Rivera en la *Revista de Avance,* que indican claramente que estaba muy al tanto de la tensa relación entre la vanguardia y el incipiente americanismo (23). También había escrito ya libretos de ballets, como *El milagro de Anaquillé, Manita en el suelo* y *La Rebambaramba,* donde había intentado resolver el confilcto que años más tarde él mismo había de definir escuetamente: «Había, pues, que ser 'nacionalista', tratándose a la vez de ser 'vanguardista'. *That's the question...* Propósito difícil, puesto que todo nacionalismo descansa en el culto de una tradición y el 'vanguardismo' significaba, por fuerza, una ruptura con la tradición» (24).

La respuesta hispanoamericana a tal dilema fue, desde luego, declarar que la tradición hispanoamericana era ya una ruptura; que mientras más se profundizara en la tradición local, más distinto había de ser el resultado artístico de la tradición occidental. En las Antillas se vio muy pronto el parentesco entre el arte ritual o litúrgico de los negros y, pongamos por caso, *Les demoiselles d'Avignon.* Pero mientras que Picasso había tenido que ir al Museo de Trocadero para ver esculturas africanas, en Cuba y Puerto Rico había artefactos litúrgicos similares al doblar la esquina (25). La raíz visual, sonora y somática del arte creado por el movimiento Afroantillano surge también como rechazo de lo escrito, a través de lo cual se desliza una sintaxis que los artistas de entonces consideraban ya europea. Esto es muy conocido, pero lo que no se ha destacado suficientemente son las evidentes preguntas que se desprenden de tal

---

(23) Todos los artículos de *Social* han sido recogidos en el volumen I de *Crónicas, op. cit.* El volumen II contiene sólo una selección de lo publicado por Carpentier en *Carteles.* Hay también una selección, ahora de ambas revistas, en *Bajo el signo de La Cibeles. Crónicas sobre España y los españoles,* compilador Julio Rodríguez-Puértolas (Madrid: Editorial Nuestra Cultura, 1979).

(24) *¡Ecué-Yamba-O!, op. cit.,* pág. 8.

(25) Analizo en mucho mayor detalle estos temas en *Alejo Carpentier..., op. cit.* Los artículos de *Social* contenidos en *Crónicas,* I, son de suma importancia para entender los inicios del Movimiento Afro-Antillano.

actitud: ¿cómo escribir narrativa entonces?, ¿qué hacer del cuento y la novela?, ¿cómo podría articularse una narración sin apelar a conceptos de temporalidad y causalidad enraizados tal vez ya inapelablemente en el mismo idoma europeo del que se pretendía escapar? Carpentier escribió una primera versión de ¡Écue-Yamba-Ó!, según vimos, durante su residencia en Prado 1, pero no llegó a publicar la novela hasta 1933. En el intervalo, Carpentier ha estado en contacto con Asturias, se han publicado las Leyendas de Guatemala y ha escuchado, entre el barullo de los parroquianos de la Coupole, los primeros bocetos de El señor presidente.

Leyendas de Guatemala representa una salida al dilema de la narrativa planteado por la vanguardia: la traducción de relatos de las culturas no europeas que componen la cultura hispanoamericana (es la solución que en Cuba encuentra Lydia Cabrera). Desde luego, en rigor, es una solución a medias, ya que traducir habría de implicar necesariamente profanar, en el sentido lato: hacer profano lo que es sagrado. La traducción consistiría en pulir, en hacer romos los bordes y aristas de la presunta ruptura con la tradición occidental. Además, una serie de leyendas no tenían necesariamente que tener continuidad narrativa, lo cual, si bien podía resolver el problema del cuento, dejaba pendiente el de la novela. Leyendas de Guatemala, sin embargo, ya traía una solución, que Carpentier va a aprovechar con fervor en su primera novela: la poesía. El estilo intensamente metafórico tanto de Leyendas de Guatemala como de El señor presidente es el medio por el cual Asturias pretende alcanzar «la oscura raíz del grito»; es decir, aquel estrato de comunicación lingüística que no depende de una lógica heredada de la tradición; una comunicación cuyo impulso surge de un acto de devoción prelingüístico, de una actitud litúrgica ante el verbo, que vendría a ser análogo, aunque en un idioma europeo, al que animaba el «original» de las leyendas. Carpentier alude, en la crónica citada, al «estilo elíptico, singular, fuertemente expresivo», de Asturias; y en la tercera crónica, la de 1954, vuelve al tema: «Pero el éxito de estas grandes novelas no debe hacernos olvidar que Miguel Angel Asturias es también un poeta que, de no haberlo sido, no habría logrado el color, la plasticidad, el mecanismo elíptico de una prosa que le pertenece por entero y que, muy a menudo, se desarrolla, se eleva, se ritma, en función de su poesía» (26).

Ese *mecanismo elíptico* que menciona Carpentier no es otro que el característico de la poesía vanguardista, que intenta aproximar realidades dispares sin la mediación de la sintaxis; es un salto, una falla en la continuidad, en el fluir del lenguaje, que nos saca de la teleología implacable del orden gramatical para elevarnos a la visión pre o postsintáctica, es decir, atemporal o perteneciente a un tiempo sagrado. Este será el mecanismo empleado a todo nivel por Asturias y Carpentier en sus primeras narraciones. En un plano puramente fónico, es el «...¡Alumbra, lumbre de alumbre, Luzbel de piedralumbre!» con que se inicia *El señor presidente,* cuyo principio es el vacío indicado por los puntos suspensivos, una elisión inicial cuya previa sustancia desconocemos. Son múltiples los ejemplos del mismo efecto en *¡Écue-Yamba-Ó!,* pero ninguno tan evidente como: «El jarro de hojalata. Jarro, carro, barro», donde las cosas han sustituido toda ligazón sintáctica. En términos visuales: «Punto. Anillo. Lente. Disco. Cráter. Orbita. Espiral de aire en rotación infinita» (27). Aquí, los puntos separan estos elementos, que debemos ver, como en un cuadro cubista, yuxtapuestos en el espacio sin vínculo aparente. Ese espacio vacío —aquí, silencio entre palabras, es el espacio elidido. En *¡Écue-Yamba-Ó!* y *El señor presidente* se aspira a alcanzar un nivel del lenguaje que sea pura visión o pura música; esa visión o esa música serán mayas o yorubas antes que europeas. Lo mismo ocurre al nivel de las unidades narrativas en las novelas; en vez de una continuidad, una yuxtaposición, una serie de elipsis cuyo orden no es teleológico. Lo telúrico aparece simultáneamente como fuerza positiva y negativa. Negativa, porque surge de potencias ocultas que sustraen o dejan apenas implícita la necesaria relación de continuidad; positiva, por cuanto eslabona las nuevas unidades en una unidad superior, en que los negativos sumados dan una positividad: la fe del creyente en una entidad todoenvolvente que le da sentido al lenguaje. Lo que impulsa los aconte-

---

(26) «Miguel Angel Asturias en Caracas», *op. cit.,* pág. 42.
(27) *¡Ecué-Yamba-O!, op. cit.,* págs. 105 y 45.

cimientos que componen ambas novelas son fuerzas mágicas, diabólicas sin duda, que se encarnan en la elusiva figura del Señor Presidente, o en el poder que repite a Menegildo Cue en su hijo y que se manifiesta en una lagartija. Carpentier ha dado en su novela la clave de aquello que llena el espacio vacío creado por la elipsis, dando coherencia al relato: «Así como los blancos han poblado la atmósfera de mensajes cifrados, tiempos de sinfonía y cursos de inglés, los hombres de color son capaces de hacer perdurar la gran tradición de una ciencia legada durante siglos, de padres a hijos, de reyes a príncipes, de iniciadores a iniciados; saben que el aire es un tejido de hebras inconsutiles que transmite las fuerzas invocadas en ceremonias cuyo papel se reduce, en el fondo, al de condensar un misterio superior para dirigirlo contra algo o a favor de algo...» (28). Si la trama de *¡Écue-Yamba-Ó!* y la de *El señor presidente* parecen ser más movimientos de contraste y sorpresa que de progresión hacia un desenlace es porque la razón que las ordena es elíptica, porque los espacios en apariencia vacíos entre las unidades están ocupados por la argamasa de lo poético. Y lo poético está hipostasiado en la figura ambigua del demonio, popular y culta a la vez; figura bifronte que señala la ausencia mediante su propia presencia, que eslabona denunciando la falta de continuidad (29).

La segunda nota de Carpentier sobre Asturias es simplemente la transcripción (y traducción) de una favorable crítica de *El señor presidente* aparecida en *Les Nouvelles Litteraires*. Carpentier se vale del éxito de la obra de Asturias para aleccionar una vez más a los escritores más jóvenes, que se entregan a la

---

(28) *Ibíd.*, pág. 59.
(29) Ver, de Gustavo Correa, «El espíritu del mal en Guatemala: ensayo de semántica cultural», en *Middle America Research Institute*, pub. 19 (1955), págs. 94-97, y también su «Texto de un Baile de Diablos», *ibíd.* (1958), pub. 27, págs. 97-104. Debe también leerse la *Historia de una pelea cubana contra los demonios*, de Fernando Ortiz (La Habana: Editorial de Ciencias Sociales, 1975). Como es sabido, existía la leyenda, desde la época de la Conquista, de que el Diablo vivía en el Nuevo Continente. Carpentier usa de epígrafe a *El reino de este mundo* versos de Lope de Vega a ese efecto. Guimarães Rosa, en su *Grande sertão, veredas*, es quien con más éxito ha incorporado la figura del diablo a una problemática literaria.

imitación de modelos europeos, lo cual en ese momento quiere decir que imitan a los existencialistas (es significativo que ni Borges, ni Carpentier, ni Asturias se sintieran atraídos por el existencialismo). Esta crítica del existencialismo, sin embargo, no significa que éste no tuviera impacto sobre la obra narrativa de Carpentier. *Los pasos perdidos* es una novela en que, precisamente en los años en que se escriben estas crónicas, estaban enfrentadas la plenitud cultural y la soledad del ser; la conciencia moderna, impulsada por un ansia de conocimiento que rebasa los códigos de la cultura y que se siente deslizar a través de un tiempo histórico que va anulando, al hacerlo contingente; el poder de la cultura para dar sentido a la vida del hombre y del artista. Pero ya desde *El reino de este mundo* (1949) se anunciaba esta temática, que había de distinguir a Carpentier de Asturias, irremediablemente.

El señor presidente, cuya génesis había podido presenciar Carpentier en la Coupole, alrededor de 1928, no se publicó hasta 1946, apenas tres años antes de la aparición de *El reino de este mundo,* obra que giraba en torno a una dictadura criolla —la primera, por cierto, de la época moderna—. La coincidencia de temas no es casual, y mucho más que la figura del dictador une a estas dos grandes novelas hispanoamericanas. Pero la de Carpentier, a la vez que apela a los recursos «mágicos» antes vistos, los cuestiona, llevando a sus últimas consecuencias la noción de que una fuerza de origen telúrico, anterior al lenguaje, similar a la música, daba orden y concierto a la narración. Es precisamente esto lo que reclama el famoso prólogo a *El reino de este mundo;* pero una lectura minuciosa revela que la voz autoritaria, literalmente del autor, que «habla» en ese prólogo, es la que ha urdido la trama de repeticiones, analogías y otros recursos que llenan el espacio vacío entre los acontecimientos, personajes y hasta las fechas y números de los capítulos (30). *El reino de este mundo* es un complejo *mecanismo elíptico,* regido por un señor presidente que no es Henri Christophe, sino el Alejo Carpentier que firma el prólogo, un Alejo Carpentier equiparable a la figura diabólica antes mencionada.

---

(30) Ver «Isla a su vuelo fugitiva», *op. cit.*

La gran diferencia entre *El señor presidente* y *El reino de este mundo* es que en este último existe un plano de lectura en que se oponen la magia y la conciencia creadora y en la que el autor aparece como un ser negativo que detenta el poder y es dominado por el deseo de percibir un orden superior, pero que es incapaz de intuirlo sin sinquiera pensar en la imposibilidad de su existencia fuera del ámbito de su propia mente.

La diferencia entre Asturias y Carpentier a principios de los años cincuenta es que éste ha estado leyendo a Borges desde hace ya mucho tiempo.

3

Aun en años recientes, cuando los avatares de la política los separaban, Carpentier siempre se abstuvo de hablar mal de Borges (31). Aunque Carpentier fue comedido en sus juicios políticos de otros —raro esto entre hispanoamericanos—, no podemos atribuir a esa virtud únicamente su reticencia con respecto a Borges. Lo cierto es que el cubano admiraba genuinamente la obra del argentino, y ésta había desempeñado un papel de no poca importancia en el desarrollo de la suya propia. Las varias crónicas que Carpentier dedicó a Borges en *El Nacional* nos permiten observar el roce entre las dos grandes obras en ciernes y el resultado de éste (32). Las crónicas no sólo fueron escritas en momentos señeros de la carrera de Carpentier, sino que indican desde cuándo leía el autor de *Los pasos perdidos* al de *Ficciones*.

Que yo sepa, Carpentier y Borges no se encontraron jamás. Por lo tanto, no hay anecdotario referente a relaciones personales, como en el caso de Asturias (los únicos contactos indirec-

---

(31) En mis conversaciones con Carpentier, que con frecuencia versaron sobre Borges, nunca dijo nada contra el argentino, achacándole sus conocidos pronunciamientos políticos a cierto deseo de *épater les bourgeois* a la inversa. No conozco ninguna entrevista de Carpentier en que se exprese contra Borges, aunque no faltaron periodistas que quisieron sonsacarlo.

(32) Casi nada se ha escrito comparando las obras de Borges y Carpentier, aunque la relación entre ambas va mucho más lejos aún de lo sugerido aquí.

tos pueden haber sido a través de Elvira de Alvear, amiga de Borges, que financió *Imán,* la revista que Carpentier y Asturias publicaron en 1930 en París, o a través de Victoria Ocampo, a quien Carpentier dedicó uno de sus «Poémes des Antilles») (33). Borges regresó de Europa a la Argentina en 1924, cuatro años antes que Carpentier embarcara para París. Con la propiedad que la historia despliega a veces, los contactos entre Carpentier y Borges fueron exclusivamente a través de textos. Las crónicas del cubano responden a publicaciones de Borges, aunque en dos casos, de manera indirecta. La primera, del 12 de noviembre de 1952, comenta la salida del libro de Borges y Delia Ingenieros *Antiguas literaturas germánicas,* que el Fondo de Cultura Económica de México había publicado en 1951. La segunda, del 21 de abril de 1954, es un comentario del ensayo de Borges «El escritor argentino y la tradición», y la tercera, publicada el 30 del mismo mes, vuelve sobre el tema, a instancia de un lector (nunca sabremos si real o ficticio) que le escribe sobre el asunto. Estos dos artículos son, sin duda, los más importantes. La cuarta crónica, del 23 de agosto de 1956, reincide sobre el libro *Antiguas literaturas germánicas,* con motivo de un trabajo en *Critique* sobre literatura islandesa. La última, del 4 de agosto de 1957, es una reseña del *Manual de zoología fantástica,* que acababa de salir en México (34).

Es notable que ya en 1952, cuando Borges era todavía un escritor de fama local en el Río de la Plata, Carpentier lo considerara «uno de los escritores más importantes de nuestro continente». Y continúa: «Hace ya más de un cuarto de siglo que encontramos su firma [de Borges] en las revistas literarias de

---

(33) El poema dedicado a Victoria Ocampo es «Les Merveilles de la science», en *Poémes des Antilles* (París: Copyright by M.-F. Gaillard, 1931), pág. 18. El poema está fechado el 10 de mayo de 1929. Ignoro la relación que habrá habido entre Victoria Ocampo y Carpentier.

(34) «Un nuevo libro de Borges», en *El Nacional*, 12 de noviembre de 1952, pág. 24; «Un ensayo de J. L. Borges», *ibíd.*, 21 de abril de 1954, pág. 28; «Perfiles del hombre americano», *ibíd.*, 30 de abril de 1954, pág. 44; (Una literatura singular», *ibíd.*, 23 de agosto de 1956, página 16; «Manual de zoología fantástica», *ibíd.*, 4 de agosto de 1957, pág. 16. Sólo «Perfiles del hombre americano» ha sido incluida en la selección de Márquez Rodríguez (*op. cit.*, págs. 122-124).

América, en las cubiertas de tomos de ensayos y de relatos, escritos siempre con la seriedad, la alta conciencia del oficio, que caracterizan al escritor de raza. La continuidad de su obra, la consagración tenaz del tiempo al trabajo literario, son completamente ajenos a cierto 'amateurismo' consistente en sacrificar muy pocas cosas para darse a la tarea de escribir, al que se debe, en muchos casos, la discontinuidad de una producción esporádica, irregular en su evolución, interrumpida por silencios de diez años entre un libro y otro libro» (35). Además del elogio y la mención de obras clave de Borges (a lo cual regresaremos), Carpentier medita en las crónicas dedicadas a él sobre los mismos temas presentes en las dedicadas a Asturias, que son los relativos a la existencia de una tradición literaria hispanoamericana y el vínculo de ésta con la europea. Es ése, indirectamente, el tema que Carpentier destaca en los trabajos sobre literaturas germánicas antiguas, específicamente sobre la literatura de Islandia. El «exotismo» de tal literatura le resulta análogo al de la hispanoamericana, y Carpentier, sin duda, ve en los ensayos de Borges sobre el asunto una manera oblicua de pensar sobre la propia «marginalidad» de la literatura hispanoamericana. Es únicamente en la reseña del *Manual de zoología fantástica* donde Carpentier hace algún reparo a Borges, anotando varias omisiones, casi todas del ámbito español o hispanoamericano. Más que un resabio americanista, las correcciones parecen obedecer a un prurito de erudición —Borges y Carpentier son los escritores hispanoamericanos más eruditos, desde Bello.

Es, desde luego, en la crónica sobre «El escritor argentino y la tradición» donde Carpentier abunda sobre el tema del americanismo literario (36). Empieza recordando cómo Borges, con

---

(35) «Un nuevo libro de Borges», *op. cit*, pág. 24.

(36) Hay un problema cronológico con respecto a cómo pudo leer Carpentier en 1954 el ensayo de Borges «El escritor argentino y la tradición», cuando sabemos que «In a lecture he [Borges] gave in 1951 called 'The Argentine Writer and Tradition', later published in *Sur* (January-February 1955), he attacks the kind of nationalism...». Emir Rodríguez Monegal, *Jorge Luis Borges: A Literary Biography* (Nueva York: Dutton, 1978), pág. 424. Una oportuna consulta con mi buen amigo y colega Rodríguez Monegal disipa el obstáculo. Hubo una publicación anterior del ensayo en *Cursos y conferencias* (Buenos Aires), año 21, vol. 42 (1953), págs. 515-525.

ironía muy característica, informa que Gibbon opinaba que el *Corán* era el libro más árabe posible, precisamente porque en él no se mencionaban ni una sola vez los camellos. Escribe luego Carpentier:

> ... el reciente ensayo del autor de «La muerte y la brújula», viene a ser una nueva expresión del cansancio que se nota en todos los ámbitos intelectuales de América, en lo que se refiere a una cierta literatura nativista, demasiado alimentada de machetes, huaraches, quenas y escobillado. La ofensiva contra el tipicismo es general, sin que se renuncie, por ello, a la voluntad de permanecer al pie del árbol genealógico. Pero el cuadro de la vida rural, trazado por escritores que sólo pasaron diez días en una hacienda; el «lenguaje rústico», cazado a punta de lápiz por observadores astutos; el afán, cuando le han pasado a uno tres mil tomos por la cabeza, de meterse en la mente del hombre inculto o primitivo, ha dado tantos resultados artificales —cuando no fallidos—, que el lector mismo fue traído a desconfiar de la «novela de ambiente».

Carpentier termina su crónica declarándose de acuerdo con Borges en que el escritor hispanoamericano es parte de la tradición europea, pero no tiene por qué sentirse atado a ella, y que su característica principal debe ser la de no tener una actitud reverente, sino, al contrario, irreverente frente a ésta.

No puede decirse que la actitud de Carpentier frente al americanismo haya cambiado con la lectura de este ensayo de Borges, sobre todo si pensamos que en 1953 había aparecido *Los pasos perdidos,* novela en la que un protagonista autobiográfico se interna en la selva en una búsqueda infructuosa del tipo de comunión con el hombre primitivo de que habla Carpentier en su crónica. Pero lo que sí hay es una coincidencia, que tiene que haber sido alentadora para Carpentier. Esa coincidencia era parte de una relación mucho más rica con la obra de Borges, de la cual la actitud de escepticismo ante el culto de lo primitivo americano era un componente importante, pero no el único. Además del tema del americanismo y su relación con la literatura, más allá del elogio a Borges, cuando todavía era un escritor poco conocido, lo más sugestivo de las crónicas de Carpentier son las menciones de relatos del argentino y el impacto de éstos en su narrativa.

En las crónicas de Carpentier hay alusión directa a los siguientes cuentos o libros de ficción de Borges: «El jardín de los senderos que se bifurcan» (1941), *Ficciones* (1944), «La muerte y la brújula» (1942) e *Historia universal de la infamia* (1935). Si en 1952 Carpentier confiesa haber leído a Borges desde hace un cuarto de siglo, es evidente que para esa fecha ya conoce las principales obras de ficción de éste. Pero no deja de ser significativo el grupo que *recuerda* en sus crónicas de los cincuenta; todas son de mediados de los treinta y principios de los cuarenta; es decir, de los años que median entre *¡Écue-Yamba-Ó!* y *El reino de este mundo;* son también los años en que se escriben los cuentos que habrían de ser recogidos en 1958 bajo el título *Guerra del tiempo:* «Semejante a la noche», «El camino de Santiago» y «Viaje a la semilla» (37).

Si bien debe ser obvio que algunos de los experimentos narrativos, tanto de *El reino de este mundo* como de los relatos de *Guerra del tiempo,* contienen elementos de los de Borges en *Ficciones,* particularmente en «La muerte y la brújula» y «El jardín de los senderos que se bifurcan», *Historia universal de la infamia* es la obra cuya presencia en la narrativa de Carpentier es más visible. El recurso principal del libro de Borges es la elaboración de la biografía imaginaria de un personaje histórico marginal, para luego ver cómo esa vida insignifiacnte se vincula a vastos movimientos históricos. En los mejores momentos del libro —que son muchos—, los nexos históricos son tantos y tan inusitados, que, de pronto, toda la trama de la historia parece depender de un capricho o, mejor, de la maldad creadora de un ser insignificante. *Historia universal de la infamia,* como he sugerido en otra parte, es una reducción al absur-

---

(37) Para mayor precisión cronológica con respecto al desarrollo de la obra de Carpentier por esos años, ver mi «Notas para una cronología de la obra narrativa de Alejo Carpentier (1944-1954)», en *Relecturas. Estudios de literatura cubana* (Caracas: Monte Avila, 1976), págs. 75-94.

do de un esquema hegeliano; su propio título contiene tres palabras clave que aluden a las *Lecciones sobre la filosofía de la historia universal,* libro cuya traducción al castellano por José Gaos, en 1928, había tenido gran impacto en España e Hispanoamérica (38). En breve, Hegel mantiene que el mal es uno de los motores de la Historia, cuyo progreso hacia el predominio de la razón universal es, sin embargo, inevitable. En Borges, por el contrario, la infamia rige de manera casual. En Hegel, sólo lo racional es real y universal. En Borges, por el contrario, la infamia impone un régimen de simulacros concatenados, que se van cancelando unos a otros. Todos los relatos escritos por Carpentier en los años cuarenta y principios de los cincuenta utilizan una fórmula similar, que aún encontramos, pero a mayor escala, en *El siglo de las luces* (1962). Víctor Hugues no es sino un personaje escapado de la *Historia universal de la infamia.* Otro tanto ocurre con Juan, el variable personaje de «El camino de Santiago», y tantos otros más, inclusive Ti Noel, personaje que Carpentier encontró en sus investigaciones en Santiago de Cuba, cuando escribía *La música en Cuba* (1946). Como en *¡Écue-Yamba-Ó!,* hay un fluido que llena los intersticios del relato borgeano y el carpentereano de años más recientes; ese fluido es asociado al mal, a la infamia, a la magia, porque disuelve nociones recibidas —europeas— de la continuidad histórica y de la manera en que la realidad está armada.

En los cuentos de Borges que Carpentier menciona, el mecanismo narrativo es parecido al de *Historia universal de la infamia,* pero con una diferencia fundamental: tanto el detective Lönrot, de «La muerte y la brújula», como el espía Yu Tsun, de «El jardín de los senderos que se bifurcan», son evidentes figuraciones del autor. El acto criminal que pone en movimiento la trama y el acto de escribir aparecen como análogos. La urdidumbre de la historia y el artificio de la escritura son análogos, porque ambos son esfuerzos por crear un orden; pero tanto el espía como el detective pagan con la vida el acto de

---

(38) Ver mi «Borges, Carpentier y Ortega: dos textos olvidados», en las págs. 217-225 del presente libro.

creación o recreación. Yu Tsun y Lönrot, como la figura del autor en el prólogo a *El reino de este mundo,* «perecen» en el acto de forjar un orden perfecto, que deja de serlo desde el momento que los incluye a ellos. (Los destinos paralelos y convergentes de Lönrot y Scharlach en «La muerte y la brújula», que se despliegan minuciosamente sobre el mapa de Buenos Aires, son similares a los del Acosado y el Taquillero en *El acoso,* que se despliegan sobre el mapa de La Habana) (39). En *¡Écue-Yamba-Ó!,* en *El señor presidente* y aun en *Historia universal de la infamia,* se vislumbra un orden totalizante, urdido por la fuerza abstracta del mal. En los relatos de *Ficciones,* en *El reino de este mundo* y en *Guerra del tiempo,* se incluye en esa totalidad al autor, demonio menor, siempre imperfecto o incompleto, incapaz de dar término a su obra (la manquedad de Mackandal puede significar esa «incompletez» congénita de la figura de autoridad).

Cuando se trata de grandes escritores, como Borges y Carpentier, no puede hablarse de influencias, sino, tal vez mejor, de confluencias. Carpentier, como Borges, había rechazado las ideas de Ortega sobre el futuro de la novela, que el filósofo español creía que debía buscarse en la novela psicológica, y los dos hispanoamericanos, en la novela de argumento, de trama (40). Borges, tanto en «El arte narrativo y la magia» (1932) como en el comentado prólogo a *La invención de Morel,* de Adolfo Bioy Casares, oponía a la novela psicológica la policíaca, porque ésta conlleva una meditación sobre la literatura que hace irrisoria la posibilidad de que el mal logre erguirse como elemento positivo que conduzca al tipo de conocimiento absoluto que postula Hegel. Las figuras del detective y el criminal representan dos momentos separados e irreductibles a síntesis. Carpentier, en un artículo publicado un año antes que «El arte narrativo y la magia», intitulado «Apología de la novela policíaca», escribe:

_____

(39) Ver Octavio Corvalán, «Presencia de Buenos Aires en 'La muerte y la brújula', de Jorge Luis Borges», en *Revista Iberoamericana,* núm. 54 (1962), págs. 359-363, y Modesto Sánchez, «La elaboración artística de *El acoso*», Master's Thesis. Trinity College (Hartford, CT), 1972.

(40) «Borges, Carpentier y Ortega», *op. cit.*

El criminal aparece como elemento creador, como hombre bastante hábil, como desmoralizado o cruel, para ser capaz de situar la sociedad organizada ante una situación anormal. Su acto altera un equilibrio preestablecido, colocando a sus semejantes ante un hecho originado por su sola voluntad. Es[e] acto de afirmación equivale a la invención de un problema, más o menos intrincado, del que sólo ofrece las bases, sin indicar los medios que han de llevarnos a resolverlo. El detective encuentra un problema perfectamente planteado, que excluye toda creación por su parte, y del que sólo puede explicarnos el mecanismo, si acierta en su tarea investigadora. El detective es al delincuente lo que el crítico de arte es al artista; el delincuente *inventa,* el detective *explica* (41).

El crítico no repite, sino que explica, de la misma manera que el detective recrea el orden creado por el criminal, no lo repite; cada acto ocupa un momento distinto e independiente en el tiempo. Borges y Carpentier se han dado cuenta de que la ficción policíaca presenta, pues, de forma alegórica, las dos caras del acto literario: la escritura y la lectura. La escritura y la lectura son dos momentos tan irreductibles como los habitados por el criminal y el detective. La victoria de Scharlach en «La muerte y la brújula», la persistente falsedad del billete en *El acoso,* significan que si algo triunfa no es la positividad de una síntesis —una posible teodicea—, sino la negatividad persistente del simulacro. Lönrot y el Acosado mueren al percatarse de la serie de errores y trampas que les conducen al momento de mayor capacidad interpretativa, el umbral de la muerte. Es este plano crítico de Borges y Carpentier el que falta en la obra de Asturias. Los experimentos de *Ficciones* y *Guerra del tiempo* demuestran que la literatura no está supeditada a categorías más amplias como la cultura o la historia, sino que es en sí una actividad en la cual todas las preguntas de la filosofía, la antro-

---

(41) *Carteles,* 19 de abril de 1931, pág. 21 (el énfasis es de Carpentier).

pología o la estética están en juego. En otras palabras, Borges y Carpentier demuestran que no es fuera de la literatura —en la investigación etnológica, sociológica o histórica— donde se deciden las preguntas sobre el americanismo literario, sino que la literatura misma, en su interior, dramatiza esas preguntas y moviliza posibles respuestas. No es Estrada Cabrera, el dictador, sino Borges, Carpentier o Asturias, como autores, los que controlan el territorio textual americano.

4

Si Borges representa para Carpentier las infinitas complejidades y perplejidades de la literatura, Asturias dio cauce, en un momento importante de su carrera, a la vocación americanista de Carpentier. Las crónicas que Carpentier escribió sobre ambos revelan su deuda con ellos, pero a la vez revelan cómo Carpentier supo asimilar y trascender posiciones contrarias. De Asturias, Carpentier no sólo aprendió a buscar una visión poética de América, sino también a leer los textos en que estaba inscrita la historia del Nuevo Mundo. De Borges, Carpentier aprendió que no había en esa historia una panacea prelingüística desprovista de contradicciones y ambigüedades. En Carpentier, las figuras de la *Historia universal de la infamia* se hacen americanas para poblar esa gran *summa* que es *El siglo de las luces*. De esa *summa* que es toda la obra de Carpentier surgió la reciente novelística hispanoamericana de Fuentes, Vargas Llosa y García Márquez. La labor de crítico de la literatura hispanoamericana que llevó a cabo Carpentier fue filtrar las corrientes narrativas de su tiempo para dar con los elementos dignos de preservarse y fundirse en nuestra gran narrativa actual.

BdeORridaGES
(BORGES Y DERRIDA)

Frente al tercer capítulo de la primera parte de «La Pharmacie de Platon», Derrida coloca tres epígrafes, dos de Borges y uno de Joyce (1). El fragmento de Joyce procede, según se indica, de *A Portrait of the Artist as a Young Man,* y reza como sigue: «A sense of fear of the unknown moved in the heart of his weariness, a fear of symbols and portents, of the hawk-like man whose name he bore soaring out of his captivity on osier woven wing, of Thoth, the god of writers, writing with a reed upon a tablet and bearing on his narrow ibis head the cusped moon.» Este pasaje aparece inserto entre las dos citas de Borges, las cuales se nos dan —*hélas*— en la traducción francesa, y cuya fuente no se indica. La primera cita de Borges

---

(1) «La Pharmacie de Platon» apareció en la revista *Tel Quel,* en dos entregas, núms. 32 y 33, de 1968, y luego fue recogido en *La Dissémination* (París: Editions du Seuil, 1972). Existe una traducción pasablemente buena de este libro al español: *La diseminación,* traducción de José Martín Arencibia (Madrid: Editorial Fundamentos, 1975). El descuido suma complejidades a «La farmacia»: en la traducción española, los epígrafes de Borges han sido vertidos (¿de nuevo?) al español por el traductor. Hay una traducción inglesa mucho más cuidada, con inteligentes notas, comentario e introducción de la traductora: *Dissemination,* translated with an introduction and additional notes by Barbara Johnson (Chicago: University of Chicago Press, 1981). En esta versión, aparecida después de terminado este trabajo, mi buena amiga Barbara Johnson ya había dado con el lugar de cada cita de Borges; quede mi pesquisa sólo como estrategia retórica.

dice en el original: «La historia universal continuó su curso; los dioses demasiado humanos que Jenófanes atacó fueron rebajados a ficciones poéticas o demonios, pero se dijo que uno, Hermes Trimegisto, había dictado un número variable de libros (42, según Clemente de Alejandría; 20.000, según Jámblico; 35.525, según los sacerdotes de Thoth, que es también Hermes), en cuyas páginas estaban escritas todas las cosas. Fragmentos de esa biblioteca ilusoria, compilados o fraguados desde el siglo III, forman lo que se llama el *Corpus Hermeticum...*» (*op. cit.,* pág. 636) (2). La cita proviene de «La esfera de Pascal», uno de los ensayos de *Otras inquisiciones.* No fue nada fácil, por cierto, dar con ella, puesto que suena como el más típico Borges. La segunda cita de Borges —el último de los tres epígrafes— reza del siguiente modo: «Otra escuela declara que ha transcurrido ya todo el tiempo y que nuestra vida es apenas el recuerdo o reflejo crepuscular, y sin duda falseado y mutilado, de un proceso irrecuperable. Otra, que la historia del universo —y en ella nuestras vidas y el más tenue detalle de nuestras vidas— es la escritura, que produce un dios subalterno para entenderse con un demonio. Otra, que el universo es comparable a esas criptografías en las que no valen todos los símbolos...» (pág. 437). Este pasaje (que, de nuevo, no fue fácil encontrar) es de «Tlön, Uqbar, Orbis Tertius», el célebre relato con el que Borges da comienzo a su *Ficciones.* Ya

---

Sobre la acogida de la obra de Borges en Francia hay siempre que acudir al imprescindible libro de Silvia Molloy *La Diffusion de la littérature hispano-américaine en France au XXᵉ siècle* (París: Presses Universitaires de France, 1972), cuyo capítulo sobre Borges está admirablemente documentado. Sobre la recepción de Borges entre los críticos franceses más recientes hay una útil crónica de Emir Rodríguez Monegal, «Borges and *la nouvelle critique*», en *Diacritics,* vol. 2, núm. 2 (Cornell University), págs. 27-34, traducida por mí. No llegaba a «La pharmacie» el panorama de Rodríguez Monegal. Hay, además, un muy útil trabajo de comparación entre Borges y Derrida, de corte más general que el mío, al cual remito al lector: Mario Rodríguez, «Borges y Derrida», en *Revista Chilena de Literatura,* núm. 13 (1979), págs. 77-91. Puede verse también, de Monique Lemaître, «Borges... Derrida... Sollers... Borges», en *Revista Iberoamericana,* «40 Inquisiciones sobre Borges», núms. 100-101 (1977), páginas 679-682.

(2) Las citas de Borges remiten al volumen de *Obras completas,* publicado por Emecé (Buenos Aires, 1974).

que Derrida nos ha enseñado a tomar en serio tales elementos exteriores, «liminares», como los epígrafes, voy a reflexionar brevemente sobre el posible sentido de estos fragmentos de Borges y Joyce en relación a «La Pharmacie de Platon», para, de ese modo, hacer indirectamente algunas observaciones acerca de la relación entre Borges y Derrida. Mi punto de vista sobre este asunto es el de un crítico e historiador de la literatura, no el de un filósofo; me interesa, obviamente, la situación del discurso crítico a partir de Derrida y Borges.

El capítulo tercero de la primera parte de «La Pharmacie de Platon», la sección que preludian los epígrafes, trata acerca de la presencia en el *Fedro* de Platón del mito egipcio de Zot (Thoth), al cual se alude a través de la figura del mensajero Zeuz (Theuth). Derrida, aparentemente, quiere explicar cómo Zeuz refleja la historia de Zot, y cómo su presencia en Platón se coloca dentro de cierta estructura del pensamiento occidental, en la cual se condena la escritura por ser falsa y secundaria, en oposición a la voz, que se considera como el origen, la portadora de la verdad y de la «presencia». Zot es el dios de la escritura, el secretario, el hijo del dios-sol Rê o Amon, a quien reemplaza. Es el dios de la luna o de la luz reflejada, y, por lo tanto, el dios de la «secundariedad». Zot exhibe un comportamiento sistemáticamente oportunista y variable, colocándose unas veces del lado de Osiris y otras en contra de él. Es también el dios de la muerte. Zot no sólo suplanta el lenguaje vivo, sino que desempeña además la lúgubre tarea de pesar el corazón y el alma de los muertos; es el dios-contable, además de ser el inventor de los juegos de azar y de los criptogramas. Zot es, entonces, el «otro» del padre, y a la misma vez es el instante subversivo de su reemplazo: «Le dieu de l'ecriture —dice Derrida— est donc a la fois son père, son fils et lui». La escritura es posible en esa suplantación del padre con un simulacro de la presencia. El padre es la voz; la escritura es su representación. ¿Pero no es Zot, entonces, lo único que hay? ¿No es la figura del padre el simulacro, y la escritura un juego de diferencias, uno de los cuales sería aquél a través del cual la representación se distancia de un *a priori* fantasmagórico?

Aunque Zot es una forma rechazada de la significación dentro de la metafísica occidental, bien pudiera ser él la única posibilidad de significación. A lo largo de «La Pharmacie de Platon», Derrida conjetura acerca de la presencia de este chivo expiatorio, de este *pharmakon* incrustado en el tejido mismo del lenguaje y de la representación. Esta concepción «escandalosa» de la escritura, que corroe los mismísimos fundamentos de nuestro pensar, desde la filología hasta la semiología, persiste en lo que Derrida llama textualidad, su teoría de la escritura como un sistema de suplementos que se diferencian entre sí, sin cancelarse mutuamente. De manera muy indirecta, Derrida parece sugerir que la mitología extranjera, oriental, que ingresa en el *Fedro* no es extranjera del todo, sino una porción integral del discurso de Platón —un suplemento significativo, por así decirlo, que hay que colocar fuera, aunque en realidad pertenece al interior—.. Tanto en el nivel textual más detallado y minucioso como en el sentido más amplio posible, estas ideas son las que están en juego en la relación entre Borges y Derrida.

Volvamos a los tres epígrafes. Ahora su relación debe estar más clara. En los dos primeros hay una alusión directa a Zot. En el tercero, la alusión no es tan directa, pero es, de todos modos, bastante clara: el «dios subalterno» no puede ser otro sino Zot, el dios-secretario, el amanuense de Rê. Las «criptografías» bien podrían ser una alusión a Zot, quien no sólo «inventó» la representación gráfica, sino también, como vimos, los criptogramas. Esto es bastante obvio. Pero aún subsiste la pregunta: ¿cuál es el sentido de estas alusiones? ¿Tienen estos epígrafes solamente una función tangencial, ancilar? ¿Acaso se limitan a «reflejar» el sentido del capítulo? ¿Está dándonos Derrida aquí las «fuentes» de sus ideas? Pero, ¿cómo podemos hablar de «fuentes» dentro de su sistema? Intentaremos devolver las citas a su contexto «original» para ver si este ejercicio crítico nos ayuda a contestar algunas de estas interrogantes.

«La esfera de Pascal», de donde proviene la primera cita, es un breve ensayo de tres páginas, en el que Borges sigue, a través de la historia del pensamiento y la literatura de Occidente, la huella de una metáfora que se halla en Pascal. Borges rastrea la metáfora de que Dios es como una esfera cuyo centro está en todas partes, desde Platón, pasando por Dante, hasta Pascal. Borges cierra el ensayo con su conocido dictamen:

«Quizá la historia universal es la historia de la diversa entonación de algunas metáforas» (*op. cit.*, pág. 638). Si en «La Pharmacie de Platon» Derrida coloca los mecanismos irreductibles del lenguaje antes/por encima del pensamiento (y no al revés), «La esfera de Pascal» ya había propuesto el mismo argumento. En el ensayo de Borges, la metáfora reemplaza al pensamiento, lo suplanta. La digresión de Borges a través de Hermes Trimegisto y los orígenes míticos del *Corpus Hermeticum* es una manera sutil de aludir a la tradición heterodoxa, marginal, que contribuyó a diseminar la metáfora. Este proceso es análogo a la excursión de Platón a Egipto en el *Fedro*.

La cita de *A Portrait* es algo más complicada en relación con su fuente. El fragmento proviene, apropiadamente, de un pasaje al final de la novela, en el que Stephen Daedalus está a punto de convertirse en escritor, pues la cita alude a una transición desde los símbolos al dios de la escritura. Está claro que para poder escribir, Stephen tiene que sobreponerse a su temor de los «symbols and portents», es decir, de los significados tradicionales, de la doctrina, de la liturgia. Todas estas cosas son parte del mundo de su padre, el mundo que Stephen ha soportado en la escuela, en la iglesia y en la universidad. Es aún más apropiado que su meditación sea sobre su nombre. Hay en el fragmento una reveladora metamorfosis de Icaro, hijo de Dédalo, en Zot, hijo de Rê; una suerte de distanciamiento de la tradición logocéntrica, griega, al moverse hacia el mito egipcio del dios de la escritura. (No podemos menos que observar que, en la figura de Zot, el pico puntiagudo de su cabeza de ibis se asemeja a un instrumento de escritura, como si la voz se hubiese convertido en un cálamo punzante). Icaro cae al volar hacia el sol (Rê nos permite aquí una fácil transición, ya que es el dios del sol), y se convierte en Zot, quien suplanta al padre. La última oración en *A Portrait of the Artist as a Young Man* evoca esta sustitución, que se lleva a cabo no sin algún temor y sentido de culpa: «27 April: Old father, old artificier, stand me now and ever in good stead».

La cita de «Tlön, Uqbar, Orbis Tertius» proviene de la lista de las varias escuelas filosóficas de Uqbar. Las dos escuelas que aparecen en la cita son las que proponen la noción de Uqbar como algo añadido al universo tras la desaparición de todo ser viviente. Como la escritura, Uqbar es un suplemento que ha reemplazado al mundo —un «tercer mundo», por así decirlo, sin las connotaciones políticas—. Como en las dos citas anteriores, ésta introduce una mitología foránea —y cómo— para trastocar así la lógica, la lógica logocéntrica, como diría Derrida, del discurso occidental.

Los epígrafes son, obviamente, apropiados, pues anticipan ideas o figuras que aparecen en el texto de «La Pharmacie de Platon». Su propiedad se extiende incluso hasta el hecho de que estos textos están *fuera;* pero hay más. ¿Por qué —nos preguntamos— esta secuencia Borges-Joyce-Borges? ¿Por qué la repetición? ¿O es una repetición? ¿Cómo *difieren* los epígrafes? Observemos que mientras las tres citas aluden a Zot, y todas, en cierto sentido, anticipan la lógica del suplemento, su secuencia encarna esa misma lógica. La cita de «La esfera de Pascal» se refiere a los orígenes míticos de la escritura, a la fundación de la biblioteca de Alejandría. Hermes Trimegisto *dictó* «un número variable de libros...». El representa aquí la voz del padre, que ha generado la biblioteca. En la cita de Joyce, según vimos, estamos en el reino del hijo, según éste se transforma de Icaro en Zot, de efebo en dios de la escritura; su temor de los símbolos y los portentos, los signos del padre, lo lleva a la escritura. La cita de «Tlön, Uqbar, Orbis Tertius» nos lleva al reino del suplemento, no sólo en los detalles que ya vimos, sino más claramente aún si pensamos en el cuento de donde proviene. El artículo sobre Uqbar del cual se supone que el autor obtuvo la información no aparece, de acuerdo con el narrador, en el volumen 26 de la *Anglo-American Cyclopedia,* pero «el volumen que trajo Bioy era, efectivamente, el XXVI de la *Anglo-American Cyclopedia.* En la falsa carátula y en el lomo, la indicación alfabética (Tor-Ups) era la de nuestro ejemplar, pero en vez de 917 páginas constaba de 921. Esas cuatro páginas adicionales comprendían el artículo sobre Uqbar; no previsto (como habrá advertido el lector) por la indicación alfabética. Comprobamos después que no hay otra diferencia entre los volúmenes. Los dos (según creo haber indicado) son reimpresiones de la décima *Encyclopedia Britannica.* Bioy había adquirido su ejemplar en uno de tantos remates» (página 432). Uqbar, entonces, es el suplemento, un mundo en el que, como sucede con las producciones de Zot, «los libros de naturaleza filosófica invariablemente contienen la tesis y la antítesis, el riguroso pro y el contra de una doctrina». Borges aparece repetido en el tercer epígrafe, aunque no del todo, en la secuencia Borges-Joyce-Borges. La segunda vez ocupa el lugar del primer Borges, y lo sobrepasa: «Le dieu de l'écriture est donc a la fois son père, son fils et lui».

Podemos ahora apreciar, tal vez, cómo estos tres epígrafes —en el mismo centro de la primera parte de «La Pharmacie de Platon»— ocupan un lugar de apropiada importancia. Están fuera del texto, puesto que son sólo un suplemento, y, sin embargo, aparecen como la fuente del texto; pero al anticipar lo que dice el mismo, convierten el *texto* en una redundancia, en un suplemento. Los epígrafes Borges-Joyce-Borges juegan un papel en «La Pharmacie de Platon» similar al del mito de Zot en el *Fedro;* una mitología foránea incorporada en la argumentación del texto, pero que en realidad pertenece a su escritura.

Al juntar a Borges y a Joyce, Derrida ha aproximado a dos figuras clave en la literatura moderna, que ya habían sido unidas por la Historia. Como se sabe, Borges escribió uno de los primeros ensayos críticos importantes sobre *Ulysses* (3). Pero su conjunción aquí es sugestiva, debido a la posición que ambos guardan con respecto al texto de Derrida, y por su relación homóloga con el mito de Zot y el texto de Platón. He escrito en otra parte que la importancia de Joyce en Latinoamérica proviene del hecho de que, como escritor irlandés, su relación con la tradición inglesa es análoga a la de los escritores latinoamericanos con respecto a la tradición española y, en general, europea (4). En ambos casos, la relación puede entenderse en el sentido que sugieren los epígrafes de Derrida, como un suplemento que repite la tradición original, al tomar su lugar, al reescribirla desde dentro, pero siempre como si fuese desde fuera.

---

(3) «El *Ulises,* de Joyce», en *Inquisiciones* (Buenos Aires: Proa, 1925), págs. 20-25.

(4) Ver mi *Alejo Carpentier: The Pilgrim at Home* (Ithaca-Londres: Cornell University Press, 1977), pág. 76; también, mi «Borges, Carpentier y Ortega: dos textos olvidados», en el presente volumen, páginas 217-225.

Derrida se arriesga a indicar, en la forma tan compleja que hemos visto, que Borges es una de sus fuentes, que el representante de una literatura reciente, marginal, está dentro de la tradición central, corroyéndola y, sin embargo, haciéndola posible. Por supuesto que a Derrida, como a Borges, le gusta señalar la presencia de tradiciones heterodoxas, como la Cábala, en el discurso occidental. Ni Borges ni Derrida dan por sentada la hegemonía de la tradición grecorromana; ambos asumen un cierto «judaísmo» en su contacto con los textos, y a Borges le gusta imaginar que «de haber triunfado Alejandría y no Roma, las estrambóticas y turbias historia que he resumido aquí [ha estado hablando de los gnósticos] serían coherentes, majestuosas y cotidianas. Sentencias como la de Novalis: *La vida es una enfermedad del espíritu,* o la desesperada de Rimbaud: *La verdadera vida está ausente; no estamos en el mundo,* fulminarían en los libros canónicos» (pág. 216). Los escritores latinoamericanos, como el propio Borges, Lezama, Carpentier, Sarduy, Puig y otros, han estado escribiendo precisamente desde esa marginalidad estratégica.

Pienso que esto explica la coincidencia histórica del reciente «boom» de la literatura latinoamericana con la eclosión del pensamiento crítico francés. Hay, por supuesto, una *petite histoire* que explica esta coincidencia, a partir de la presencia en París de escritores como Sarduy, Paz, García Márquez, etc. Pero hay una historia mayor en el trasfondo. Si Borges se ha convertido en una especie de culto para Foucault, Derrida o Barthes, es debido al tipo de marginalidad sistemática que he analizado aquí. Después de todo, si fuéramos a asumir una posición totalmente historicista, podríamos decir que, desde sus oscuros orígenes, la literatura latinoamericana ha mostrado algunas de las características de la escritura como Borges y Derrida la definen. Quizá el mejor ejemplo sean las obras del Inca Garcilaso de la Vega. La principal obra de Garcilaso, los *Comentarios reales,* es, como su título indica, un texto que se sitúa tratratégicamente como algo secundario, como un comentario; Garcilaso quiere solamente glosar, corregir y anotar, según dice, la obra de los historiadores españoles del imperio incaico. Gracias a su dominio del idioma de la región, Garcilaso puede poner en duda mucho de lo que aquellos historiadores habían escrito, pero siempre lo hace insistiendo en el carácter secundario de su obra. Su texto ha sido precedido por los de los historiadores españoles, por la historia oral de los incas, que él escuchó, significativamente, de un tío (un sustituto de su padre), y por la historia cristiana, la cual, según Garcilaso, incluye en su diseño providencial al Perú. Además, el texto de Garcilaso no está escrito en su lengua materna (el quechua), que es literalmente el idioma de su madre, sino en el de su padre, es decir, en español. El texto de Garcilaso, pues, está constituido por un idioma paterno al cual no pertenece —o que no le pertenece al autor— y de comentarios sobre un texto previo que es múltiple. De haber triunfado Cuzco, podríamos decir parafraseando a Borges, los relatos que son meros apéndices en los *Comentarios reales* aparecerían en los libros canónicos. Una situación semejante se da en escritores como Carpentier, Borges y otros, para quienes el español no fue su primer idioma, y cuyas obras están compuestas de fragmentos y comentarios de una tradición «central», presumiblemente occidental.

Pero, ¿podemos atribuirle a Borges una historia y un poder tan determinantes? En otras palabras, ¿podemos convertir sus textos, y con ellos la totalidad de la literatura latinoamericana, en el «suplemento original», si se me permite el oxímoron? ¿No es un gesto igualmente burdo, logocéntrico y etnocéntrico, el invertir la situación y convertir la marginalidad es una especie de panacea? Creo que esto iría en contra de la lógica de nuestros tres epígrafes de «La Pharmacie de Platon» o, por lo menos, de la lógica de mi ejercicio hermenéutico con ellos. La misma pregunta surge a nivel de la historia literaria: ¿es Borges la fuente, o al menos una fuente de Derrida? ¿Cómo podemos postular una anterioridad dentro del sistema de Derrida? ¿Será Borges el padre ciego de la tradición postestructuralista? Pero si él no es la fuente, ¿por qué apunta en dirección suya Derrida, a través de los epígrafes?

El segundo epígrafe de Borges en el capítulo III de la primera parte de «La Pharmacie de Platon» repite —como vimos— al Borges de la primera cita, y además lo excede. Sería una «violación» del pensamiento de Derrida el transformar a Borges, a cierto Borges, en un padre logocéntrico, en el poseedor del significado trascendental, el detentador de la Negatividad. Para Derrida siempre existirán los espaciamientos, las postergaciones, la textualidad vista no como una relación entre un texto autorizado y sus comentarios fragmentados, sino siempre fragmentaria, descompuesta en *gramas,* o *differances,* como él las llama. Borges podría aparecer bajo los dos fragmentos que rodean al de Joyce, pero éstas son dos huellas distintas, de las cuales no podríamos construir o reconstruir un BORGES hipostasiado que daría cuenta del texto de Derrida: la posición ambivalente del fragmento ya sugería tal negación.

Pero si esto es lo que ocurre, tanto en Borges como en Derrida —la desaparición de la anterioridad y la autoridad, de un significado trascendental, ya sea un Texto o un Autor—, ¿no nos estamos enfrentando con una enorme y radical ruptura de la tradición moderna? En otras palabras: ¿no desmonta la ausencia de semejante texto, de semejante autoridad, el mecanismo del tropo más abarcador de la tradición moderna, es decir, de la ironía? La ironía es posible sólo cuando se postula la presencia —problemática, elusiva— de un sistema de textos autorizados y verídicos; la textualidad moderna se genera en el distanciamiento irónico de esa fuente, pero si no hay un campo magnético que nos dé un norte textual, los fragmentos flotan entonces libremente, sin el sentido de separación, sin la nostalgia del conocimiento que está presente a todo lo largo de la tradición moderna.

Una lectura radical de Borges/Derrida sugeriría, sin lugar a dudas, que hemos llegado a semejante quiebra, aunque Derrida sea renuente a aceptar «rupturas decisivas». ¿Pero, en verdad, habremos llegado? No puede haber duda tampoco de que, a partir de Borges y Derrida, el peligro de que hayamos llegado a esa ruptura se ha hecho patente en la mente de muchos críticos. Mi buen amigo y colega Geoffrey Hartman no sólo habla, en su libro más reciente, de «salvar el texto» (*Saving the Text* es el título de su libro), sino que cierra el volumen con una extraordinaria meditación sobre «la palabra como herida», que yo retitularía «el crítico como curandero o como farmacéutico» (5). El interés de Hartman en el Romanticismo

---

(5) Geoffrey Hartman, *Saving the Text* (Baltimore: The Johns Hopkins University Press, 1981).

es demasiado grande como para no sentirse amenazado por Derrida. Me pregunto, sin embargo, si el gesto de Hartman mediante el cual, al aludir al lenguaje como una cura (cura de una herida que sería el espaciamiento/*grama*/la *differance*), dotaría a éste de una cualidad balsámica en vez de, o antes que, significativa, no está en realidad a tono con la empresa de Borges y Derrida. ¿Acaso no están Borges y Derrida dirigiendo sus esfuerzos hacia un lenguaje con su propia sustancialidad, en el que se cumpliría el sueño romántico de palabras que no designaran objetos, sino que fueran en sí mismas objetos? En Derrida, este contragesto romántico se encuentra en su estilo denso, alusivo, joyceano; en Borges se encuentra en sus relatos, cuya cualidad seductora (curativa) subsiste a pesar de la negatividad que implican. La muerte de Lönrot al final de «La muerte y la brújula» es una muerte heroica —él es un pequeño héroe trágico en busca del tipo de Texto Original que Borges constantemente niega—. A pesar de su apariencia hipercrítica, bien podría ser que Borges y Derrida hayan trabajado no para destruir la literatura, sino para reconstruirla.

BORGES, CARPENTIER Y ORTEGA:
DOS TEXTOS OLVIDADOS

De los escritores modernos en lengua española, Borges, Carpentier y Ortega son de los que más se han preocupado por la relación entre la literatura hispánica y la de Occidente, y de los que más han servido de «traductores» de lo escrito en otras lenguas. Leer a Ortega, hoy, en su contexto, como ha hecho con admirable minuciosidad Ciriaco Morón Arroyo, es dibujar el mapa del pensamiento europeo contemporáneo (1). La importancia de la labor de Ortega estriba sobre todo en haber diseminado y reescrito la filosofía alemana en términos hispánicos, poniéndola al alcance de literatos españoles e hispanoamericanos. La nota de Carpentier que reproducimos aquí da amplia noticia del impacto que tuvo Ortega en América en la época de las vanguardias, no sólo con su propia obra, sino con las que inspiró a otros a escribir o traducir. En muchos sentidos, el periodismo de Carpentier, del que surge esa nota, está determinado por el de Ortega. Erudito como pocos, Carpentier practica un periodismo culto, refinado, al estilo del de Ortega, sobre todo en las crónicas «Desde París», que publicó por espacio de más de diez años en el semanario ilustrado habanero *Carteles* (2). El parecido no reside simplemente en el tono, sino en

---

(1) *El sistema de Ortega y Gasset* (Madrid: Ediciones Alcalá, 1968).

(2) La colaboración de Carpentier en *Carteles* duró, *strictu senso*, de 1923 a 1948. Pero fue durante sus años en París cuando colaboró de forma más asidua en la revista; es decir, entre 1928 y 1939.

el método mismo: como Ortega, Carpentier quiere sorprender, en las minucias de lo cotidiano, temas de vasto alcance estético, histórico y filosófico. Ambos cultivan un cierto *dilettantismo,* pasando de lo efímero a lo trascendental con una superficialidad muchas veces ilusoria. Borges es muy distinto en el estilo, aunque también ha practicado a veces ese mismo tipo de periodismo. Pero tanto Ortega como Carpentier y Borges desempeñan labores similares: insertar en la lengua española diálogos iniciados en otras. La referencia a «diálogo español» en el texto de Borges que aquí se reproduce no hay que tomarla al pie de la letra; el diálogo que Ortega inició fue hispánico.

La boga existencialista que promovió el propio Ortega en un momento dado de su carrera, hace difícil calibrar hoy la importancia de ese diálogo, y mucho más difícil situarlo históricamente (3). El esfuerzo por destacar la debatible primacía de Ortega en esa tendencia filosófica conduce a una lectura anacrónica de la obra total del filósofo: se lee a Ortega en función del tan (mal)llevado y traído concepto del «yo y mi circunstancia». Pero el Ortega existencialista no es el importante para el diálogo hispánico de que hablamos al referirnos a Borges y Carpentier. El Ortega crucial para ese diálogo es el de los años veinte, que enfrenta, en español, a Hegel y Spengler, y reinicia así la polémica sobre la universalidad o particularidad de la cultura hispánica. Ya en otra ocasión me he ocupado de este tema con más espacio (4). Baste añadir a lo dicho que uno de los primeros libros de Borges, *Historia universal de la infamia,* moviliza en su título tres términos de claras resonancias hegelianas (5). ¿No es *Historia universal de la infamia* una parodia de la *Filosofía de la historia?*

---

(3) El por otra parte utilísimo libro de Barbara Bockus Aponte *Alfonso Reyes and Spain: His Dialogue with Unamuno, Valle-Inclán, Ortega y Gasset, Jiménez and Gómez de la Serna* (Austin: University of Texas Press, 1972), adolece de este defecto en el capítulo sobre Ortega. Para un panorama claro de la evolución del pensamiento de Ortega y sus relaciones con el europeo, ver Ciriaco Morón Arroyo, *op. cit.*
(4) Roberto González Echevarría, *Alejo Carpentier: The Pilgrim at Home* (Ithaca: Cornell University Press, 1977).
(5) La *Filosofía de la historia* apareció en 1928 en traducción de José Gaos, editada por la editorial de la *Revista de Occidente.* Me

La diferencia fundamental entre Borges, Ortega y Carpentier es, pues, la manera en que se insertan en el diálogo con la cultura occidental. En Ortega bulle siempre el deseo de hacer universal la cultura hispánica, aunque el cómo hacerlo varía en diversos momentos de su obra. El estilo de Ortega, que Borges critica en su nota y Carpentier alaba en la suya, es el signo más evidente de ese deseo de universalidad. Ortega hispaniza, con éxito notable, todo un lenguaje filosófico de ascendencia alemana. Pero Ortega escribe como si el español no fuese, desde el siglo XVIII, una lengua marginada de esa tradición filosófica, de ahí el tono artificial que a veces tiene su prosa. El cosmopolitismo estilístico de Ortega flota en el vacío filosófico hispánico de más de dos siglos; es una flor de invernadero, toda una metáfora que encubre precisamente la falta de tradición filosófica en español.

Borges acepta la marginalidad. Su estrategia en ese diálogo que mencionamos es escribir como si lo hiciera desde dentro de la tradición occidental, pero sólo para minarla, reduciéndola a fragmentos dispersos. En español —parece decirnos Borges— sólo podemos escribir comentarios, glosas, notas; pero, tal vez, la cultura occidental misma no sea otra cosa, si ésta es reductible a fichas de un diccionario o una enciclopedia. El modelo estilístico de Borges —la parquedad antirretórica inglesa— es, de por sí, un indicio de cómo se inscribe el argentino en la tradición occidental. Inglaterra representa la marginalidad dentro de Occidente, un escepticismo casi programático ante los vastos sistemas de pensamiento continentales, moldeados en la horma de la retórica clásica.

Carpentier pasa por varias etapas: una en que opone lo nativo americano a lo europeo; otra en que intenta rescatar toda una conciencia americana autóctona, que es producto de las fusiones de culturas que se dan en el Nuevo Mundo, y, por último, otra en que esa fusión no es origen, sino condición permanente, nunca sintética, amalgama de girones y retazos (6). Lo

---

reservo para otro trabajo la confrontación de los textos de Hegel y Borges.

(6) Para más detalles ver mi *Alejo Carpentier: The Pilgrim at Home, op. cit.*

más importante de Carpentier a este respecto es su «lucha amorosa» con la tradición occidental, particularmente la francesa. El estilo arcaizante y recargado de Carpentier es un rechazo de la Modernidad, motivado, paradójicamente, por el pensamiento moderno. Hay una simetría inversa entre la abstinencia estilística de Borges y la proliferación verbal de Carpentier: en Borges hay una metonimia sistemática de toda la cultura; en Carpentier, un esfuerzo por crear una metáfora total de ésta. En Borges, los elementos de la cultura son fragmentos, partículas enlazadas por una contigüidad arbitraria y delirante que alude a un todo cuya existencia niega. En Carpentier, el todo existe por acumulación de elementos, que son cada uno como los otros, hasta convertir la totalidad en conglomerado, en amalgama. La pretensión de sistema en Carpentier y el carácter metafórico de su escritura lo hace más afín a Ortega; sólo que la escritura orteguiana es neoclásica, con giros de academia, mientras que la de Carpentier pretende ser preacadémica; es decir, barroca.

Los dos textos que reproducimos aquí fueron escritos a raíz de la muerte de Ortega, en 1955. El de Carpentier apareció en «Letra y Solfa», columna que publicó casi diariamente en *El Nacional,* de Caracas, entre 1950 y 1960 (7). Carpentier se había referido a Ortega y a la *Revista de Occidente* en otras ocasiones, en su columna, en términos similares. Más recientemente, dada su propia evolución política, y recordando tal vez la del filósofo, Carpentier ha negado casi todo lo escrito en 1955. Pero ese texto (y otros de los años veinte) es terminante (8). La nota de Borges fue escrita en respuesta a la petición

---

(7)   Hay una recopilación muy deficiente de textos de la columna de Carpentier hecha por Alexis Márquez Rodríguez: *Letra y Solfa* (Caracas: Síntesis Dosmil, 1975). El recopilador no incluye el texto sobre Ortega que se reproduce aquí, ni muchos otros sobre Borges, Asturias y otros escritores hispanoamericanos; agrupa los textos que sí incluye según vagas categorías temáticas, y las pocas notas que pone no son esclarecedoras. El libro es útil, sin embargo, dado que *El Nacional,* de Caracas, está en pocas bibliotecas. En una *Guía bibliográfica* a Carpentier que publicamos Klaus Müller-Bergh y yo aparecen registrados los títulos de todos los textos de «Letra y Solfa» (Greenwood Press, 1983).
(8)   Dice Carpentier en 1975: «Y como hablábase mucho, entonces, de un problema de *deshumanización del arte,* planteado por

de José Rodríguez Feo, director de la revista *Ciclón,* y fue incluida en el número dedicado al filósofo con ocasión de su muerte. Es probable que la postura tan negativa de Borges ante Ortega obedezca, además de a los factores que él confiesa, a las polémicas que suscitó el filósofo con su viaje a la Argentina y las opiniones que luego expresó sobre la vida intelectual en ese país (9). La preferencia de Borges por Unamuno, por otra parte, parece ser típica de los escritores hispanoamericanos. Vasco, Unamuno hacía alarde de una marginalidad problemática con respecto a lo español, a la que no podían ser insensibles los hispanoamericanos; no se permitía, además, el paternalismo altanero de que a veces adolecía Ortega, y su interés por lo hispanoamericano era más genuino. Aun así, pese a las divergen-

---

Ortega y Gasset, advertí de pronto que, equivocándose en éste como se había equivocado ya en muchas otras cosas, Ortega había planteado el problema en falso. Tonto y vano era hablar de deshumanización del arte, cuando el verdadero problema planteado por las voliciones históricas de la época era de la Humanización o Deshumanización del artista». «Han terminado para el escritor cubano los tiempos de soledad, para él han comenzado los tiempos de solidaridad» (Palabras de agradecimiento al Comité Central del P[artido] C[omunista de] C[uba]), en *Revista de la Biblioteca Nacional José Martí,* 3.ª época, vol. 17, núm. 1 (enero-abril, 1975), página 20. Pero en 1928 Carpentier había escrito una defensa de *La deshumanización del arte* que estaba muy a tono con sus actividades de promotor del arte nuevo, en particular la música nueva: «Para el buen burgués, los artistas de mi generación resultan iconoclastas por juego: parecen individuos peligrosamente incrédulos, para los cuales la vida carece de un sentido profundo [...] Sin embargo, quien haya observado, siquiera ligeramente, los resortes que mueven el orden de ideas impuesto por las mentalidades de post-guerra, verá que deben su lozana flexibilidad a una fe intensa, a un concepto casi religioso de las actividades intelectuales. [...] Todo el esfuerzo de los intelectuales contemporáneos tiende a dar mayor dignidad a la concepción estética. En el fondo, quienes acusan a los nuevos de *deshumanizar* el arte, protestan contra la extracción de una broza humana —sensiblería, intriguillas hogareñas, psicología de cocido familiar— que lo inutilizaba para batir verdaderos *records* de altura». «En la extrema avanzada: algunas actitudes del 'Surrealismo'», en *Social* (La Habana), diciembre de 1928, pág. 38. En «Letra y Solfa», Carpentier había elogiado a Ortega y la *Revista de Occidente* en «Fiebres de primavera», «Letra y Solfa», *El Nacional,* 18 de julio, 1951, pág. 12, y «El porqué de cierta añoranza», *ibíd.,* 26 de septiembre, 1953, pág. 34.

cias y los rechazos, la influencia de Ortega fue de mayor alcance que la de Unamuno.

ORTEGA Y GASSET

Con motivo de la muerte de José Ortega y Gasset, otros, más especializados en el estudio de su pensamiento —tal Juan David García Bacca, que ya le consagró un enjundioso estudio en su libro *Nueve Grandes Filósofos contemporáneos y sus temas*—, hablarán del filósofo y también del escritor que manejó la prosa castellana con señera maestría. «Inagotable» —como decía Novalis que es todo hombre grande— resultará Ortega y Gasset para quienes, en estos días, emprendan el análisis de su obra múltiple —obra «a la que nada humano fuera ajeno», parafraseándose, en tal caso, la noble frase renacentista [la frase es de Terencio]. Por lo mismo, permaneciendo en el terreno personal de mis recuerdos, creo oportuno evocar hoy lo que significó Ortega y Gasset para los hombres de mi generación en América Latina, y no sólo por sus libros, sino también por sus actividades de animador y de informador —por sus tareas de maestro, en suma, cuyo relumbre los alcanzaba en esta orilla del Océano—, haciéndoles cobrar conciencia de la época en que vivían, con el conocimiento de las modernas corrientes de ideas y de las inquietudes nuevas que surgían en el campo de la literatura y de la política.

Algo provinciana era nuestra cultura, hacia los años 25, cuando los escritos de Ortega y Gasset comenzaron a circular en América. Nos habíamos quedado un tanto rezagados, en cuanto [a] la vida intelectual francesa, demorando en un terreno muy dominado por autores que los hombres de la postguerra desechaban. En lo que se refería al pensamiento filosófico alemán, permanecíamos en los días anteriores a la contienda de 1914. De la nueva literatura rusa, nada sabíamos. Y en lo que se refería a España, no eran los escritores más representativos de una generación nueva —que mucho habría de darnos— los que llegaban a las librerías de América, sino más bien aquellos que mejor podían contribuir a darnos una falsa idea de lo que entonces ocurría en Madrid... Primero descubrimos los ensayos recogidos en los tomos de *El Espectador,* antes de pasar a *La España Invertebrada, La Rebelión de las masas,* y otros libros que ejercieron pronto, sobre nosotros, una suerte de fascinación. Algunos advertían, acaso, que ciertos conceptos fijados en *La Deshumanización del Arte,* cierta teoría («concentración hacia [a]fuera, concentración hacia [a]dentro») expuesta en *Musicalia,* eran contrariados a veces por el rápido desarrollo de las tendencias artísticas del momento, siempre modificadas por algún viraje imprevisto. Pero, en esos libros, en esos ensayos, se nos hablaba de lo que queríamos saber; eran «temas de nuestro tiempo», los que eran tratados por Ortega y Gasset. Lo que equivalía a decir: los que más nos apasionaban, los que más contribuían a que cobráramos conciencia de los problemas destinados a afectarnos directamente. Nada de lo que nos concernía era soslayado, y aun cuando comenzáramos a discutir ciertas ideas del maestro acerca del arte, la discusión nos dejaba enriquecidos, situados en un terreno de entendimiento común, por cuanto eran ésos los problemas y no otros los que caracterizaban la época que nos tocara vivir.

La [sic] *Revista de Occidente* fue, durante años, nuestro faro y guía. Estableció un nuevo orden de relaciones intelectuales entre España y América Latina —relaciones de las que surgieron empresas tan fecundas como la «Institución Hispano-Cubana de Cultura», que presidía Don Fernando Ortiz—. Sus páginas eran ventanas abiertas sobre todo un pensamiento, ayer ignorado de quienes no fuesen lectores especializados, que se nos mostraba por vez primera. ¿Cuántos autores alemanes, ingleses, franceses; cuántos filósofos; cuántos historiadores del arte, no conocimos gracias a *La* [sic] *Revista de Occidente,* cuyas entregas nos revelaban, además, los nombres de Lord Dunsany, de Georg Kaiser, de Franz Kafka, del Cocteau de *Orfeo* —toda una dramática, toda una cuentística—, sin olvidar, para quienes se interesaban en los problemas de la música, los primeros ensayos de Adolfo Salazar? ¿Y en cuanto a las ediciones de la revista? Fueron las primeras en presentarnos novelas de Vsevolod Ivanov; de Leonoff; de Babel, sin olvidar ciertos escritos fundamentales de Worringer y Vossler... Recuerdo que algunos de nuestros mayores se alarmaban ante lo que consideraban como una «germanización» de nuestra cultura, cada vez más afecta al ensayo, al estudio detenido, a la reflexión en torno a un tema cotidiano —tema tan simple, a veces, como el de la utilidad del marco en la pintura, que había sugerido a Ortega una de sus más interesantes meditaciones. El filósofo hubiera podido responder a nuestros mayores en aquellos días, con una frase suya: «¿La oscuridad alemana? ¿La claridad latina? ¡Mitos! Cuando habláis de claridad latina, decid más bien espíritu superficial».

La influencia de Ortega y Gasset en el pensamiento, las orientaciones artísticas y literarias, de los hombres de mi generación, fue inmensa. Nos hizo razonar, nos planteó problemas, nos hizo discutir. Y en cuanto al animador: tómese una colección de *La* [sic] *Revista de Occidente*. Sigue siendo la mejor revista literaria y filosófica en lengua española que haya existido. ¿Y en cuanto a la biblioteca? Aún nos atenemos a ella cuando necesitamos de ciertos textos que presentó a los lectores de nuestro idioma, sentando normas de edición que siguen en pie, por inmejorables.

Alejo Carpentier
«Letra y Solfa», en *El Nacional* (Caracas),
20 de octubre de 1955, pág. 16

NOTA DE UN MAL LECTOR

Ortega continuó la labor iniciada por Unamuno, que fue de enriquecer, ahondar y ensanchar el diálogo español. Este, durante el siglo pasado, casi no se aplicaba a otra cosa que a la reivindicación colérica o lastimera; su tarea habitual era probar que algún español ya había hecho lo que después hizo un francés con aplauso. A la mediocridad de la materia correspondía la mediocridad de la forma; se afirmaba la primacía del castellano y al mismo tiempo se quería reducirlo a los idiotismos recopilados en el *Cuento de cuentos* y al fatigoso refranero de Sancho. Así, de paradójico modo, los literatos españoles buscaron la grandeza del español en las aldeanerías y fruslerías rechazadas por Cervantes y por Quevedo... Unamuno y Ortega trajeron otros temas y otro lenguaje. Miraron con sincera curiosidad el ayer y el hoy y los problemas o perplejidades eternos de la filosofía. ¿Cómo no agradecer esta obra benéfica, útil a España y a cuantos compartimos su idioma?

A lo largo de los años, he frecuentado los libros de Unamuno y con ellos he acabado por establecer, pese a las «imperfectas simpatías» de que Charles Lamb habló, una relación parecida a la amistad. No he merecido esa relación con los libros de Ortega. Algo me apartó siempre de su lectura, algo me impidió superar los índices y los párrafos iniciales. Sospecho que el obstáculo era su estilo. Ortega, hombre de lecturas abstractas y de disciplina dialéctica, se dejaba embelesar por los artificios más triviales de la literatura que evidentemente conocía poco, y los prodigaba en su obra. Hay mentes que proceden por imágenes (Chesterton, Hugo) y otras por vía silogística y lógica (Spinoza, Bradley). Ortega no se resignó a no salir de esta segunda categoría, y algo —modestia o vanidad o afán de aventura— lo movió a exornar sus razones con inconvincentes y superficiales metáforas. En Unamuno no incomoda el mal gusto, porque está justificado y como arrebatado por la pasión; el de Ortega, como el de Baltasar Gracián, es menos tolerable, porque ha sido fabricado en frío.

Los estoicos declararon que el universo forma un solo organismo; es harto posible que yo, por obra de la secreta simpatía que une a todas sus partes, deba algo o mucho a Ortega y Gasset, cuyos volúmenes apenas he hojeado.

Cuarenta años de experiencia me han enseñado que, en general, *los otros* tienen razón. Alguna vez juzgué inexplicable que las generaciones de los hombres veneraran a Cervantes y no a Quevedo; hoy no veo nada misterioso en tal preferencia. Quizá algún día no me parecerá misteriosa la fama que hoy consagra a Ortega y Gasset.

Jorge Luis Borges

Buenos Aires, enero de 1956.

Ciclón (La Habana), vol. 2, núm. 1
(enero, 1956), pág. 28

Nota crítica sobre *The Borzoi Anthology of Latin American Literature. Volume I: From the Time of Columbus to the Twentieth Century; Volume II: The Twentieth Century from Borges and Paz to Guimarães Rosa and Donoso.* Selected and edited with introductions by Emir Rodríguez Monegal, with the assistance of Thomas Colchie. Nueva York: Alfred A. Knopf, 1977.

Toda literatura moderna se asigna unos orígenes y una tradición: es un signo de su madurez, prueba de su propia densidad, de la riqueza del diálogo que se ha establecido en su interior. Esos orígenes y esa tradición —como sabemos desde Eliot y Borges, pero, sobre todo, desde Nietzsche— no son los que determinan esa literatura, sino a la inversa: la literatura se crea una mitología sobre su propio origen. El Renacimiento «descubre» los clásicos, los edita, casi pudiera decirse que los inventa, mientras que el Romanticismo hace otro tanto con la Edad Media. Los hijos inventan a los padres, les dan peso, realidad. Uno de los temas más persistentes en las letras hispanoamericanas ha sido precisamente el de sus orígenes, dada su especial relación no sólo con las tradiciones, sino también con los idiomas europeos. ¿Es la literatura hispanoamericana actual una versión espuria de la literatura occidental, o cuenta ya con una fabulación suficiente de sus propios orígenes e historia? Para el especialista, la respuesta debe ser tajante: no hay duda posible; la literatura hispanoamericana ocupa un vasto y denso espacio textual, un espacio en que las líneas de esa genealogía inversa se extienden desde un poema de Octavio Paz hasta un fragmento de poesía prehispánica, desde una novela de Carpentier hasta una crónica de la Conquista. La antología preparada por Emir Rodríguez Monegal celebra la existencia de ese espacio textual al desplegarlo ante el lector, y el conjunto de las introducciones a los diversos períodos y escritores es como una especie de mito que la propia literatura hispanoamericana escribe sobre su propio origen.

Para el lector de lengua inglesa, la experiencia de esta antología debe ser decisiva. La popularidad de la literatura hispanoamericana actual le ha conseguido un lugar en el escenario de las letras contemporáneas: se reconoce hoy, en mayor o menor grado, a Paz, a Neruda, a Carpentier y, sobre todo, a Borges. Se leen las traducciones de las últimas obras de García Márquez, Fuentes o Puig, y hasta se incluyen autores hispanoamericanos en cursos universitarios de literatura general o comparada. Pero no se repara en el contexto de que surgen esas obras. La literatura hispanoamericana, a juzgar por la crítica periodística norteamericana, es un fenómeno más del Hemisferio Sur: admirable, espontáneo, pero sin una realidad concreta y constante. Podrá haber grandes poetas y novelistas, pero ¿habrá una novela y una poesía? La *Borzoi Anthology* no deja lugar a dudas, y esto, que ha de ser una ganancia para la literatura hispanoamericana en el mundo de habla inglesa, también llegará a ser una ganancia para la literatura en lengua inglesa, que podrá establecer una relación más fructífera con las obras de autores hispanoamericanos. En este sentido, el rescate que hace la *Borzoi Anthology* de traducciones de textos coloniales, o aun de textos más recientes que no han gozado de popularidad en inglés, es de incalculable valor. Ya no hay pretexto para que críticos y profesores norteamericanos e ingleses desconozcan la literatura hispanoamericana. Los fragmentos traducidos están ahí, al alcance de la mano, así como la referencia a las traducciones de donde éstos han sido tomados. (Es de lamentar que la antología no incluya además una bibliografía de trabajos en inglés sobre literatura hispanoamericana en general y autores específicos.)

Desde un punto de vista pedagógico y erudito, la *Borzoi Anthology* es también una obra importante, de la cual debíamos tener una versión en español y otra en portugués. No sólo presenta el antólogo, en discretas introducciones, todo un panorama de la literatura hispanoamericana, sino que la inclusión de la literatura brasileña da una riqueza extraordinaria a la selección de lecturas. Sobre todo, en las introducciones a períodos y escritores del siglo XIX en adelante, la *Borzoi Anthology* contiene datos e interpretaciones novedosos, como rara vez se encuentran en libros de divulgación. Los especialistas y estudiantes deben leer las introducciones a las partes II y III, que versan sobre el siglo XIX y el Modernismo (hispánico), respectivamente. Aunque para el especialista deben ser conocidas las ideas allí expresadas, los estudiantes deben leer las introducciones a las partes IV y V —«The Modern Masters» y «A New Writing»—, que ofrecen uno de los panoramas más completos que existen de la literatura hispanoamericana del siglo XX, narrados por alguien que la ha vivido. La presentación del Modernismo brasileño en «The Modern Masters», que se continúa en las introducciones a Oswald y Mario de Andrade, son de especial interés para el estudioso que haya tenido poco acceso a la literatura del Brasil. Además, sugiere cómo se engranan tradiciones literarias tan parecidas, pero a la vez tan distintas como lo son la brasileña y la hispanoamericana. Ya de por sí, todo lo anterior constituye una contribución notable a los estudios literarios iberoamericanos.

La perspectiva especial de la antología —con su genealogía invertida (aunque los textos se presentan en el orden usual)— limita la visión del período colonial, aunque, desde luego, empalman admirablemente tanto los textos seleccionados como las introducciones, con la literatura moderna, que ha «inventado» y se ha apropiado de las obras de los siglos XVI y XVII. Rodríguez Monegal es perfectamente consciente de que, de las dos maneras de enfocar el período colonial —recreando con aparato erudito una perspectiva a ras de la época o a través de la óptica de los escritores modernos— privilegia a la segunda: «The view we now have of Colonial literature is completely different from the one prevailing at the time. In the first place, readers then saw the work produced on this side of the Atlantic as part of the metropolitan literature —quite properly, of course, not only because the first authors were all Europeans but especially because even those born in America wrote as Europeans, for a European as well as an American audience, and some even went to the peninsula to live there permanently» (I, pág. 1). Y: «Thus, the books written in Colonial times really became nineteenth-century books. Only after independence did a true picture of the state of letters during the Colonial period begin to emerge, and this picture is even today constantly being revised by the discovery of long-forgotten or unknown works» (I, pág. 2). No sé si el concepto de literatura metropolitana o colonial fuese claro para los escritores del siglo XVI, ni si el cuadro que pinta el siglo XIX del período colonial sea verdadero, pero sí es, sin duda, más rico (para una discusión más detallada de este fenómeno, véase el primer capítulo de mi *Alejo Carpentier: The Pilgrim at Home* [Ithaca-Londres: Cornell University Press, 1977]). En todo caso, podría haberse incluido en esta sección, como se hace en otras, un poco más de las perspectiva erudita del período colonial. Porque desde esa perspectiva, y teniendo en cuenta la producción y distribución de libros en la época, el período colonial abundó más en literatura religiosa que en «fuentes fabulosas». Aun Irving A. Leonard, que es quien mejor ha estudiado el fenómeno de la diseminación de las novelas de caballerías y otras obras de ficción en la América colonial, tiene que admitir que, en comparación con libros doctrinales, ésta fue ínfima.

Dada la perspectiva mencionada, la fundamentación ideológica, el contexto de la literatura de los siglos XVI y XVII, no recibe un tratamiento tan esmerado como en el caso de períodos posteriores. Decir, por ejemplo, que la versión tan imaginativa que Colón da del Nuevo Mundo se debe a la influencia de la épica renacentista (I, pág. 4) es incorrecto, ya que Colón se forma y escribe antes que se publicaran los grandes poemas épicos del Renacimiento. No fue en el cuarto, sino en el tercer viaje cuando Colón creyó descubrir el paraíso terrenal, ni tampoco es cierto que Colón se diera cuenta, antes de morir, de que había fallado en su empresa de descubrir una nueva ruta hacia Asia. Tampoco me parece acertado decir, en referencia a Gonzalo Fernández de Oviedo, que «*Although* he had a humanistic training, he refused to see in the Spanish conquest any sign of abuse and was ready, on the other hand, to admit [to the?] existence of prodigies, strange feathered monkeys and griffins» (I, pág. 31; la cursiva es mía). En realidad fue la versión lascasiana de un universalismo católico medieval la que defendió a los indios de ultrajes que individuos más afines al Renacimiento, como, por ejemplo, López de Gómara, estaban dispuestos a pasar por alto. El humanismo no era garantía de tolerancia o benevolencia ante los indios. La polémica sobre la cuestión india fue un episodio mucho más complejo y paradójico de lo que aparece en esta parte de la antología, en gran medida por lo distinto que fue el Renacimiento español. Por eso no me convence que se hable de «Renaissance myths» (I, página 57) al referirse a la obra de Gaspar de Carvajal (o a los «prodigios» de Gonzalo Fernández de Oviedo). Lo que hoy parecen prodigios son supervivencias de la ciencia medieval que gozaron de más larga vida en España por razones que han estudiado con minuciosidad Américo Castro y Marcel Bataillon. En el Renacimiento —pensemos en Ariosto y en Cervantes—, esa «mitología» se presenta de forma irónica, no de la manera ingenua en que surge de tantos textos coloniales. Por cierto, en esta sección brilla por su ausencia Joseph Acosta, cuya *Historia natural y moral de las Indias* es el más rico tesoro de «fuentes fabulosas» que ofrece el período colonial. Como en todo mito de origen lo más remoto es lo más impreciso, el período colonial de la *Borzoi Anthology* responde, sobre todo, al uso que de él hace la narrativa hispanoamericana moderna.

Otro reparo que pudiera hacerse es que la *Borzoi Anthology* se inclina demasiado al Cono Sur. Incluir a Idea Vilariño, César Fernández Moreno y Roberto Juarroz, pero excluir a Luis Palés Matos, José Revueltas, Enrique Labrador Ruiz y Roberto Fernández Retamar me parece discutible, aunque, por supuesto, toda antología recorta y selecciona, y, además, la ausencia más notable en ésta puede que sea un gran escritor del Cono Sur: Horacio Quiroga. El tratamiento un tanto sumario de Nicolás Guillén y el movimiento Afro-Antillano puede muy bien obedecer a preferencias rioplatenses del antólogo, pero me parece que es lamentable, de todos modos; también lo son los juicios agresivamente ideológicos en la presentación del mismo Guillén, de Carpentier, de Heberto Padilla y la mordiente introducción a Julio Cortázar. Dado que el antólogo no es un distante enjuiciador de la literatura que presenta, sino, en gran medida, uno de sus promotores, hace inevitable la injerencia de una ideología visible. Es decir, es ésta una antología que se engendra al calor de la creación misma de la literatura en ella contenida —es parte de ella—. Si las antologías son generalmente morgues refrigeradas, en ésta, algunos de los cuerpos todavía están tibios y trémulos.

A lo largo de ya casi cuarenta años, Emir Rodríguez Monegal ha sido una verdadera ave rara en las letras hispanoamericanas: un crítico de amplia formación cosmopolita, que no es ni un académico *strictu senso* ni un escritor (porque los críticos académicos y los autores-críticos sí han abundado). Ni académico ni escritor (aunque a la larga será ambas cosas), Rodríguez Monegal ha logrado entablar un diálogo creador con la literatura hispanoamericana del momento que le ha tocado vivir, influyendo poderosamente sobre ella (hasta tal punto, que Borges se ha tomado la precaución de convertirlo en oscuro personaje de uno de sus cuentos). Desde las páginas del semanario *Marcha,* en Montevideo, y, luego, en *Mundo Nuevo,* en París, Rodríguez Monegal ha sentado normas para juzgar las obras del momento; normas de un rigor inusitado en el continente, que enjuiciaban obras hispanoamericanas como si tuvieran el deber de estar a la altura de lo mejor producido en otras lenguas. Desde *Mundo Nuevo* hizo más: contribuyó de forma decisiva a la creación del movimiento literario que marca el presente, desde el que se engendra la *Borzoi Anthology:* el *boom* de la narrativa hispanoamericana. El ejercicio de tal tipo de crítica —que es una actividad social tanto como un texto— consiste más en la destilación de una serie de valores que en la elaboración de una metodología, lo cual explica la presencia de criterios vivamente ideológicos en la elaboración de la *Borzoi Anthology.*

Pero, además de esa crítica al corriente y del presente, Rodríguez Monegal ha ido llevando a cabo una ordenación de la literatura hispanoamericana moderna en sus estudios sobre Bello, Rodó, Quiroga, Neruda y Borges. Es ésta una labor de tal amplitud y minuciosidad que el único paralelo posible es *(mutatis mutandis)* la obra que Menéndez y Pelayo llevó a cabo cuando fundó la crítica moderna de la literatura española. Sin el academismo solemne de Menéndez y Pelayo, pero con el mismo tipo de conocimiento enciclopédico y heterogéneo del *corpus* literario que describe, Rodríguez Monegal ha sentado las bases para un acercamiento crítico a la literatura hispanoamericana. El método de Rodríguez Monegal, como podemos observar en las introducciones de la *Borzoi Anthology,* es el de la vasta crónica ecléctica, que abarca tanto la vida como la obra del escritor y que se ocupa más de hacer sobresalir el mayor número de puntos de interés que someter alguno de ellos a un análisis riguroso; pero que, al señalar esos puntos, orienta toda la crítica futura del escritor o la obra en cuestión. Notable en esta crítica es la ausencia del hispanoamericanismo estridente de cierta crítica académica, o de su correlativo, la condescendencia. Rodríguez Monegal puede escribir sobre escritores hispanoamericanos poco conocidos con el mismo respeto y rigor que un académico al estudiar a un humanista del Renacimiento; y puede, con la mayor naturalidad, decir que un escritor hispanoamericano es más importante que una gran figura europea. Hay en esto una lección importante, y el resultado más tangible es que, estemos o no de acuerdo con alguno de sus postulados o alguna de sus opiniones, la obra crítica de Rodríguez Monegal le da un tono adulto a la crítica latinoamericana. Mientras otros pedían a gritos el reconocimiento de la literatura hispanoamericana, Rodríguez Monegal asumía que no había que pedir lo que ya era nuestro. Sólo así es posible una antología de la literatura hispanoamericana, en inglés, en la que aparezcan Idea Vilariño, César Fernández Moreno y Roberto Juarroz, y podamos discutir si no hubiera sido mejor incluir en su lugar a Luis Palés Matos, José Revueltas, Enrique Labrador Ruiz y Roberto Fernández Retamar.

Aparte de los valores mencionados, la *Borzoi Anthology* tiene la virtud de ser un libro ameno, en el que podemos dar, hasta en la más convencional de las introducciones, con una viñeta en la que Rodríguez Monegal hace alarde de su indiscutible talento de *raconteur.* Por ejemplo, la siguiente, que aparece en la introducción a Julio Herrera y Reissig:

> En 1900 Julio sufrió un serio infarto cardíaco y descubrió que tenía taquicardia, una enfermedad tan errática como dramática en sus manifestaciones. El corazón le latía con gran rapidez, y a veces hasta se detenía. Para aliviar el dolor y la expectativa, Julio empezó a tomar morfina. Probablemente nunca se convirtió en adicto, pero esta práctica fue asociada en la imaginación popular a su figura. Para

esta fecha su familia se había mudado a una casa
en la parte antigua de la ciudad, sobre uno de los
burdeles más notorios. La casa tenía una torre que
daba al Río de la Plata, con una atalaya para observar los barcos que entraban al puerto. Julio se po-
sesionó de la torre y la bautizó inmediatamente La
Torre de los Panoramas. Aquí reunía a sus amigos
a tomar y tocar guitarra en los intervalos entre muy
solemnes lecturas de poesía (I, pág. 363).

Atento como nadie al detalle, a los vericuetos de esa intra-
historia de la historia literaria, Rodríguez Monegal hace surgir,
del compendio de textos introductorios, una extensión —más
que un metatexto— de la literatura que estudia y parcela. Porque, en última instancia, el comentario de esta antología es el
que la propia literatura hispanoamericana hace de sí misma: es
el testimonio de su propia historia.

Nota crítica sobre Jeffrey Mehlman, *Revolution and
Repetition. Marx/Hugo/Balzac.* Berkeley: University of
California Press, 1977. 132 págs.

Las interpretaciones literarias llevadas a cabo a partir de
Marx no han pasado de ser generalmente piadosos ejercicios de
aplicación, cuya beatería traiciona la literatura moderna. En
Hispanoamérica (sobre todo desde la muerte, hace un año, del
gran crítico cubano Juan Marinello) casi no hay críticos que
tengan a Marx en su bagaje teórico y estén a la altura de la
literatura hispanoamericana. Lo triste es que el propio Marx
no es la fuente de esa afición a la reverencia que aflige a sus
discípulos, sino que, por el contrario, sus textos compiten con
los llamados literarios en inquietud y complejidad. Rara vez
(Althusser, en sus mejores momentos, es la excepción) se ha
leído a Marx, no para aplicar a la literatura el «método» mar-

xista, sino para que sus propios textos pongan en movimiento su propia *literaturidad*. O sea, lo que no se ha hecho es leer a Marx desde dentro del campo de lo literario, insertando sus escritos en el con*texto* de los escritores de su siglo —permitir, en otras palabras, no que Marx lea a Hugo y a Balzac, sino también que Hugo y Balzac «lean» a Marx. El esfuerzo del profesor de francés norteamericano Jeffrey Mehlman por llevar a cabo ese tipo de lectura es ejemplar, sobre todo teniendo en cuenta que *Revolution and Repetition* se escribe desde la perspectiva de lo más reciente y difícil de la crítica francesa actual, de cuya penetración en los Estados Unidos Jeffrey Mehlman es, en parte, responsable.

La historia de esa penetración del estructuralismo y sus secuelas en el mundo académico norteamericano será escrita algún día en detalle, pero pudiera anticiparse su diseño general haciendo un breve bosquejo geográfico que sitúe las tres universidades que más han propiciado el fenómeno y a las cuales se ha visto vinculado Mehlman. Yale, donde la *Yale French Studies* publica ya en 1966 un número dedicado al estructuralismo y donde en años recientes se ha congregado una pléyade de críticos que monopolizan la atención nacional (Paul de Man, Geoffrey Hartman, Harold Bloom, J. Hillis Miller, John Freccero, y otros más jóvenes). Cornell, donde *Diacritics,* desde 1971, intenta aclimatar al inglés la nueva crítica mediante la publicación de largas y detalladas reseñas, la organización de simposios y la publicación, en 1971, de la minuciosa bibliografía del estructuralismo, compilada por Josué V. Harari (*Structuralists and Structuralism: A Selected Bibliography of French Contemporary Thought* [Ithaca: Diacritics]). Johns Hopkins, donde en 1966 se celebró un notable simposio con la participación, entre otros, de Derrida, Barthes y Lacan, cuyas actas, editadas por Richard Macksey y Eugenio Donato, se convirtieron en una influyente antología (publicada por la Johns Hopkins Press, primero, como *The Languages of Criticism and the Sciences of Man,* en 1970, y luego, bajo el título *The Structuralist Controversy*), y donde ahora se publica el anuario *Glyph,* que incluye largos artículos, casi monografías, por las figuras más destacadas del postestructuralismo (Derrida, De Man, etcétera). Los contactos entre esas tres universidades son sostenidos y fructíferos, y hay hasta lo que algunos han llamado «la ruta Hopkins-Cornell-Yale», transitada en su totalidad por De Man y Freccero, pero también por Jeffrey Mehlman, quien hiciera sus estudios de postgraduado en Yale, se iniciara como profesor en Cornell (donde también fue uno de los animadores de *Diacritics*) y que ocupa actualmente un puesto en Johns Hopkins.

Sin tener presente toda esta actividad crítica, puede parecer sorpresiva la aparición de un libro tan maduro como el de Mehlman en el medio académico norteamericano. Pero lo cierto es que hay, hoy día, en los Estados Unidos algo que había faltado siempre: un verdadero movimiento de especulación, que abarca no sólo el plano literario, sino que se desborda hacia el filosófico y hasta invade el de las ciencias sociales. Los contactos entre miembros de estas disciplinas es más personal que institucional; pero el que existan y culminen a veces en coloquios es ya algo inédito. En pocas palabras, hay un rigor y una intensidad en el diálogo actual de la crítica norteamericana mencionada que no deja lugar a improvisaciones, como las que nos endilgan algunos críticos latinoamericanos, seducidos hasta el delirio por la aparente oscuridad de cierta terminología. La carrera del propio Mehlman revela cuán rica es ya la historia de la crítica estructuralista y postestructuralista en los Estados Unidos. Melhman se inicia con *A Structural Study of Autobiography* (Ithaca: Cornell University Press, 1974), que fue el primer estudio sostenido de un fenómeno literario desde una perspectiva lacaniana. Mehlman incluye a Sartre entre los escritores cuya autobiografía estudia; así que su libro, además de interés teórico, describe y analiza una encrucijada importante en la literatura y pensamiento franceses de la postguerra. Dos años más tarde, Mehlman publicó un número especial de la *Yale French Studies* dedicado a la relectura de Freud, que ha sido llevada a cabo en Francia por Lacan y sus discípulos. El número contiene trabajos del propio Lacan, de Derrida, Laplanche y otros, así como un útil glosario de términos psicoanalíticos, traducidos del *Vocabulaire de la psychanalyse,* de Laplanche. *Revolution and Repetition* surge, por lo tanto, no de un primer encuentro con el pensamiento francés contemporáneo, sino que, más bien, representa el final de una meditación que abarca ya varios años y cuyo saldo son numerosos trabajos (además de las obras mencionadas, Mehlman ha publicado ensayos en *Diacritics, Glyph, Semiotext(e), Poétique*, etc.).

Aparte de la brevísima introducción y de un igualmente breve apéndice, *Revolution and Repetition* consta de dos ensayos largos, intitulados «Historia» y «Literatura», respectivamente. El primero de los ensayos es una lectura de varios textos de Marx, sobre todo *El Dieciocho de Brumario de Luis Bonaparte*, mientras que el segundo consiste en una exégesis (llamémosle eso, por el momento), sobre todo, de dos novelas de Víctor Hugo, *El Noventaitrés* y *Nuestra Señora de París*, así como de la primera novela firmada por Balzac, *Los Chouanes*. Como *El Dieciocho de Brumario* y *El Noventaitrés, Los Chouanes* presenta la historia de la contrarrevolución, pero, aunque la contrarrevolución es importante en *Revolution and Repetition*, no es esta mera coincidencia temática la que justifica la presencia de las obras estudiadas. En realidad, pudiera decirse que *Revolution and Repetition* no es *sobre* Marx, Hugo y Balzac, sino que éstos son pre*textos* para escribir de soslayo sobre *La Révolution du langage poétique*, de Julia Kristeva; *L'Anti-Oedipe*, de Deleuze y Guattari; *Surveiller et Punir*, de Foucault, y *Glas*, de Derrida.

Lo que pone en jaque Mehlman es la noción misma de lectura. La pregunta implícita en todo el libro es: ¿cómo podemos leer hoy, después de las críticas del sentido y de la misma coherencia de los sistemas de comunicación llevadas a cabo en algunos de los libros arriba citados? Pero, sobre todo, ¿cómo podemos leer y producir un texto sobre lo leído? ¿Cómo es posible no sólo la institución de la literatura, sino, en particular, de la crítica literaria? La respuesta de Mehlman, implícita en la misma factura del libro, es que la actividad de lectura no es posible como institución aparte, capaz de general un metalenguaje desde fuera que repita el texto analizado, libre de la compulsión repetitiva que ha engendrado a éste. Mehlman ve en *El Dieciocho de Brumario* un texto compulsivamente agitado por esta problemática, ya que en él Marx se enfrenta al fenómeno de una repetición en la Historia que amenaza el meollo de su teoría sobre ésta y sobre la relación entre el estado y la lucha de clases. El Marx que surge del libro de Mehlman es un Marx que se anticipa a Freud y cuya ansiedad ante el «bonapartismo» desplaza y moviliza en su texto una actividad que lo inserta en el plano de lo literario. Es decir, Mehlman sorprende en *El Dieciocho de Brumario* una actividad textual perversamente análoga a la que encuentra en las novelas de Hugo y Balzac (aunque a este último le dedica muy poco espacio, y, sobre todo, para refutar a Lukács). Pero, ¿cómo leer a ese Marx? «Nuestro propósito en estas páginas —dice Mehlman— será esbozar un escape frustrado del registro freudiano hacia el texto de Marx, y específicamente hacia sus obras principales sobre la revolución en Francia [...] Digo frustrado porque ofrezco una lectura que en ningún modo se propuso ser freudiana, que inicialmente era la búsqueda de un campo de investigación extrínseco al psicoanálisis, pero que llegó a ser infiltrado cada vez más [...] por cierta problemática freudiana insistente en —o entre— los textos de Marx» (pág. 7). Este desliz(amiento) hacia Freud no lleva a Mehlman a la imposición de categorías psicoanalíticas en su lectura de Marx, sino que su obra buscaría «en vez de coincidir [repetir] con cierto estrato intertextual —o 'actividad social'— en Marx que es en sí generador de lo insólito [el término en Freud es *unheimlich*], liberador de energías. Ahora bien, puede ser que descubrir un cierto Freud en Marx sea 'insólito' en sí, ya que para Freud lo insólito se concibe sobre todo en términos de la repetición como fracaso. Pero resulta que el lugar de ese redescubrimiento en uno de los textos cruciales sobre la Revolución en Francia es precisamente aquel donde ha habido una traumática repetición en la historia (y también en la teoría de Marx), una catástrofe de un tipo totalmente nuevo, el retorno de un Bonaparte [...] Nuestro encuentro frustrado con el texto de Marx habrá repetido entonces el fracaso por parte de Marx de engranarse con la Historia. Podría objetarse que el proyecto es risible, una farsa. Pero esa repetición y ese fracaso son, desde luego, calificados con esos mismos términos en el texto de Marx» (pág. 8).

Mehlman descubre en *El Dieciocho de Brumario* a un Marx que apela a un estilo «rabelesiano» para describir el lumpenproletariado que apoya en Francia la subida al poder de Luis Bonaparte. La toma del poder por una clase compuesta del *detritus* de todas las clases —y que Marx pinta en términos escatológicos— arruina la teoría de la representación. El estado ya no es el reflejo de ninguna clase específica; la Historia, al repetirse, no genera ni tragedia ni comedia, sino farsa. Mehlman sostiene que la aparición de ese tercer término —el estado que apoya una clase fuera de la lucha de clases—, que viene a romper la especularidad, se repite en Marx, por ejemplo, en los textos sobre la Comuna. Si el bonapartismo de 1852 venía a *descomponer* el estado, la comuna es ya el estado, que se disuelve porque no es necesario. En ambos casos hay una forma curiosa de parasitismo: «En 1871 el texto de Marx genera una Comuna que es ya, en potencia, un estado-residuo, un simple vestigio del proceso de descomposición o de marchitarse, el escape de la lucha de clases» (pág. 38).

Al pasar a Hugo en la primera (y más extensa) parte de su segundo ensayo, Mehlman declara que éste viene a encarnar la literatura en el siglo XIX, pero que luego representa, para la Modernidad, todo aquello contra lo cual había que rebelarse. Mehlman, sin embargo, viene dispuesto a revelar en Hugo un estrato textual de tal intensidad autoanalítica y corrosiva que su lectura de *El Noventaitrés* va a ser el preludio de una verdadera pirueta crítica. No apelo aquí inconscientemente al vocabulario del circo: si la farsa, la risa ante lo escatológico elevado al poder atraviesa el ensayo sobre Marx, la farsa, la payasada, la cabriola, vienen a ser la marca de la teoría que anima el segundo ensayo. Es decir, si hay una aplicación de Marx en esta segunda parte del libro, ésta es una reptición de la crítica de la representación implícita en *El Dieciocho de Brumario,* llevada a cabo mediante la farsa, la irrisión total de la exégesis y el comentario crítico. Imposible reproducir aquí con toda su riqueza la lectura que Mehlman practica de Hugo y Balzac (sobre todo del primero), y menos, captar el disolvente humorismo del proceso de asociación (de repetición «sistemática») que va mostrando en los textos analizados; pero veamos tan sólo un ejemplo, el central, de ese método en acción.

Mehlman comenta una escena en *El Noventaitrés* en que se describe un campanario, mudo en la distancia, aunque la oscilación de las campanas permite ver una alternancia de luz y oscuridad. El comentario de Mehlman gira alrededor de ese *tocsein* (campana), que alude a una textualidad escritural que milita contra lo fónico y lo auditivo, constantemente ensalzados a un primer nivel en Hugo, porque en esos registros reside su ideología reaccionaria (registros donde también se aloja el sentimentalismo «intolerable» de Hugo). Hasta cierta forma piramidal de la iglesia vista en la distancia alude, según Mehlman, a un plano jeroglífico, a una escritura totalmente divorciada del sonido. Luego, al analizar *Nuestra Señora de París,* Mehlman formula una problemática similar, y aduce: «Pero La Esmeralda en el texto es primero que nada una palabra ('egipcíaca') que hay que descifrar, una impropiedad en el sistema nomenclador que exige un acto exegético. Gringoire, a la larga, le pregunta a su novia por qué tiene un nombre tan extraño: 'Ella saca de su seno una especie de bolsita alargada que llevaba colgada del cuello con una cadena. La bolsita exhalaba un fuerte olor a alcanfor. Estaba cubierta de seda verde, y tenía en su interior una gran piedra falsa que imitaba una esmeralda... / —Quizás sea a causa de esto —dijo ella'. La esmeralda es falsa: *toc.* Va colgada al nivel de sus senos: *seins.* Al bailar, sin duda, ésta oscila entre ellos: *toque-sein.* La Esmeralda, un nombre falso, una firma falsificada: *toc-seing*» (págs. 78-79). *Toc-sein.* Al regresar a la campana muda, en sordina, nos reintegramos a la problemática, evidentemente derrideana, que Mehlman descubre en... el seno del texto de Hugo, un núcleo de actividad textual que utiliza como instrumento de análisis.

No cabe duda de que el método de Mehlman es risible; una especie de reducción al absurdo o, más bien, proliferación al absurdo del acto de comentar un texto; pero, como ya hemos indicado, la práctica de la farsa, revelada en *El Dieciocho de Brumario,* consiste en abundar en repeticiones no demasiado fidedignas, ligeramente grotescas. Más aún: Mehlman no pretende luchar con niveles «profundos» en los textos que analiza, sino «frotar las superficies de varios textos unas con otras» para liberar una energía textual que es sólo posible aprovechar mediante esa lectura excesiva. En sus mejores momentos, como el arriba citado, Mehlman logra generar esa farsa, corrosiva de la institución de la crítica literaria. En otros sólo se queda al nivel de la comedia, como lo atestiguan los numerosos términos referentes a la urbanidad o falta de la misma —impropiedad, indecencia, audacia, etc.—, que utiliza para describir su propio esfuerzo. Cuando esto ocurre, el tono decae al de la *comédie de moeurs*. No obstante, el libro de Mehlman es de capital importancia, ya que no sólo libera a Marx para la Modernidad, sino que también muestra los límites mismos de la actividad crítica en el momento postestructuralista.

El estructuralismo empezó siendo la gran esperanza de «elevar», al fin, la crítica literaria a un plano lo más cercano posible de la ciencia; un plano en que sus resultados fueran comprobables como los de la ciencia (sólo que en una ciencia siempre concebida, desde la época de la filología, en términos de un positivismo decimonónico). Ese primer estructuralismo y la semiótica en que ha llegado a institucionalizarse ha sido acogido, al fin, por la crítica académica, que, sobre todo en el campo hispánico, creía, en el nadir de la ingenuidad, que la semiótica tenía un parentesco muy cercano con el humanismo trasnochado de la estilística. Pero el postestructuralismo ha demostrado una vez más la radical especificidad de lo literario, que no permite cortes metodológicos que lo saquen fuera de las grandes preguntas filosóficas, ni de esa región, a la que regresa una y otra vez Mehlman, donde se da el «trabajo de los seuños». El esfuerzo de Mehlman, basado en Lacan, pero, sobre todo, en Derrida, sirve para demostrar también que si la literatura no está a salvo de la filosofía, ésta tampoco está a salvo de la literatura.

Nota crítica sobre Pedro Barreda, *The Black Protagonist in the Cuban Novel,* trad. de Page Bancroft. Amherst: The University of Massachusetts Press, 1979, ix, 179 págs.

El calibre de los estudios dedicados a la presencia negra en la literatura hispánica ha sido generalmente bajo, en gran medida porque los trabajos emprendidos desde fuera (sobre todo, desde los Estados Unidos) favorecían puntos de vista afines a realidades sociopolíticas de los países de origen, o porque el nivel de información que contenían era demasiado elemental, aunque el volumen de información fuera alto (no hay estudios serios sobre Nicolás Guillén, por ejemplo). Además, hasta hace muy poco, con honrosas excepciones, los estudios llevados a cabo desde dentro carecían de rigor en la investigación y agudeza crítica. En inglés, el libro de Coulthard *Race and Colour in Caribbean Literature* no ha sido desplazado por obras más recientes, como *The Black Image in Latin American Literature,* de Richard Jackson, o la colección de ensayos editada por Miriam de Costa, *Blacks in Hispanic Literature,* a pesar de que *Race and Colour* tiene sus limitaciones y más de veinte años (la primera edición, en español, es de 1958). En español, el volumen más útil y digno de confianza es el de Oscar Fernández de la Vega y Alberto N. Pamies, *Iniciación a la poesía afroamericana* (1973), que recoge ensayos importantes de Ballagas, Guirao y Ortiz, y cuya introducción y bibliografía son rigurosas y bien pensadas (los autores insisten, con razón, en la vertiente popular del movimiento afro-cubano). La caída de nivel entre estos libros y sus rivales más cercanos es enorme. El libro de Pedro Barreda es un trabajo que por su información, por la cuidadosa elaboración del contexto histórico y por sus minuciosos análisis, constituye el primer libro sobre literatura afroantillana con el cual vale la pena entrar en diálogo. *The Black Protagonist in the Cuban Novel* es una contribución notable al campo de los estudios afro-americanos y también (sobre todo tal vez) al de la novela hispanoamericana.

Los enterados conocían ya el libro de Barreda, en su versión española, como tesis de grado (Michigan, 1969), así como alguno que otro valioso artículo que el autor había anticipado en revistas especializadas. Como tesis doctoral, *The Black Protagonist* posee un aparato erudito bien montado y un desarrollo lógico, pausado, que si bien carece de mayor originalidad, tiene la virtud de ser claro, preciso e informativo. El primer capítulo, que traza la historia del negro en Cuba, es el mejor sumario sobre el tema: todo especialista en estudios afro-americanos tiene aquí una introducción bien informada. El capítulo siguiente, que esboza la historia de la presencia negra en la literatura cubana, es igualmente útil. La división en tres amplios períodos, que abarcan los siglos XVI al XVIII (épica, folklóre y sátira), el siglo XIX (sobre todo la novela abolicionista) y el siglo XX (criollismo y vanguardia), es convincente. En los cuatro capítulos restantes, Barreda concentra su estudio en los siglos XIX y XX, dedicando el tercero, cuarto y quinto, a la novela abolicionista y al naturalismo de fines de siglo, y el sexto, al criollismo y la vanguardia (especialmente Novás Calvo y Carpentier). El análisis de las obras importantes de cada período es sostenido, a veces agudo, siempre bien informado; aunque, según se verá, me parece que limitado por prejuicios estéticos un poco anticuados. *The Black Protagonist* incorpora a los estudios afro-americanos en inglés toda una serie de obras cuya importancia no ha sido reconocida *(Francisco, Cecilia Valdés, Pedro Blanco el Negrero)*. Ya no hay pretexto para ignorar estas obras en los departamentos de estudios afro-americanos ni para tratarlas como descubrimientos recientes, y habrá que abogar porque obras como *Francisco* sean traducidas al inglés. Los especialistas en la novela hispanoamericana podrán enterarse aquí también de la riqueza y complejidad de novelas como la de Villaverde o la de Suárez Romero, que deben figurar entre los clásicos del siglo XIX hispanoamericano (la película cubana reciente que se basa y comenta la novela de Suárez Romero da una visión demasiado estrecha y parcial de esa obra). Por último, los interesados en el movimiento afro-cubano encontrarán aquí páginas esclarecedoras sobre la narrativa, lo menos conocido de ese movimiento.

Dicho lo anterior, podemos pasar ahora a hacer algunos reparos a *The Black Protagonist* y aventurar algunas interpretaciones opuestas o complementarias a las expuestas por Barreda.

Desde el punto de vista del estado actual de los estudios del Caribe (no los literarios), brilla por su ausencia en el libro de Barreda el trabajo de Manuel Moreno Fraginals, sorprende que haya una sola mención de la obra de José Luciano Franco y no se ha tomado en cuenta el interés que se ha despertado en la Cuba postrevolucionaria por la novela abolicionista. Todas estas ausencias parciales o totales pueden explicarse si tenemos en cuenta que la tesis de Barreda se escribrió a fines de la década de los sesenta. Desde luego, ya por esas fechas se había publicado la primera edición de *El ingenio,* que es de 1964, y muchas de las obras de Franco, pero eran aquellos años en que muy pocos sabían lo que se escribía en Cuba —fueron los años duros—. Trabajos como los de Imeldo Alvarez García (prólogo a la edición cubana de *Cecilia Valdés*), Luis Yero Pérez y Enrique Sosa (publicados recientemente en la revista *Islas*) aparecieron después de la tesis de Barreda. En todo caso es de lamentar que éste no haya revisado el manuscrito de la versión inglesa para incluir, por lo menos, el trabajo de Moreno Fraginals —de haberlo hecho, su análisis del siglo XIX se habría beneficiado, y su interpretación de las novelas del período habría ganado otra dimensión. Sólo a través de *El ingenio* podemos comprender cabalmente las motivaciones de intelectuales decimonónicos como los componentes del grupo delmontino en un contexto económico-social coherente.

Cabe objetarle a Barreda que en su análisis del movimiento afro-cubano pierde de vista que los orígenes de éste no están en la literatura, sino en la música y el baile. Barreda no menciona, al estudiar el teatro cubano (págs. 32-33) los ballets y óperas bufas de Carpentier —*El milagro de Anaquillé, La rebambaramba, Manita en el suelo*—, que son obras más importantes que otras sí incluidas, aunque no sean drama, sino simplemente teatro. También en el plano de la historia literaria hay que destacar una continuidad soslayada por Barreda, pero que es, en mi opinión, crucial, porque saca la discusión del atolladero de lo étnico y la trae al plano de lo histórico-social. Hacia el final de *Cecilia Valdés,* Villaverde hace aparecer todo un submundo de personajes de los bajos fondos habaneros, una galería de negros curros, proxenetas, criminales, que son los personajes que van a constituir la población preferida del movimiento afro-cubano. Los personajes de *Manita en el suelo,* de los últimos capítulos de *¡Écue-Yamba-Ó!,* y, sobre todo, los que cobran voz en esa poesía tan teatral que fue *Motivos de son* y *Sóngoro cosongo,* son los mismos que ya Villaverde hace desfilar por su novela —son los mismos negros «criminales» que Fernando Ortiz estudia en *Los negros brujos*—. A pesar del romanticismo, que tanto se le achaca a *Cecilia Valdés,* o de sus defectos de estilo (a juzgar por lo que el propio Moreno Fraginals dice en un trabajo recogido en el libro de Fernández de la

Vega y Pamies), hay en esa novela una implacable indagación sobre lo cubano que va a perdurar hasta nuestros días, por su contundencia literaria.

En la evaluación de *Cecilia Valdés* es donde hace crisis, en mi opinión, la ideología crítica de Barreda, basada como está en una serie de presupuestos que no son ya vigentes sobre el personaje literario. Barreda les exige a todos los autores que estudia, sin excepción, profundidad psicológica en el desarrollo del personaje, autenticidad en la presentación del «alma» del negro, etc. Lo opuesto a estos valores son el estereotipo, lo cerebral, lo pintoresco, lo romántico, lo externo, el color local, la apariencia... Como el realismo fue una escuela literaria con convencionalismos tan artificiosos como los de cualquiera otra, no podemos dejarnos llevar por su doctrina estética para juzgar las obras de otros períodos, ni tan siquiera las mismas obras realistas. Me parece desacertado hacer pasar por tal rasero un poema épico renacentista como el de Balboa, cuyos modelos son obras como el *Espejo de caballerías* o, sobre todo, el *Orlando furioso* (en la versión española del capitán Jerónimo de Urrea, que menciona Cervantes en el capítulo VI del *Quijote* de 1605). Tampoco considero justo censurar a los novelistas del siglo XIX por falta de profundidad, costumbrismo o pintoresquismo. ¿Qué quiere decir, específicamente, profundidad? Es hora ya, además, de que nos demos cuenta de que el costumbrismo es un importante proceso de inscripción literaria mediante el cual el medio circundante se incorpora a la tradición escrita. Describir, jamás es una actividad inocente; describir los usos y costumbres de los negros como hacen Suárez Romero y Villaverde es incorporar lo negro a lo que ellos ya entendían como cubanidad. Un mundo como el de los personajes de *Cecilia Valdés,* regido precisamente por las apariencias —color de la piel, ropa, objetos que definen el *status* social—, tiene que ser representado de la manera «superficial», es decir, con atención a las superficies, en que lo hace Villaverde. En el caso de Manzano, con su exagerada retórica, su excesivo decoro, su exaltado sentimentalismo, tenemos justamente el resultado de la imposibilidad de salir fuera del código literario, que fuerza al escritor negro a someterlo mediante el agotamiento y el exceso. Lo superficial, en todos estos casos, es lo más dramático y genuino, si se me permite la (aparente) paradoja. Yo pienso, al contrario que Barreda, que *Cecilia Valdés* es una gran novela, que combina la descripción de un mundo viciado por la apariencia, el sexo y el poder con un argumento amplio, complejo, bien montado; una obra, en fin, que está a la altura o por encima de muchas obras hispánicas de su tiempo, no sólo *María* o *Amalia,* sino también *La Regenta* o *Fortunata y Jacinta.* Pero sólo podemos valorar la obra de Villaverde si nos despojamos de prejuicios estéticos que la literatura y la crítica actuales ya no toleran.

La traducción de la obra de Barreda es, lamentablemente, mala, ya que en español el autor escribe con gracia y precisión. Algunos de los errores específicos son graves; otros, francamente risibles. Traducir ingenio azucarero como *refinery* y no *sugarmill* resulta no sólo incorrecto, sino especialmente desorientador, porque si algo escaseaba en la Cuba del siglo XIX eran las refinerías, porque era más económico hacer refinar el azúcar en los Estados Unidos. En la página 7 se lee que «On 23 September 1817 the treaty with England was signed, giving the British warships the right to register the slave ships», aunque debe decir *to search the slave ships* (el original será «registrar»). En la página 30, hablando de Guillén, hay referencia a un «eastern *son*», que no tendrá sentido para el lector no cubano, que pensará que el *son oriental* vino del Oriente y no de Oriente. Hay bastantes errores, más innumerables torpezas de estilo, que no hay espacio para señalar aquí, aunque quisiera destacar que «mosquita muerta» no puede traducirse literalmente en «those dead mosquitoes are the ones who do the wildest things» (página 121).

A pesar de los reparos, el libro de Barreda, como dije al principio, es una contribución importante a los estudios afroamericanos, a los estudios latinoamericanos y, en especial, al estudio de la novela cubana e hispanoamericana. Esperemos que en la edición española que este libro, sin duda, merece se subsanen algunos de los problemas aquí mencionados.

Nota crítica sobre Raymond D. Souza, *Major Cuban Novelists. Innovation and Tradition*. Columbia & London: University of Missouri Press, 1976. Cloth. ix+ +120 págs.

Souza abre su libro evocando dos tentativas de escribir novelas «al alimón» llevadas a cabo por varios novelistas cubanos en la revista *Social,* en 1926 y 1927. A ese momento de la vanguardia remite Souza el inicio de la tradición novelística moderna, que se propone estudiar en las figuras de Alejo Carpentier, José Lezama Lima y Guillermo Cabrera Infante. El meollo del libro lo componen los tres capítulos dedicados a esos escritores, que van precedidos de una introducción que traza los orígenes de la novelística cubana desde el siglo xx hasta la vanguardia, y estudia en bastante detalle los diversos escritores y tendencias de que ésta se compone. El libro se cierra con una breve conclusión, que resume las conclusiones parciales de los capítulos anteriores, y en la que se intenta poner en claro las diferencias entre los autores estudiados en los tres capítulos centrales. La bibliografía, al final, es abundante, y demuestra que Souza conoce en detalle la narrativa cubana, y que su esfuerzo de interpretación, aunque se despliega más bien en forma de ensayo, está basado en una documentación considerable y bien organizada.

El tema que une las varias partes del libro es la oposición entre orden y caos o, en términos más generales y abstractos, la búsqueda de orden en medio del caos del mundo moderno. El capítulo sobre Lezama es el que mejor explota este tema. Allí, Souza demuestra pericia y rigor en su análisis del círculo y la línea como vehículos simbólicos de la oposición orden/caos, y aunque su interpretación de *Paradiso* dista de ser una respuesta satisfactoria a los enormes problemas de interpretación que suscita la obra de Lezama, sí representa un esfuerzo honesto y claro de exégesis, en el contexto de lo que se propone el autor. El ensayo sobre Carpentier, aunque bien documentado y útil como introducción general, es menos satisfactorio como interpretación, porque Souza lucha aquí con varias novelas, en vez de sólo una, como en el caso de Lezama. Ante *Tres tristes tigres* Souza confiesa que el crítico no puede abordar la obra con instrumentos tradicionales, pero lo intenta, de todos modos, en su ensayo, con resultados que a veces son satisfactorios, pero que en otras ocasiones no pasan de ser comentarios temáticos demasiado abstractos. No obstante, el ensayo es una introducción útil a una novela difícil.

Lo mejor del libro de Souza, por ser lo más polémico y original, es la ubicación de Carpentier, Lezama y Cabrera Infante en el contexto de una tradición literaria cubana. En términos generales, tal esfuerzo está condenado al fracaso, por el hecho de que el fenómeno de la vanguardia es de carácter internacional (Carpentier, de los tres autores estudiados, sería el mejor ejemplo de ello); pero es instructivo, con una óptica menos abarcadora, ver que, en efecto, hay más relaciones de las que sospechamos entre autores que rebasan las fronteras nacionales, y todo un enjambre de escritores menores, de tono más local. Cabrera Infante, que en las famosas parodias de *Tres tristes tigres* salda irónicamente su deuda con esa tradición, es, de los tres autores estudiados, el que mejor encaja en el análisis de Souza; aunque mucho se puede decir, y habría que añadir a lo que Souza aporta, sobre las relaciones entre *Paradiso* y la tradición literaria cubana (por ejemplo, un ala de la familia de Cemí es de vegueros; la otra, de azucareros, lo cual remite al *Contrapunteo cubano del tabaco y el azúcar,* de F. Ortiz. Ver el ensayo sobre Lezama en las págs. 69-90 de este volumen).

En resumen, el libro de Souza, a pesar de sus modestas aspiraciones, es un libro útil, honesto, concebido con rigor académico, pero escrito sin la pesadez del crítico académico. Es, en fin, un aporte valioso que debemos acoger con agradecimiento los que nos dedicamos al campo de las letras hispanoamericanas.

Nota crítica sobre Manuel Cofiño López, *La última mujer y el próximo combate.* La Habana: Casa de las Américas, 1971.

La producción de una novelística que responda al proceso revolucionario es algo que ha ocupado con insistencia y hasta impaciencia a la crítica cubana. Por supuesto, el período revolucionario ha visto la aparición de novelas como *Paradiso, El siglo de las luces, El mundo alucinante* y otras de menor valor, pero que han tenido alguna repercusión, como *Memorias del subdesarrollo* y *Pasión de Urbino,* así como colecciones de relatos de la importancia de *Así en la paz como en la guerra* (publicada en La Habana por Cabrera Infante antes de su ruptura con el régimen) y *Condenados de Condado.* Esto sin contar con la obra de Sarduy y la de Cabrera Infante después de su ruptura con la revolución. Pero ninguna de estas obras, con la excepción de *Condenados de Condado* y *Memorias del subdesarrollo,* enfoca directamente el tema de la revolución ni intenta de forma sistemática presentar la realidad cubana actual. La novela de la revolución, entendida ésta desde un punto de vista estrictamente temático, no ha surgido aún, a pesar de los estímulos de organismos culturales cubanos mediante premios y facilidades de publicación nunca vistas antes en la isla. Las tentativas no han faltado, y casi pudiera decirse que existe en Cuba una ansiedad por escribir la «gran novela de la revolución», análoga a la que ha habido en los Estados Unidos por escribir *the great American novel. La última mujer y el próximo combate,* de Manuel Cofiño López, ganadora del concurso de novela de 1971 auspiciado por Casa de las Américas, es la intentona más ambiciosa hasta la fecha. En mi opinión, ha sido sólo un esfuerzo fallido.

La acción principal de *La última mujer y el próximo combate* gira alrededor de las vicisitudes de una cooperativa forestal cuyo director, por varias debilidades de carácter, no ha sabido echar adelante, y los esfuerzos del nuevo director, enviado desde La Habana, por mejorar la situación. Hay además varias acciones secundarias, que se van desplegando mediante viñetas intercaladas. Una que revela que el nuevo director, de ejemplar conducta y abnegación, es Pedro el Buldocero, héroe casi mítico de la lucha armada contra Batista. Al final de la novela, cuando por fin hemos descubierto la verdadera identidad del director (que él no revela por modestia), unos contrarrevolucionarios le tienden una emboscada y lo matan. Otra acción, que corre paralela a la principal, relata las actividades de Nati, una mujer de poderoso atractivo sexual, que fue violada de niña por el antiguo propietario de las tierras de la cooperativa. Nati está casada con Clemente, pero sostiene relaciones ilícitas con Siaco, un hombre amargado que sirve de contacto a los contrarrevolucionarios y que planea escapar con ellos, llevándose a su amante, después del atentado al director. Al final, Siaco es capturado, y a Nati la encuentran desnuda, como en trance, en una casa misteriosa a medio derruir. Además de estas acciones intercaladas o paralelas, hay otra serie de viñetas en forma de monólogos o entrevistas, en que los campesinos del lugar narran sus historias de brujos, aparecidos y otras creencias populares. Podemos suponer que, en la ficción, estos informes fueron recogidos por los estudiantes de La Habana que vienen a hacer trabajo voluntario en la cooperativa. El final y el principio de la novela tratan de fundir al resto de la obra este elemento folklórico y poético. La primera oración de la novela, uno de los varios aciertos del autor, dice: «... porque aquí pasan y pasaron cosas, y ahora pasan más, y la gente discute» (pág. 15). Y la última, que incluye el episodio de la captura de Nati: «Te das cuenta que todo fue muy raro» (pág. 334).

Pero ese intento de integración es poco convincente. La acción principal de la novela aparece narrada siguiendo el modelo de la novela realista, aunque sin gran pericia formal. Si en ese tipo de narración el autor debe valerse de convenciones que le permitan dar especificidad ambiental, temporal y de carácter al mundo y los personajes que componen su ficción, Cofiño López no lo ha logrado. Los diálogos, que son numerosos, resultan no sólo aburridos, sino que ni siquiera sirven para distinguir a los personajes entre sí —como tampoco logran dar configuración a entidades colectivas—. Habanero, Cofiño acude al argot tecnocrático al describir la relación de los trabajadores con sus faenas y con la tierra. La visión del conflicto de la cooperativa es, sobre todo, burocrático. La separación formal entre esa acción principal y los relatos folklóricos de los campesinos sirve para destacar aún más el racionalismo pedestre y antipoético en que se basa la obra, y hace imposible la integración de ambos elementos. Crea además esa separación una postura condescendiente ante los personajes campesinos que narran relatos fantásticos.

El personaje que podría haber servido de nexo entre esos

elementos antitéticos es Nati, pero su figura aparece trazada con rasgos tan negativos y generales que se queda totalmente del lado de lo fantástico, pero de lo fantástico concebido como fuerza maléfica. Es obvio el contraste entre Nati y Mercedes, la joven, rubia por demás señas, de quien está enamorado con casto recato el nuevo director (porque la revolución no deja tiempo para lo erótico, y los hombres viven pensando en «la última mujer y el próximo combate»). Aquélla representa un erotismo desviado, producto tal vez de su violación en un pasado que todavía pesa sobre el presente revolucionario en forma de aberraciones sexuales, mientras que ésta representa el amor puro de seres entregados al trabajo de la revolución. Ese vínculo de Nati con el mal, con las fuerzas ocultas y con la naturaleza, desdice de la novela en un plano temático, además de técnico. Por un lado, este aspecto es muy poco original. Nati es heredera directa de Doña Bárbara, detentadora de oscuros poderes sexuales y sobrenaturales, que el hombre debe domar en su lucha por el progreso (en la obra de Gallegos, desde luego, la integración de ese aspecto con el resto de la narración es mucho más convincente). Pero Nati no sólo desciende de *Doña Bárbara,* sino de toda la tradición decimonónica de novelas de protagonista femenino —*Doña Perfecta, Fortunata y Jacinta, Madame Bovary, Anna Karenina, et alia*—, en que la mujer aparece como encarnación de poderes ocultos de la naturaleza, y lo erótico es producto de conjuros y pactos más o menos diabólicos (*La sorcière,* de Michelet, es obra clave en esa tradición). Sabemos, no hay duda, que toda esa tradición romática tuvo un impacto muy poderoso en la América Latina, dada la presencia tan abrumadora de la naturaleza en el continente, pero sorprende encontrar todavía un tópico de tan añeja estirpe burguesa en una obra de intención revolucionaria. Nati no es un caso aislado. Ya desde el título mismo de la novela se nota una reificación de la mujer que se manifiesta en todos los personajes femeninos. Sometidas al hombre o a fuerzas ciegas, las mujeres esperan su redención después del próximo combate.

Cofiño López escribe en tiempos difíciles, cuando la búsqueda en Cuba de una estética que sobrepase el legado vanguardista de Borges y Carpentier puede llevar, a veces, a dar un salto atrás de peores consecuencias.

EL REINO DE ESTE MUNDO ALUCINANTE: ERA IMAGINARIA DE FRAY SERVANDO

La narrativa hispanoamericana está marcada por la Historia desde sus comienzos, porque el descubrimiento y colonización de América fueron sucesos tan perturbadores que rompieron los moldes de la historiografía europea. América no cabía en esos moldes, a menos que se viera su inserción en la Historia como un acontecimiento de proporciones y efectos análogos al nacimiento de Cristo, la caída de Roma o alguno de los hechos mayores que articulaban la armazón de la Historia. Es por ello por lo que la historia de América ha sido escrita, con frecuencia, al margen de la historiografía oficial, por la literatura. Aparte de este dilema formal, de incalculables efectos, la historia de Hispanoamérica y del llamado «tercer mundo» se ha escrito siempre desde la posición interesada de las metrópolis, que hacen aparecer todo ese vasto mundo creado por el colonialismo como un mero apéndice de las corrientes históricas de Occidente. La narrativa hispanoamericana —desde Garcilaso de la Vega el Inca y Felipe Guamán Pouma de Ayala— se ha ocupado de reescribir esa historia mediante giros al parecer insólitos. Guamán Pouma escribe que los indios ya conocían el cristianismo mucho antes de llegar los españoles, se autodesigna consejero del rey español y salpica con innumerables prólogos su voluminosa *Coronica y buen govierno*. El texto está hecho de principios siempre repetidos, de la misma manera que América se inscribe en el esquema de la historia europea como un nuevo principio, si se entiende el sentido de la paradoja. Garcilaso describe Cuzco como «otra Roma», y pasa a hacer una crónica de los reyes incas al modelo europeo, sólo que corrigiendo a cada paso los errores de los historiadores españoles que habían narrado su historia sin conocer tan siquiera su lengua. Si Cuzco era otra Roma, la historia, la lengua y la literatura incaicas merecían el comentario humanista de Garcilaso, porque éstas tenían la dignidad de la historia, la lengua y la literatura romanas. Final, nuevo principio o suplemento, la marginalidad de la historia hispanoamericana ha preservado con frecuencia el milenarismo de Guamán Pouma y otros de sus primeros cronistas, aunque a veces sea para refutarlo con laboriosos argumentos (Borges, Carpentier, García Márquez, Sarduy). En *El mundo alucinante,* la presencia de ese milenarismo está mediada por la presencia de dos grandes narradores cubanos: Alejo Carpentier y José Lezama Lima. La noción de *mundo alucinante* que se desprende de la novela de Arenas surge de «lo real maravilloso americano» de Carpentier y de la teoría de las «eras imaginarias» de Lezama. Tanto «mundo alucinante» como «lo real maravilloso americano» y «era imaginaria» son reacciones ante la necesidad de explicar el mecanismo mediante el cual se despliega la historia hispanoamericana.

Los debates sobre lo que quiso decir Carpentier con «lo real maravilloso americano» han alcanzado ya un grado tal de ergotismo que perdemos de vista que Carpentier simplemente intentó demostrar que el ritmo y la trama de la historia americana eran distintos de los de Europa: «Lo real maravilloso se encuentra a cada paso en las vidas de hombres que inscribieron fechas en la historia del Continente y dejaron apellidos aún llevados: desde los buscadores de la Fuente de la Eterna Juventud, de la áurea ciudad de Manoa, hasta ciertos rebeldes de primera hora o ciertos héroes modernos de nuestras guerras de independencia de tan mitológica traza como la coronela Juana de Azurduy. Siempre me ha parecido significativo el hecho de que, en 1780, unos cuerdos españoles, salidos de Angostura, se lanzaran todavía a la busca de El Dorado, y que en días de la Revolución Francesa —¡vivan la Razón y el Ser Supremo!—, el compostelano Francisco Menéndez anduviera por tierras de Patagonia buscando la Ciudad Encantada de los Césares» (1).

---

(1) *El reino de este mundo* (México: Compañía General de Ediciones, 1969), pág. 3. La primera edición es de 1949.

El texto que sigue a este prólogo —es decir, *El reino de este mundo*— está elaborado a base de una serie de sucesos insólitos que se entrelazan por encima del devenir histórico, repitiéndose y reflejándose mutuamente, sugiriendo la presencia de un vasto y complejo sistema numerológico que rige el texto, más dantesco que moderno. El trapiche que tritura la mano izquierda de Mackandal pone en movimiento una serie de acontecimientos que desembocan en el baile de la contradanza en Santiago de Cuba. *El reino de este mundo* es un reflejo deformado de la Revolución Francesa; este mundo, es decir, el mundo de la novela, es un mundo alucinante al margen, más allá de la historia, ubicado al final de ese milenio que pensaron Guamán Pouma y sus coetáneos (que recuerda el pintado por Jerónimo Bosco).

Es sabido que *El mundo alucinante* parte de unas páginas de *La expresión americana,* de Lezama, en las que el autor de *Paradiso* presenta la figura de Fray Servando Teresa de Mier como precursor de la independencia hispanoamericana. Destaca Lezama el hecho de que Fray Servando, en su famoso sermón, predicó que Cristo se les había aparecido a los indios de México mucho antes de la llegada de los españoles. Como Guamán Pouma, Fray Servando impugna el pretexto para la Conquista y deshace el «principio» de la historia americana. Pero lo importante de este ensayo de Lezama es que entronca con su noción de «era imaginaria»:

> Pero esa gran tradición romántica del siglo XIV, la del calabozo, la ausencia, la imagen de la muerte, logra crear el hecho americano, cuyo destino está más hecho de ausencias posibles que de presencias imposibles. La tradición de las ausencias posibles ha sido la gran tradición americana y donde se sitúa el hecho histórico que se ha logrado. José Martí representa, en una gran navidad verbal, la plenitud de la ausencia posible. En él culmina el calabozo de Fray Servando, la frustración de Simón Rodríguez, la muerte de Francisco Miranda pero también el relámpago de las siete intuiciones de la cultura china, que le permite tocar, por la metáfora del conocimiento, y crear el remolino que lo destruye; el

misterio que no fija la huida de los grandes perdedores y la oscilación entre dos grandes destinos, que él resuelve al unirse a la casa que va a ser incendiada (2).

¿Qué quiere decir Lezama con «ausencia posible»? Lezama se refiere aquí a una especie de *après coup,* de contragolpe o lo que él llama la *hipertelia,* es decir, algo que pasa más allá del final y que no está determinado necesariamente por éste. Como el milenarismo de Guamán Pouma y el propio Fray Servando, ese más allá es un suplemento a la historia que no depende de las reglas impuestas por ésta. El «conocimiento por la metáfora» es parte del mismo sistema: al desplazarnos de un foco al otro de la metáfora, es *en el otro* donde conocemos al primero en su ausencia. Es la «ausencia posible» del coronel José Eugenio Cemí, alrededor de la cual se engendra *Paradiso.* Ese tipo de elaboración es lo que hace posible la «era imaginaria», que es un insólito concepto que Lezama erige en relación a filósofos historicistas como Vico, Hegel y Spengler: «esas eras imaginarias tienen que surgir en grandes fondos temporales, ya milenios, ya situaciones excepcionales, que se hacen arquetípicas, que se congela, donde la imagen puede apresar al repetirse. En los milenios, exigidos por una cultura, donde la imagen actúa sobre determinadas circunstancias excepcionales, que se hacen arquetípicas, al convertirse el hecho en una viviente causalidad metafórica, es donde se sitúan esas eras imaginarias» (3). La era imaginaria es, por lo tanto, un universo histórico hecho de una causalidad metafórica, en que Cuzco puede ser Roma, o Henri Christophe, Robespierre.

El mundo alucinante es una «era imaginaria» porque es una ficción del final. Frank Kermode, en su memorable *The Sense of and Ending,* describe cómo nuestra noción moderna de «era» data del Nuevo Testamento, donde una serie de sucesos que dan fin a períodos *(kairoi)* crean la sensación de divisiones en

---

(2) *La expresión americana* (La Habana: Instituto Nacional de Cultura, 1957), pág. 74.
(3) *Las eras imaginarias* (Madrid: Editorial Fundamentos, 1971), página 44.

el tiempo que culminan y renacen; el hombre cogido en el medio, entre épocas, crea ficciones de concordancia que dan sentido al final que creen vivir en relación a un principio ordenador y determinante. El milenarismo de los cronistas, el sentido apocalíptico y visionario de Fray Servando, «lo real maravilloso americano», la «era imaginaria», son ficciones de concordancia o concierto; ficciones en las que, como explica Kermode, se armonizan o hacen complementarios los contrarios. Alicia Borinsky, en un agudo artículo sobre Arenas, nos dice que *mundo* es una especie de pronombre personal global que abarca las personas gramaticales que narra la novela: yo, tú, él (mundo, todo el mundo) (4). Julio Ortega, en otro trabajo revelador, alude al evidente aparato paródico de la obra (5). Pero yo quisiera ver *mundo* desde otra perspectiva: mundo es una ficción del final en que conviven los tiempos y los contrarios. Es el mundo de la ficción, de la escritura, que permite una causalidad en apariencia alucinada. Por eso tenemos diversas explicaciones de un mismo incidente, y por eso, sobre todo, la repetición del principio (en que hay tres capítulos número 1).

El emblema de esa era imaginaria que es la novela aparece en el conocido capítulo del encadenamiento del fraile, verdadero *tour de force* en que Fray Servando queda envuelto en una interminable serie de cadenas que se amarran a todas las partes de su cuerpo, inclusive las pestañas. El peso de tanta cadena es tal que la prisión de Los Toribios cede toda, y la bola de cadenas rueda cuesta abajo, desenrollándose hasta llegar al mar. Esta concatenación insólita constituye una suerte de alegoría de la manera, al parecer, arbitraria en que se enlazan los acontecimientos en la obra. Mundo alucinante alude a visión, a imagen; como en Lezama y Carpentier, la novela de Arenas intenta sustituir lo visible atemporal por la causalidad.

(4) «Rewritings: Cid Hamete, Cervantes, Borges, Menard, Arenas», en *Diacritics*, 4, núm. 4 (1974), págs. 22-28.
(5) «*El mundo alucinante*, de Reinaldo Arenas», *Relato de la utopía: notas sobre narrativa cubana de la Revolución* (Barcelona: La Gaya Ciencia, 1973), págs. 217-226.

PIEDRA PINTA

José Piedra, nacido en Matanzas, en 1944, es un joven cubano exiliado. Emigrado a Estados Unidos, como tantos otros niños y jóvenes, durante los años duros de la Revolución, Piedra se ha convertido allí en uno de los pintores cubanos más cotizados fuera de la isla; tal vez, el mejor, en compañía de Alejandro (Ramón Díaz Alejandro), que es varios años mayor que él y no salió de Cuba a causa de la Revolución.

Para Piedra, sin embargo, la Revolución y su partida de Cuba cuando era muy niño, fueron acontecimientos cruciales de su vida, que han dejado una huella visible, indeleble en su obra. La temática vegetal de Piedra, la explosión de colores en sus cuadros, son síntomas del desarraigo y la nostalgia, emblemas de la ruptura revolucionaria. Los tallos de plantas cubanas flotando en el vacío, como las máquinas de Alejandro, dan cuenta del corte histórico y biogrífico que la Revolución produjo.

De entre la magnífica muestra del trabajo de Piedra que la Bell Gallery de Greenwich, Connecticut, expuso durante más de quince días, y que el Museo Nacional de Bellas Artes en La Habana tuvo planeado exhibir, conviene destacar, sobre todo, la serie intitulada precisamente «Tallos».

Lo más interesante de esta serie es la riqueza conceptual que contiene, sin que por ello la obra de Piedra deje de ser eminentemente pictórica, en el sentido de que predominan colores subidos (lilas, por ejemplo) y formas «puras». Para «Tallos»,

Piedra ha escogido tres plantas que ocupan un lugar prominente de la flora cubana y a las que une también una común constitución fibrosa: la caña de azúcar, la palma y el henequén. La presencia de las dos primeras —la caña y la palma— es previsible. El henequén, menos asociada generalmente con la vegetación de la isla, es, en cierto nivel, una alusión autobiográfica a la provincia natal del pintor (en Matanzas, el cultivo del henequén ha sido industria importante desde hace muchos años). Pero para mí tiene, además, otros sentidos, que veremos en seguida.

La *suite* de dibujos al pastel «Cane Progression», «Baldacchino Canes» y «Connecting Canes» es de las más compelentes de la exposición. La caña no sólo ha sido la base de la economía cubana desde fines del siglo XVIII, como es sabido, sino que también ha generado una mitología, un folklore y una temática, tanto literaria como plástica. *Sugar Islands* llamaban los ingleses a sus posesiones en las Antillas; isla de azúcar también ha sido Cuba. Para comprobar lo impregnadas que están la historia y la mentalidad cubanas de una mitología azucarera, no hay más que acudir al justamente célebre ensayo-compendio de Fernando Ortiz, *Contrapunteo cubano del tabaco y el azúcar;* o al no menos poético, aunque de mayor rigor científico libro *El ingenio,* del gran historiador y sociólogo cubano Manuel Moreno Fraginals. La literatura y la plástica cubanas hablan en un idioma de plantas y frutas nativas, desde las primeras descripciones de la isla hechas por Colón, pasando por el *Espejo de paciencia,* hasta las obras de un Portocarrero o un Lezama, sin olvidar la delicada serie de poemas que Plácido dedicara a las flores del tabaco, del café y de la piña. Parafraseando una conocida frase de Lévi-Strauss, si bien las plantas y las frutas cubanas son buenas para comer, no han sido menos buenas para pensar y representar la isla. La *suite* de Piedra se inserta en esa temática cubana, pero de una manera muy precisa y original.

Las cañas de Piedra son trozos de tallo enfocados con tal minuciosidad, que tal parecen muestras de una especie de hiperrealismo —las yemas en los cogollos; el tornasolado color de la corteza, de lejos verde, pero de cerca lustrosa mezcla de morados y rojos—. Piedra hace alarde en estos detalles de su indudable talento de miniaturista, aunque el efecto que producen los trozos de tallos no es el de la miniatura, sino todo lo contrario; parecen pedazos gigantes de caña sin vínculo, con ninguna realidad inmediata, lo cual los hace aparecer todavía más grandes. Si, por un lado, esa voluminosidad contribuye al sensualismo de la *suite* —un pansensualismo donde lo fálico flotante se entrecruza con el aspecto comestible, carnoso y femenino de la caña—, por otro revela, no sin cierta ironía, el modelo que inspira esta suerte de dibujo hiperdetallista: la lámina botánica, preferentemente la de ciertos libros de viajeros europeos del siglo pasado. Los trozos de caña son, así, una versión poetizada de la lámina, en la que el modelo, ceñido al detalle pedagógico, de pronto se pone a crear —así, de la punta cortada de un tallo surgen unas hojas multicolores, como un *bouquet* de flores—. El efecto tanto del tamaño como del libro de botánica extranjero implícito es similar a lo que los formalistas rusos llamaban la *desfamiliarización,* un distanciamiento y una fijeza.

Si, por un lado, la alusión libresca subraya un desarraigo —la caña en la memoria es la caña vista en la lámina—, también da muestra de la madurez de Piedra como artista. Los tallos de caña no se agotan en las alusiones cubanas, sino que se abren como un abanico de significados posibles, sin referencia geográfica fija. Una posible lectura de la *suite,* por ejemplo, tendría que tener en cuenta la linealidad del tallo de la caña. El tallo cortado se refiere a la línea, a la arbitrariedad de su principio y su final; arbitrariedad donde comienza el arte moderno, desprendido del suelo de lo referencial. Los tallos truncos de caña señalan el corte, lo destacan, rodeándolo de vacío.

Toda la evocación de lo genitor se concentra en otro tallo, el de la palma, específicamente el de la *palma barrigona,* intitulada «Palm with Child». Aquí se ha perdido la nitidez alucinada de los tallos de caña, para dar paso al blanco leve de la palma —blanco grisáceo que se difumina en los colores circundantes—. Sólo una línea marca la curva feminoide de la palma barrigona: falomatriz, andrógino preadánico que va a parir al primer ser diviso. La difusión de colores suaves, que se entremezclan, aluden a ese mundo caótico, precósmico —caos sin violencia el del mundo pictórico de Piedra, que desea más que anuncia una ruptura, o la recuerda—. Esta palma preñada de Piedra debe llegar a convertirse en un hito en la plástica cubana, donde la palma siempre ha sido emblema de cubanidad, pero nunca de una manera tan explícita como aquí se ha señalado un origen mítico. De las palmas de la memoria y la añoranza —las palmas de la «Oda al Niágara», de José María de Heredia— a las palmas de la iconografía patriotera ha habido un descenso. Pero Piedra recupera la palma generadora de Martí —«Yo soy un hombre sincero / de donde *crece* la palma»— aludiendo, coincidiendo con otro texto cubano de fundación: *Oppiano Licario,* de José Lezama Lima. En el primer capítulo de la inconclusa y póstuma novela del maestro cubano, Palmiro —valga el nombre— se introduce dos veces en el tronco de una palma: la primera vez, para escapar de los enemigos de su padre mambí, que matan a su hermano; la segunda, para escapar cuando cree haberle dado muerte a Fronesis, de quien siente ardientes celos y, a la vez, deseo. Las salidas de la palma son nacimientos simbólicos, como el que anuncia la palma preñada de Piedra. Palmiro emerge de la savia vegetal chupada de la *terra mater,* y aparece sobre ésta después de acontecimientos violentos y señeros que ponen en movimiento la historia, el mundo de la culpa. La palma genitor[a] envuelve a Palmiro la segunda vez: «Lo que vio lo hizo caer hasta la fundamentación de la palma [...] Dentro de su escondite, Palmiro se tapaba los ojos con las manos para ahuyentar la visión. Las fibras del interior de la palma se abrían en su caída sin fin, Palmiro tuvo la sensación de que amarrado rodaban las piedras que le servían de soporte. Golpeaba la pared interior de la palma, sus manos quedaban pegajosas, sintiendo entre sus dedos una membrana que sólo permitía separar los dedos muy despaciosamente y como un cristal que se estira».

Las fibras de la palma —mebrana conjuntiva que entrama lo real—, todos los tallos de Piedra, son fibrosos, nos llevan al henequén. En «Henequén 1» y «Henequén 2» volvemos a las líneas nítidas y al detallismo de las cañas. La flor que salía del boquete del corte de uno de los trozos de caña se ha convertido en el henequén, *bouquet* verde, sin tallo... Pero dejemos a Esteban Pichardo describir el *Jeniquén.* Dice así, en su *Diccionario provincial casi razonado de vozes y frases cubanas,* originalmente publicado en 1836: «Planta de la familia de los *Agaves Pitas* o *Magüeyes* que se da en macolla como liliácea, echando de la raíz varias hojas largas, que aquí se llaman *Pencas*, terminadas en punta a manera de espada ancha, bordeadas de espinas duras y largas: en el centro crece un bohordo o escapo muy prolongado, leñoso-blando, que cuando seco es sumamente leve, de color cenizoso, del cual salen a manera de brazos abiertos las ramificaciones donde están los pedúnculos que sostienen sus flores, de mayor a menor hasta el ápice de aquel...». La «descripción» de Piedra es igualmente minuciosa, casi podría aparecer como ilustración en el diccionario de Pichardo. Pero, como en los trozos de caña, el detallismo es tal que traspasa la apariencia de lo real para mostrar sus artificios y soportes.

Hay un juego de conceptos en «Henequén 1» y «Henequén 2» que, como en las serie anteriores, enmarcan la problemática de la representación. En uno de ellos, si nos fijamos bien, nos damos cuenta de que la planta de henequén esta como detrás de una malla gruesa, cuidadosamente entrelazada. Si los trozos de caña chocaban por su inmediatez y tamaño desmedido, y la palma barrigosa escondía sus formas en la difuminación de colores, el henequén aparece nítido, completo, pero como demarcado por papel cuadriculado. De la serie «Tallos», el henequén es la única planta de la serie que no tiene tallo, que es hoja-tallo, producto —la malla que lo cuadricula es, sin duda, una alusión a su uso industrial, cáñamo para sogas, para tejer sacos—. La planta-producto —línea acabada, entrecruzada, puesta al servicio del hombre— es toda artificio: la malla que la encubre es también una ampliación desmedida la fibra que la constituye, efecto de lupa o microscopio, del propio papel en que está pintada, de planta-producto-producida, productora de la fibra en que se hace, cogida en su propia red. El henequén, aunque en apariencia la más realista de las series, es en realidad la más abstracta, la que más nos transporta al espacio vacío de la creación —al «frío sideral» en que flotan las máquinas de Alejandro.

Si los dibujos y acuarelas de Piedra ofrecen formas reconocibles, sus acrílicos en lienzo se caracterizan por el dramatismo de sus colores, por el rejuego de formas que parecen grandes manchas o, a veces, drapeados caprichosos, que no son ni cortinas ni trajes, que no cubren ni enmarcan nada, aunque de vez en cuando aparezca un objeto claro, como, por ejemplo, una máscara. La preponderancia de colores raros —los colores de Piedra son muy originales—, variaciones de morados, lilas, etcétera, dan a estas obras un tono barroco, curiosamente muy en línea tanto con la literatura de un Lezama o un Sarduy como con la pintura cubana de las últimas décadas: Portocarrero, Peláez. Digo curiosamente porque el desarraigo de Piedra no es verídico en lo que respecta a su obra; es, más bien, un *pretexto*, una mitología necesaria y compulsiva. Pero, paradójicamente, es esa mitología necesaria la que da «raíces» a la obra de Piedra, porque a través de ella su obra entronca con la tradición cubana más fuerte, la que no tiene como frontera las playas de la isla. Creo que puede decirse sin temor que con Piedra la plástica cubana se ha visto generosamente acrecentada. Cómo se relaciona con la pintura actualmente producida en la isla es algo que sólo con el tiempo se verá.

SE TERMINO DE IMPRIMIR EN
LA CIUDAD DE MADRID EL DIA
30 DE SEPTIEMBRE DE 1983